编委会名单

CHINA Journalism and Communication Journal

中国新闻传播研究

2015（下）

中国传媒大学出版社
·北京·

目录 >>>>CONTENTS

理论与实务

文化与批判

理念与视点

媒介前沿

传播知识与知识传播之间：2015年中国媒介盘点

Between Spread Knowledge and Knowledge Diffusion: The Review of Chinese Media in 2015

◎刘　宏　周　婷　靳一然　白原远　张　昕　张　叶

Liu Hong　Zhou Ting　Jin Yiran　Bai Yuanyuan　Zhang Xin　Zhang Ye

摘要：本文是有关2015年中国媒介表现的年度回顾，试图用理论的方式来分析和判断这一年媒介领域的一些代表性事件和现象，希望能够从中发现某些具有前瞻性的变化，比如，知识传播对整个媒介行业的影响。作者尝试用知识传播的概念来把握这一年的媒介变革。因此，知识传播本身就是贯穿这一年媒介研究的一条主线，知识传播显然不同于传统的传播知识，它已经逐渐成为信息传播的一种形态。除此之外，本文还尽可能全面评点该年度里中国各种媒介的进步和退步，使之变成一种专业的媒介批评。

关键词：知识传播，新闻，真人秀

Abstract: This article is the review of Chinese media in 2015. We try to use a theoretical approach to analyze and judge the typical phenomena and events which occurred in the media field and hope to track the forward changes, such as the impact on media field by knowledge diffusion. The authors try to use knowledge diffusion as a key concept to master this year's media evolution. Therefore, obviously different from the traditional knowledge spreading, the knowledge diffusion itself is one of the main threads for media studies through this year, and it has gradually become one form of the information diffusion. In addition, this article tries to give a comprehensive evaluation on the Chinese media's progress and regress which took place in 2015, which makes it a kind of professional media criticism.

Keywords: knowledge diffusion, news, reality show

2015年中国媒介可圈可点的东西很多，知识传播尤其值得关注。所谓知识传播，并不仅限于电视台的纯知识类节目，不只是传播知识，还包括知识传播所带来的信息传播的流程和观念的转变。

一、新闻:地方媒体的崛起

2015 年,各大媒体在报道全国“两会”时,充分发挥了 HTML5 技术的优势,在相关新闻产品的页面上融入图片、图表、音频、视频、游戏、互动调查等元素。这是该年“两会”报道的一个亮点。

媒体报道方式的多样化和媒体技术的提高在 2015 年“大阅兵”报道中一览无余,全景视频、3D 动画等虚拟现实技术给人们带来了参与式的零距离感官新闻体验。本次报道中,腾讯就运用 3D 动画技术搭建了“辽宁舰”演播室,新华社和人民日报社也都引入了全景视频拍摄技术,开展立体新闻报道。观众可以随意选择观赏角度,既可以俯瞰,也可以仰视。这些虚拟现实技术的成果通过不同渠道发布,观众既可以在人民网上欣赏,也可以在《人民日报》客户端观看阅兵直播。《人民日报》中央厨房首次引进 VR 全景视频拍摄设备对阅兵式进行全景式交互性报道,成为这次阅兵报道的突出代表。

2015 年国庆期间,央视推出大数据新闻节目“一带一路”特别报道《数说命运共同体》,动用了两台超级计算机,共挖掘了超过 1 亿 GB 的数据,分析与“一带一路”沿线国家 40 多亿百姓间的密切关系,披露了大量不为人知的内容。同时,节目还使用了最新的视频技术,使主持人欧阳夏丹实现了“穿越”。

这个报道似乎从一个侧面证明了大数据是“反故事”的。通常,故事讲究悬念和高潮,而大数据看上去是一直在高潮。故事是“慢性子”,而大数据是“急性子”;大数据注重的是一丝不苟的执行力,而故事擅长的是游刃有余的煽动力;大数据似是“管理学”,故事则更似文学。也许正因为如此,越重大的新闻事件,涉及的数据量就越大,结果大数据看上去对重大新闻事件的影响更大,而对普通新闻事件的影响则比较小。

在“东方之星”号客船翻沉事件发生后,东方卫视在新闻节目《看东方》中做了集中报道,并且暂停了随后的娱乐节目。值得一提的是,在“东方之星”事件中,媒体加大了与事件相关的知识信息的传播力度。灾难性事件中的知识传播往往是最容易被媒体忽视的,它主要是根据救援工作进展向公众普及一些减灾、防灾、救灾的信息,这也是知识传播最有效的一种手段。在这次报道中,我们看到媒体开始有意识地让受众了解更多轮船事故中的逃生知识,比如央视记者现场连线有关专家,不断地向受众解释事件发生的原因以及沉船自救的相关知识,这也体现了电视在知识传播方面得天独厚的优势。

东方卫视对“巴黎恐怖袭击”事件的直播报道也得到了业界的认可，虽然它还不够及时，但作为卫视综合频道，东方卫视已经做的不错了。

值得关注的是，东方卫视的重大新闻直播整合了很多媒体的资源，其直播资源是仅次于央视的英文频道。央视的英文频道用了许多国外的媒介资源，这是其优势，不过，它使用一些外籍主持人和记者的时候，国内资源的优势反而表现不出来了。

对中国的媒体来说，电视直播常常是一种规格。实际上，新闻的时效性在这样的电视直播面前暴露无遗，不仅仅是早晚的问题，甚至和“巴黎恐怖袭击”新闻相关的或者无关的新闻也会受到影响，在这种前提下，电视新闻频道做直播显然是一种可以考虑的选择。我们不妨反思一下中国的新闻直播机制，在重大的国际新闻事件发生的时候，电视直播显然是一种态度，推迟直播明显是一种损失，会给观众留下一种模糊不清的印象，不知道你的立场是什么，或者至少会觉得你的专业主义精神有问题。如果每一次重大新闻直播都有一种不同的策略，那么，我们的应急反应机制就会显得比较迟缓。

这样的电视新闻直播状态还有可能影响到国际政治表态方面的跟进，因为重大新闻报道是一个整体，并且不断变化。电视直播正好可以解决这样的问题，循序渐进，形成一种全面的报道状态，这对于每一个国家的国际政治关系都是很重要的。

曾几何时，我们似乎已经形成了一种印象，就是在新闻方面，特别是在重大新闻事件的报道上，地方媒体的可运作空间并不大，因为中央媒体有得天独厚的优势。这一点在电视界看得清楚，地方电视台更多的精力放在了民生新闻，但事情逐渐发生了变化，如今央视对电视新闻的垄断地位正在被打破，这背后的原因比较复杂，不仅仅有新媒体的影响，还有新闻受众变化的影响。

二、纪录片：《喜马拉雅天梯》

2015 年 10 月 16 日上映的《喜马拉雅天梯》给观众带来了一场视听盛宴。该部影片是国内首部纪录珠峰攀登全程的 4K 超高清极限纪实电影，完整记录了西藏年轻的登山向导帮助登山者登顶珠峰的全过程。影片拍摄制作历时 4 年之久，创作者们克服了高寒、低氧等恶劣自然条件，用 4K 高清摄影机记录了绝大多数观众一生几乎都不可能亲眼见到的喜马拉雅奇观。这个纪录片的视听语言唯美、精致，以至于电影院中的观众们纷纷掏出手机拍照。对绝大多数人来说，登珠峰比登天还难，因此这个片子是很好的视觉体验。还有一个问题值得注意,就是西藏的时代画面急需更新,此片做到了。很长时间以来,我们普通人所能够看到的有关西藏的影像都是比较陈旧的,现在尽管有了互联网,有了很多人在网上晒西藏的美丽风光,但是,从国家文化形象的整体层面上来说,我们还是需要更多的影像更新。

虽然由于各方面原因,成片和团队预期还有些差距,人物形象的塑造、叙事连贯性等方面还存在不足,但不影响观众对美景的赞叹。《喜马拉雅天梯》虽不完美,但却是独一无二的,这种唯一性还在于对于西藏文化的原生态还原。这在中国纪录片史上实属少见。

尽管影片的口碑极佳,但是,它只拿到了不足 1% 的排片,且都是无人问津的冷僻时段,例如早上 9 点和午夜 11 点场。更糟的是全国只有不到 20 个城市的电影院有排片,加起来总共不足 200 家。就在这样的市场环境中,《喜马拉雅天梯》还是创造了 4 倍于排片比的票房,爆出了今秋电影业的一个冷门。

三、电视节目:去价值观的真人秀

金星可以说是中国第一个真正意义上的脱口秀女主持人,并且,她的力量不输给那些男性脱口秀主持人,比如王自健、周立波、郭德纲等。原因之一是她并不完美,变性没有给她减分,反而变成了她给阶层代言的资本。我们如今不缺广告代言人,也不缺乏形象代言人,我们缺少的是阶层代言人。金星也许在某种程度上有意无意充当了这种角色,至少很多观众觉得她的语言真实,直截了当,有立场。

金星有草根的色彩,甚至她的变性也成了民间代表的资本。很多人都喜欢美化杨澜,但是很少有人去赞美金星。所谓完美的人可能更适合做形象代言,而不是观念代言。也可以把金星和鲁豫做比较,鲁豫的倾听能力更好,很难想象鲁豫会“毒舌”。她们两个人都比较西化。很早就有一种说法,传鲁豫想做“中国的奥普拉”,但是,现在更接近这个目标的是金星。鲁豫的强项在访谈,金星的长项在脱口秀。

金星为什么能够带来收视率?“毒舌”是一个原因。另外,变性并未给她的节目减分。还有,她在一些评委类节目中积累了人气。而目前活跃的脱口秀明星基本上都是体制外的,金星也不例外。脱口秀节目说段子在所难免,不过能够让金星说的话像她自己说的,是一种成功。

《金星秀》和《今晚 80 后》都是东方卫视的节目,前者占据黄金时段,节目风格上也较为火爆。在一定意义上,《金星秀》代表着社会性别意识的宽容和开放。《今晚 80

后》基本上属于喜剧脱口秀，靠近相声，很依赖段子，这是双刃剑。网络时代段子多，问题是段子也传的快，很多段子上电视前就通过手机传开了。这一节目的主持人王自健为什么不能变成金星那样的毒舌？首先，他没有金星的资历，这对脱口秀主持人很重要。其次，他还是相声模式，挖苦身边的假想敌王建国和蛋蛋，却没有郭德纲敢损人。再有，他以喜剧见长，风趣为主。

江苏卫视《非诚勿扰》火了很久，如今从一周两期变为一周一期，白天重播也是炒冷饭。可以看到的背景是，真人秀冲垮了婚恋节目，明星打败了素人。在省级卫视中，江苏台曾一马当先，《非诚勿扰》带动益智节目，连电视剧都选得准。不过，浙江从《中国好声音》开始就显得比江苏敢砸钱，《奔跑吧兄弟》又引领了真人秀大潮。上海东方卫视的脱口秀和明星喜剧丰富了竞争层次。

在各大卫视明星真人秀扎堆的当下，腾讯视频和东方卫视联合推出全素真人秀节目《我们15个》。该节目采用全年无休的拍摄以及24小时网络平台直播的方式，呈现15位背景迥异的素人远离城市喧嚣，在资源极其有限的平台上，努力实现他们生活理想的故事。

我们之所以把这个节目纳入到电视的视野，是因为它仍然具备了电视真人秀的元素。不过，这个节目的确有至少一半的网络血统，它在观看方式和观众结构方面都与传统的电视节目有所不同，加上中外文化的差异的影响，节目的收视状况可想而知。

坦率地说，中国的真人秀走的是一条去价值观的道路。表面上看，是中国把西方真人秀节目做了本土化的成功处理，但当我们的很多真人秀电视节目遇到同质化问题的时候，当我们的真人秀缺乏原创动力的时候，当我们的真人秀节目膨胀到想要输出的时候，问题来了：文化的输入和输出中的价值观问题如何解决？中国真人秀节目的引进先是舍近求远，从欧美开始，后来发现有资金和道德障碍，转而扑向韩国。韩国是明星求着电视台，我们是电视台求着明星。中国明星的真人秀出场费已经到了引起老百姓讨论的地步。在以明星真人秀为主的电视节目中，越来越多的韩国明星进入到中国观众视野，如《我是歌手》第三季中的黄致列，《我们相爱吧》中的崔始源，中央电视台推出的《叮咯咙咚呛》中的金钟国、安七炫等。

《极限挑战》无疑是2015年第二季度各大综艺节目中横空杀出的 匹黑马，这个节目有大牌的一线演员，比如说，孙红雷和黄渤。同时，这个节目设计的是大游戏，目前看，在游戏类真人秀节目中，大游戏显然胜过小游戏。

与这个节目形成鲜明对比的是湖南卫视的偶像真人秀《偶像来了》。《极限挑战》是男人帮，《偶像来了》是女人帮。在真人秀这一环节上，男人帮完胜女人帮。《奔跑吧兄弟》也是如此。

值得一提的是,2015 年 4 月在东方卫视播出的《欢乐喜剧人》,是全国首档“明星喜剧竞赛”真人秀节目。《欢乐喜剧人》展示的是辽宁民间艺术团、开心麻花团队、贾玲这些国内喜剧明星及其团队成员的才华。过去观众看语言类节目基本基本上都是在晚会上,现在喜剧节目在一定程度上已经成为一种日常综艺形式。作为一种战略布局,东方卫视在喜剧节目上的投入是颇具前瞻性的。

四、电视剧:卫视竞争拉开贫富差距

2015 年是电视剧产业经历大变革的一年,统治中国电视业多年的“一剧四星”局面宣告结束,正式进入“一剧两星”的时代。“一剧两星,每晚两集”,“电视剧中禁止插播广告”,这些新政策的出台,改变了原先同质化严重的中国电视剧格局。在这种情况下,各种播出模式先后试水。1.5 轮跟播,能够借助首播的热度,迅速收获受众群体。一些电视台也开始尝试独播,湖南卫视依旧坚持全独播形式。周播剧形式开始受到关注。

纵观 2015 年的电视剧类型,能够发现,各类 IP 改编的电视剧有着井喷式的表现。IP 成为 2015 年中国电视剧行业最为热门的词汇。所谓 IP,即 Intellectual Property,意为知识产权。在中国电视剧行业被热议的这个 IP 的概念,更多地是指代网络小说 IP。从《花千骨》到《琅琊榜》,再到《芈月传》以及《何以笙箫默》,这些电视剧让出品方尝到了网络 IP 的甜头。

最近好多年,每年都会有一两部社会话题剧产生很大影响,这和新媒体有关,也和中国的社会讨论状态分不开。教育显然是当今中国可以放开讨论的社会问题之一,同时,它牵扯的利益方也是最多的。

对艺术作品来说,社会问题往往是一把双刃剑。离得太远,就变成了阳春白雪;离得太近,又容易成为下里巴人。电视剧虽然没有电影那么高雅,不过,当它有可能替代新闻报道给社会提供讨论话题的时候,关注电视剧艺术价值的观众往往就会减少。看上去这是一条捷径,但电视剧毕竟和新闻报道的功能不同,在深度讨论方面,电视剧还是要比深度报道和纪录片逊色很多。我们似乎正在用观念来划分年代,而传统上我们习惯于用怀旧的物品来划分年代。

根据海宴同名网络小说改编而来的电视剧《琅琊榜》的成功应该说是制作方的志在必得之举。历时三年的筹划,投资过亿,演员走心的演技、精良的服装、考究的细节、不拖沓的剧情，这些都获得了很好的回报。这部戏开播前的宣传似乎并没有大张旗鼓，不过，播了一些集以后，好评不胫而走，完全符合口碑传播的规律。甚至《琅琊榜》在开播之时并未有很大影响力，随着口碑的发酵，在网络上受到网友一边倒的好评，收视率开始呈现疯涨的趋势。

有意思的是，如今一些流行的古装剧常常是原创于网络，这自然有助于培养年轻的古装剧观众，可谓取之于民，用之于民。老实说，古装剧这些年并不畅销，观众不大看好，官方也有所限制。在这种情况下，古装剧反而走上了出精品的道路，粗制滥造的时期好像过去了，港台古装剧也给网络古装剧让位了。男主角胡歌因为这个电视剧大红大紫。刘涛参演了 2015 年两部年度古装大戏，另一部就是年底的压轴戏《芈月传》。现在判断一个电视剧是否足够好的标准就是看它的回放率。

和《琅琊榜》的状况正好相反，《芈月传》属于未播先红，因为有《甄嬛传》的影响在前，原班人马显然有很大的吸引力，毕竟这个品牌凝聚了众多的古装剧粉丝。有趣的是，《芈月传》是女人戏，《琅琊榜》是男人戏，在古装剧上打了一个平手。这和真人秀的情况有很大的不同。《芈月传》仿佛比《琅琊榜》更真实，没有什么武侠色彩。不过，这两个古装剧还是有一些共同点，比如说，它们都集中于某一个朝代，没有所谓的古今穿越，便于做古代历史的知识传播。这一点和韩剧有类似的地方。

中国的卫视竞争非常独特，卫视数量看上去很多，但播出内容撞车率很高，尤其在电视剧收视率上。卫视前五的竞争十分激烈。这种竞争拉大了卫视收视率的贫富差距，造成了后进卫视的资源浪费。后果是卫视前五逐渐变成了一种全国性卫视，而排名靠后的卫视则沦落到地方性卫视的水平。

五、电影：综艺影片昙花一现

2015 年有一个独特的电影形式遭到了诸多质疑，那就是综艺电影。2015 年的《奔跑吧兄弟大电影》和《爸爸去哪儿大电影 2》都获得了过亿的票房，甚至超过了很多正经制作的优秀电影。综艺电影作为电视综艺节目大热后形成的衍生品，具有一定的观众基础，同时这种综艺电影其中也包含着喜剧的元素，也可博观众一笑，作为春节档电影，自然成为了合家欢的备选项之一。虽然这种类型的电影获得了市场的认可，但是依然不能掩盖电影市场的急功近利的现实。

六、新媒体：春晚红包取代了吐槽

“复兴之路工作室”在 2015 年推出的“外宣”视频《十三五之歌》刷爆了社交媒体。

该视频画面采用“动画拼贴画”的形式呈现，整体曲风以民谣为主，边说边唱，歌词浅显，朗朗上口，十分“接地气”，是我国在外宣领域一次良好的尝试。人民日报中央厨房制作的视频《习主席来了》(*Who is Xi Dada*)走访北京多所高校，采访了来自15个国家的留学生眼中的中国领导人形象，在人民日报的YouTube上传播后，短时间内观看量便突破10万，并引起世界主流媒体的围观，《华盛顿邮报》《华尔街日报》《赫芬顿邮报》等数十家媒体刊文报道，该作品也荣获了2016第二十六届中国新闻奖国际传播一等奖。

马云的影响力如今已经渗透到了很多领域，有人已经把他比作中国的默多克。以前，天猫晚会大概只是一个公司的内部晚会，或者至多是行业性晚会，如今，湖南卫视的介入，使其变成了一个社会消费晚会。虽然它的收视率不一定高，但其特别之处在于把电视晚会完完全全变成了商业促销会。“电视商场”已经成为过去时了，那么，电视购物晚会是否能够给电视营销带来一种新的商机呢？让我们拭目以待。

2015年1月26日微信红包功能正式上线，之后“抢红包”活动迅速升温，央视借此契机，在羊年春晚与微信合作通过手机“摇一摇”得红包，并在185个国家传递，实现了电视大屏和手机小屏的“双屏共振”。这一变化让具有强烈仪式感的春晚从被动变成主动。从一家人被动看变成一场荧屏内外、现场与电视机前观众的全民联欢。但是这种互动真的是央视想要的吗？央视平台传播的是内容，而红包活动几乎和节目本身没有什么关联，“抢红包”抢了春晚的风头，央视在某种意义上成为了微信的嫁衣，扩大了微信的用户，提升了用户对于微信的依赖感。央视在2015年春晚期间联手腾讯推出“看春晚，抢红包”活动。数据显示，除夕当天，微信红包收发总量达到10.1亿次，10点半是规模最大的一次抢红包，这个点的抢红包总量在2.1亿个，摇红包总次数达到72亿次，平均70个人抢一个红包。送红包是中国人的传统，春晚将这一传统与节目互动结合，力图提高春晚的收视率，但是效果并不理想，与2014年相比，2015年春晚的收视率有所下降。

〔刘宏，中国传媒大学新闻传播学部教授；周婷，中国传媒大学新闻传播学部博士研究生；靳一然，中国传媒大学新闻传播学部硕士研究生；白原远，中国传媒大学新闻传播学部硕士研究生；张昕，中国传媒大学新闻传播学部硕士研究生；张叶，中国传媒大学新闻传播学部硕士研究生〕

“网络广播电视服务”命名与规则重构

——从《互联网等信息网络传播视听节目管理办法(修订征求意见稿)》看网络视听节目监管立法的趋势

The Reconstruction of Naming and Regulation of “The Internet Radio and Television Service”

◎ 夏清泉

Xia Qingquan

摘要:本文在梳理2004年以来网络视频监管法规的基础上,系统考察国家新闻出版广电总局2015年公布的《互联网等信息网络传播视听节目管理办法(修订征求意见稿)》(以下简称为《修订征求意见稿》)。本研究认为,《修订征求意见稿》通过对“网络广播电视服务”的命名与业务进行重构,一方面,解决了2004年版《互联网等信息传播视听节目管理办法》及2008年版《互联网视听节目服务管理规定》等相关法规之间的条理问题;另一方面,对以手机和电视为终端的互联网节目的许可与管理也逐渐趋同于对传统广播电视的监管。同时,《修订征求意见稿》也存在层级较低的部门管理规定立法带来的部门利益色彩浓厚,以及技术主义立法路径导致的对未来新技术的发展适应不足的问题。

关键词:互联网等传播视听节目,网络广播电视服务,网络视听节目

Abstract: This article systematically investigates the “Management Practice of Internet Audio－Visual Programmes (Proposed Amendments) 2015” published by the State Administration of Press, Publication, Radio, Film and Television, based on the review of regulations and laws on online video supervision from 2004 onwards. The article argues that through defining the term “Internet radio and television service” and restructuring its business practices, the “Proposed Amendments” has solved the contradictions existing in － between its 2004 version, the “Internet audio － visual programme service 2008”, and other related regulations and acts on the one hand; on the other hand, there is a trend that the supervision and licensing of Internet programmes on mobile devices and internet TV is becoming increasingly similar to the supervision of more traditional media outlets, i. e. radio and television. Meanwhile, the "Proposed Amendments" also manifested strong departmental interests due to the fact that it was stipulated by a lower level government body. It also revealed that the technological－doctrine－led legislative approachs may not suit for the future development of new technology.

Keywords: the regulation of the Internet-related to broadcasting audio-visual program, the Internet radio and television service, the Internet audio-visual program, regulation, Internet supervision

十八届四中全会审议通过了《中共中央关于全面推进依法治国若干重大问题的决定》,全会提出,要加强互联网领域立法,完善网络信息服务、网络安全保护、网络社会管理等方面的法律法规。2015 年,国家主席习近平在乌镇世界互联网大会上指出:构建良好的互联网秩序,要依法治网、依法办网、依法上网,同时要加强网络伦理、网络文明建设,发挥道德教化的引导作用。(习近平,2015)尽管我国互联网立法在过去十多年里已经取得了长足的进步,互联网法律体系基本成形,但整个体系还有待进一步优化。(李长喜,2015)随着技术的发展与多屏融合的推进,网络视听服务作为互联网最重要的应用服务之一,从电脑、手机向客厅电视等终端拓展,网络视频内容的接触人群在不断扩大,与此同时,互联网视听节目的监管问题也日益突出,相关监管法规也亟须不断更新。

我国现有的网络视听传播相关法律,一方面是立法层次较低,主要以国务院相关部委颁布的部门规章和规范为主;另一方面是立法速度和行业发展矛盾比较突出。2004 年,广电总局发布《互联网等信息传播视听节目管理办法》(下称《管理办法》)①,对通过互联网进行传播的视听节目内容进行了规范,《管理办法》明确了广电总局作为互联网视听节目的主管单位的职能,规定对视听节目的传播主体采用许可证制,奠定了网络视频传播内容监管的基础。2008 年,广电总局和信息产业部共同发布了《互联网视听节目服务管理规定》(下称《管理规定》),将互联网视听节目服务的主体限定为国有独资或控股单位。2009 年,广电总局又以规范性文件的形式发布了《广电总局关于加强互联网视听节目内容管理的通知》和《广电总局关于加强以电视机为接收终端的互联网视听节目服务管理有关问题的通知》,对互联网视听节目中存在的一些违规

① 本文提及的所有法规均来自中央网络安全和信息化领导小组、国家互联网信息办公室政策法规局编写的《中国互联网法规汇编(第一版)》,中国法制出版社 2005 年版。

问题进行整治，并对以电视机为终端的网络视频的传播加强规范。2010 年，广电总局发布《互联网视听节目服务业务分类目录》，在《互联网视听节目服务管理规定》的基础上对四类服务进行了界定，解决了规定在执行过程中遇到的问题。从已颁布的相关法规中可以看出，互联网视频传播的立法重点主要在于内容监管和行业发展引导，其中内容监管又是重点中的重点。从内容监管的方式上看，其管理方式基本延续了广播电视管理的思路：一是实施准入制度。为了实现有效的内容管理，法规针对传播主体实施许可证的制度，并将传播主体限定为国有独资或控股单位。二是组织内容审查与监督。比如要求传播主体配备相应的审查人员，并由广电总局进行培训。同时对传播的内容进行了规范，明确规定了视听节目中不得出现的内容，并对违法违规行为执行相应的处罚。

2015 年 6 月，国家新闻出版广电总局公布了《互联网等信息网络传播视听节目管理办法（修订征求意见稿）》（下称《修订征求意见稿》），该文件系对 2004 年颁布的《管理办法》的修订征求意见。在《修订征求意见稿》中，国家新闻出版广电总局在之前的行政法规及规范性文件的基础上，对网络传播视听节目的行为进行了重新定义，特别是对新兴的 IPTV、OTT 等网络视听节目传播形式进行了规范，梳理了相关法规的内在联系，体现了国家对网络视频实施监管的一些趋势。

一、法律术语的命名——“网络广播电视服务”

《修订征求意见稿》中将“互联网等信息网络传播视听节目服务”简称为“网络广播电视服务”，首次提出了“网络广播电视服务”的概念。从法律语言学的层面上看，立法语言往往包含着某种逻辑的确立，特别是法律术语的命名，概括地反映了法律事物、现象的本质。（张维仑，1995）在不同时期的法规中，互联网视听节目这一传播形式已经转换了多种术语的简称表述方式，究竟有何内在意义上的变化？

（一）2004 年版《管理办法》中术语命名的特点

“互联网等信息网络传播视听节目服务”这个术语在法律的表述上，的确存在表述过于复杂的问题，不太符合法律术语简洁性的要求，所以在 2004 年发布的《管理办法》中，术语简化成了“信息网络传播视听节目”。作为一个法律术语，这个表述仍然存在一些问题。首先，“信息网络传播视听节目”从语言上看，表达的是一个行为，因为它是一个包含谓语和宾语的句子结构，而不是一个形容词加名词的结构，在法律术语表达上规范性不强。其次,从通俗性来说,一般大家都习惯于“因特网”“广播节目”“电视节目”等用语,“信息网络”和“视听节目”这两个词语在现实生活中比较少用,像“视听节目”这样的词更经常在一些广播电视节目的专业书籍中出现,日常生活中较少见。最后,以“节目”这种特定词语来表达经由互联网传输的视音频内容,带有比较强烈的广电色彩,受到一些互联网专家的批评(张瑞雯,2011),用它来概括新兴网络上的信息,如用户自制上传等视频内容,显得也并不确切。虽然存在一些问题,但如果从日常用语中提取法律术语,也没有合适的词汇能表达其涵盖的意义。比如在日常词汇中,“网络视频”是在各种日常文本中出现频率最高的词,从其概念来说,有人认为它是指由网络视频服务商提供的、以流媒体为播放格式的、可以在线直播或点播的声像文件,也有人认为网络视频还包括视频聊天等视频内容。这些概念也无法涵盖使用互联网技术,并以电视机为接收终端的视听内容。所以在此采用一个相对新的表述“信息网络传播视听节目”作为法律术语,仍然是一种比“网络视频”更为严谨的表达。

(二) 2008 年版《管理规定》中术语命名的方式

2008 年实施的《管理规定》采用了“互联网视听节目服务”的法律术语,来表达向公众提供互联网视听节目的活动。一方面,用“互联网”来代替“互联网等信息网络”,相比“信息网络”的用词,在语言上更贴近日常生活,也更容易理解。在对互联网的表达中特意标明“含移动互联网”,也体现了对移动网络传播日益兴起的重视,并简化了 2004 年版《管理办法》中对技术形式的罗列,表达形式更为简洁。另一方面,“服务”的表述沿用了更高法律位阶的《互联网信息服务管理办法》中的表达方式,这种表述也解决了之前的术语中谓语加宾语结构的不规范问题。《广电总局、信息产业部负责人就〈互联网视听节目服务管理规定〉答记者问》也强调了《管理规定》作为服务业管理规范的功能,即“促进互联网视听节目服务业的健康繁荣发展,满足人民群众日益增长的精神文化需求……”所以,在《管理规定》中,“互联网视听节目服务”的表述从高阶位法中延续了表达方式,已经形成了相对完善的术语命名。

(三)《修订征求意见稿》中“网络广播电视服务”命名及其意义

在《修订征求意见稿》中,“网络广播电视服务”是对“互联网等信息网络传播视听节目服务”的简称,虽然在多部法规文件中,都统称“互联网等信息网络传播视听节目服务”,但在概念界定上,相比 2004 年的《管理办法》和 2008 年的《管理规定》,新的《修订征求意见稿》将其范围缩小为“以电视机、手机(含各类手持电子设备)等电子设备为接收终端”，这样，电脑接收终端在《修订征求意见稿》中就被去掉了。也就是说，《修订征求意见稿》将不适用于大部分以电脑为终端的视频网站。这也可能考虑了 2004 年《管理办法》实施时收效甚微的情况。同时，2008 年两部委制定的《管理规定》在《修订意见稿》实施后也会继续执行，这样就避免了两部规章之间的重叠。

从“网络广播电视服务”的命名来看，《修订征求意见稿》在立法规制上将进一步沿着对广播电视进行监管的思路来实施对网络视听节目的管理。2014 年 12 月，国家新闻出版广电总局副局长田进在全国网络视听节目管理工作会议上表示：“互联网电视播出的内容与传统电视播出的内容，审核标准一致、管理尺度一致、版权保护原则一致。”（田进，2015）从监管的标准上看，未来对网络剧的审查可能实行网络与广电统一的标准，不符合电视台播出标准的，在网络上也很难通过审核。这样，审查将不分接收终端和传播渠道，商业视频网站等的内容播出也将和广播电视的标准统一。

二、概念表述：从强调技术形态描述到强调接收终端

《修订征求意见稿》中互联网等信息网络传播视听节目服务（网络广播电视服务）的定义为：“以互联网等信息网络（含有线、无线网络）、局域网络及利用互联网架设的虚拟专网为传输通道，以电视机、手机（含各类手持电子设备）等电子设备为接收终端，从事向公众定向提供广播电视服务的活动，包括 IP 电视（IPTV）、手机电视、互联网电视等。”相比 2004 年的《管理办法》，《修订征求意见稿》对互联网等信息网络传播视听节目服务的表述进行了较大幅度的修订，主要体现在以下几个方面。

（一）对互联网等信息网络技术形态的表述

在 2004 年的《管理办法》中，信息网络主要指“以互联网协议（IP）为主要技术形态”的网络形式，“包含移动通信网、固定通信网、微波通信网、有线电视网、卫星或其他城域网、广域网、局域网等信息网络”。这种以技术形式为导向的立法表述存在几个方面的问题，一是技术形式的更新将导致法规适用方面的困难。比如以上罗列的内容就难以囊括诸如通过 Wi-Fi 等技术构建的数字城市网络中的视听节目传播，这样就造成了法律适用的漏洞和困难。二是罗列表述导致法律条文冗长。在修订稿中，所有信息网络被简化表述为互联网等信息网络（含有线、无线网络）、局域网络及利用互联网架设的虚拟专网，体现了法律的严谨性和简洁性。

(二)重点强调了接收终端

随着多屏技术的发展,电脑、手机和电视等接收终端趋向于融合,视听节目在多终端传播已经引发了不少问题。2010 年以来,网络盒子的成本不断降低,各类以互联网方式连接电视的网络盒子不断增加,同时视频网站等也推出了基于安卓系统的各种网络机顶盒。一方面,安卓系统的开放性让网络盒子可以安装各种类型的 App,硬件提供商逐渐涉及内容集成的领域,导致监管变得越来越困难。另一方面,各种无资质的网络盒子利用监管漏洞,传播庸俗下流的内容,节目质量也良莠不齐。面对这种情形,广电总局于 2011 年出台了在社会上引起强烈反响的 181 号文件,并连续出台了系列执行规范,通过对内容集成牌照的强调,对网络盒子进行整治。在《修订征求意见稿》中,通过对以电视机、手机(含各类手持电子设备)等电子设备为接收终端的强调,加强了对这些终端传播内容的监管。

(三)突出了广播电视服务的特性

《修订征求意见稿》将 2004 年版《管理办法》中的"开办、播放(含点播、转播、直播)、集成、传输、下载视听节目服务等活动"重新表述为"从事向公众定向提供广播电视服务的活动,包括 IP 电视(IPTV)、手机电视、互联网电视等"。新定义在逻辑上将提供视听内容总括为广播电视服务,因为广播电视的特性就是向公众定向提供视听和声音内容。总局也在多个场合提到了经由网络新媒体渠道传播的视听内容与广播电视节目内容的一致性。副局长田进在 2014 年全国网络视听节目管理工作会议上将互联网电视定义为"基于公共互联网络、面向电视终端的一种新型的广播电视服务",并指出"互联网电视本质是电视播出的方式的一种"。在《修订征求意见稿》也在文本上进一步强化了新兴媒体的广播电视服务特性。

三、监管方式:纵向的分类管理

2004 年版的《管理办法》和 2008 年实施的《管理规定》体现了较强的技术主义立法路径的影响,《修订征求意见稿》则强化了对业务类别的界定以及对不同业务类别的管理方式。

(一)区分并界定了网络广播电视内容服务与集成播控服务

根据《修订征求意见稿》,内容服务单位负责建设和运营内容服务平台,组织、编辑节目并通过集成播控平台向用户提供节目;集成播控服务单位负责集成播控平台的建设和运营,包括节目的统一集成和播出监控,以及电子节目指南(EPG)、用户端、计费、版权等的管理。内容服务单位负责审查所提供的节目是否符合法律、行政法规、部门规章的规定,并进行播前审查。内容服务单位应当选择依法取得网络广播电视集成播控服务许可的单位提供接入服务。集成播控服务单位在提供接入服务前,应当查验内容服务单位的许可证。集成播控服务单位负责对内容服务单位播出的节目进行监控,发现接入集成播控平台的节目含有违反管理办法的内容时,应立即切断节目源,并报告新闻出版广电行政部门。

(二)明确了IP电视、手机电视、互联网电视的规范

《修订征求意见稿》在2008年《管理规定》及2010年发布的《互联网视听节目服务业务分类目录(试行)》的基础上,进一步明确了IP电视、手机电视、互联网电视的规范,形成了规章之间的延续和契合。2008年颁布的《管理规定》将"互联网视听节目服务"定义为"制作、编辑、集成并通过互联网向公众提供视音频节目,以及为他人提供上载传播视听节目服务的活动"。可以看出,互联网视听节目服务的概念主要是指通过互联网传播视听节目的行为,涵盖了视频网站、手机电视、OTT等各种形式和终端。2010年的《互联网视听节目服务业务分类目录(试行)》对互联网视听节目服务进行了种类的划分,但明确标出不含IP电视、互联网电视、手机电视业务,并以备注的形式表示这三类业务的集成播控、内容服务属于第一类,即"广播电台、电视台形态的互联网视听节目服务"。所以,《修订征求意见稿》规定了IP电视、互联网电视、手机电视业务的许可门槛为地(市)级以上的广播电视播出机构和中央新闻单位,从事这三项业务的集成播控服务的,必须是省级以上的广播电视播出机构。2014年,国家新闻出版广电总局已经停止了这三项业务集成牌照的发放,目前总共发放有包括中央三大台及上海、浙江、湖南、广东7个省级广电媒体在内的7张牌照。《修订征求意见稿》将以法规条文的形式规范之前的监管行为。

(三)未来将制定相应的网络广播电视服务业务指导目录

《修订征求意见稿》第七条明确规定了网络广播电视服务业务指导目录由国务院新闻出版广电行政部门制定。这意味着,在吸取2008年《管理规定》经验的基础上,为了加强适用性和执行性,总局也将出台相应配套的业务指导目录。指导目录在业务细分的基础上,将更好地明确各类业务的定义和许可制度,为监管提供可靠保障。

四、网络视听节目立法面临的难题

从立法逻辑上看,网络广播电视服务所提出的管理逻辑仍然是在传统广播电视服务规制的基础上的管制延伸,其根本仍然建立在传输介质的分类之上。在媒介融合正在成为事实的今天,按照传输介质的纵向分类进行规制已经无法涵盖全部的视听服务,其规制也变得条块分割,并难以容纳各种新兴的服务。在这种情况下,欧盟在2008年提出的"线性媒体"和"非线性媒体"的分类监管思路值得借鉴,这种思路根据观众接触媒体的主动性和容易程度,来实施不同的监管强度。广播电视等开机即可看到内容的媒体属于线性媒体,对其实施更严厉的规制,而对于需要观众主动获取才能收看的媒体,如点播、IPTV等媒体实施更轻的管制,这打破了按照广播电视、因特网等传输方式进行媒体划分的传统,理顺了监管分类的逻辑,能更有效地解决媒体传播所带来的负面问题。虽然欧盟在立法的目标框架上和我国有较大的区别,但其中的立法逻辑值得我们借鉴。

从立法制度上看,当前以新闻出版广电行政部门规章为主的立法方式不可避免地带有部门利益色彩,其许可制度向广播电视媒体和新闻媒体倾斜,虽然能更好地对内容实施监管,但商业网络视频占据了绝大部分的移动市场,并不断向电视端扩展的行业发展趋势,可能再次使得《修订征求意见稿》中的只有国有控股或独资才能获得许可的规定落空。回顾2008年的《管理规定》的许可证实施一石激起千层浪,之后通过《答记者问》才解决了行业和大众的疑惑——"《规定》发布之前依法开办、无违法违规行为的,可重新登记并继续从业"。这种方式难免影响规定的严肃性。此外,以接收终端为界定的"网络广播电视服务"难免会受到技术发展的挑战,比如在新兴的VR(虚拟现实)设备上如何实现监管,如何对社交媒体的分享功能传播的视听内容进行规范等,都会造成法规适用难题。最后,随着"互联网+"的国家战略的实施,网络视频内容和其他行业的结合将是一个必然的趋势,如何扶持网络视频+其他行业的发展,以及如何对这些内容进行监管,也要求相关部门在制定法律法规时将立法目光放得更长远。

参考文献:

李长喜:《第二届中国互联网法律政策论坛发言》,http://www.catr.cn/xwdt/kydt/201507/t20150724_2120240.htm。

《广电总局、信息产业部负责人就〈互联网视听节目服务管理规定〉答记者问》,《人民日报》2008 年 2 月 4 日第 4 版。
田进:《加强网络视听节目管理,促进网络视听业健康有序发展》,《中国视听新媒体发展报告》,中国社科文献出版社 2015 年版。
习近平:《在第二届世界互联网大会开幕式上的讲话》,《中国青年报》2015 年 12 月 17 日第 2 版。
张维仑:《法律术语命名(选用)的方法及意义》,《语言文字应用》1995 年第 3 期。
张瑞雯:《〈信息网络传播视听节目许可证〉的是与非》,《中国电信业》2011 年第 7 期。

数据与社会

大数据时代突发事件议程设置主体话语权的发展新态势

New Trend of Discourse Right in Agenda-settings of Emergency Events in the Big Data Era

◎ 刘小霞　龚　捷

Liu Xiaoxia　Gong Jie

摘要：大数据时代，社交媒体以极高的信息交换率和超强的信息扩散能力为突发事件信息传播打造了强大的平台。突发事件议程设置主体身份随着信息技术的发展也发生了翻天覆地的变化，民间舆论崛起而主流权威消解；意见领袖作用日益显著；以微博为代表的社交媒体成为突发事件的主要话语表达载体和舆论中心，随时掀起舆论风暴。突发事件话语体系一改过去的整齐划一，而逐步呈现多元主体、众说纷纭的发展趋势，舆情调控的难度也空前巨大。

关键词：大数据，突发事件，议程设置，主体话语权

Abstract: In the big data age, the change in means of information dissemination has resulted in the change of the discourse system in cases of emergency events. First, discourse right in agenda-setting has changed, which results in the rise of popular opinion, the decline of mainstream authorities and increasing role of opinion leaders. Second, socialized media represented by Microblog has become a major discourse expression platform for emergency events. Microblog has become an opinion center in emergency events and is ready to bring about a huge storm. Finally, the controllability of discourse system in emergency events has gone, and the difficulty of regulation has never been greater.

Keywords: big data, emergency events, discourse right in agenda-setting, opinion guidance

21世纪以来大规模的数据生产、储存、处理在移动互联技术、云计算、物联网的支持下已经成为现实，信息的病毒式裂变传播改变着人类的表达方式和话语体系，大数据时代已经来临。大数据，顾名思义即数据规模庞大之意，通信技术与数字处理技术的发展令信息传播具有数字化、社会化和移动化等特征，由此产生了巨大的数据量。

规模性(volume)、多样性(variety)和高速性(velocity)成为大数据时代信息处理的三个基本特点。Facebook 上每天有超过 1000 万张的照片更新和 30 亿次的点击率;谷歌公司每天要处理超过 24PB 的数据,是美国国家图书馆所有纸质出版物所包含数据量的上千倍;新浪微博每日发博量超过 1 亿条;淘宝网站的日交易次数超过千万;联通每日用户的上网记录信息流量高达 10 TB。这些规模化存在的数据以极高的交换率和传播速度在互联网络中流通,信息传播也随之呈现出主体多元化、传播即时化、传受界限日渐模糊、内容碎片化加剧等特征。

社交媒体信息传播的上述特征使得人人拥有信息选择与发布的主动权,也带来了传者与受者间关系的巨大变化,乃至突发事件议程设置主体话语权力的转移,赋予了传播学经典理论——“议程设置”新的内涵。该理论认为,“大众传播具有一种为公众设置‘议事日程’的功能,传媒的新闻报道和信息传达活动以赋予各种‘议题’不同程度显著性的方式,影响着人们对周围世界的‘大事’及其重要性的判断”。[①] “选择”与“突出”等媒介控制手段在大众信息传播中发挥着重要作用。然而,信息技术的发展使社交媒体用户获得了“选择”和“突出”议题的主动权,普通民众的话语权也随之得到相应程度的解放,过去为大众媒体掌握的媒介控制手段在社交媒体的作用下被稀释为人人皆可获得的能力。从某种程度来说,这样的权力解放和稀释甚至会影响到相关事件的舆论态势,甚至事件的发展走势。因此,过去传播资源高度集中于大众媒体的状况被彻底改变,普通民众通过微博、微信等社交媒体逐步获得了前所未有的传播资源,这其中就包括了突发事件的信息资源和相关议题的发言权。在意见领袖的带领下,普通民众通过社交媒体参与到公共议题的讨论中来,并形成了区别于传统主流媒体的舆论场域,分解着以传统媒体为代表的主流舆论权威,掀起舆论风暴,进而影响突发事件的话语格局。

一、突发事件议程设置主体的多元化

大数据时代,信息数据具有海量、多样、高速传播等特征,与之对应的信息传播现象也呈现日益显著的去中心化和碎片化趋势,突发事件的议程设置主体也由此出现多元化发展趋势。首先,社交媒体信息传播的去中心化特征令传播主体的身份被前所未有地扩大。其次,新的信息传播、处理技术打破了社会精英人群及其所代表的主流权

① 郭庆光:《传播学教程》,中国人民大学出版社 1999 年版。

威的绝对垄断,普通民众的话语权获得解放。最后,舆论主体的身份分化为普通民众、主流媒体,以及能够引领民众意见的先锋——意见领袖。基于上述变化,突发事件信息传播呈现出主流权威与民间舆论并存的发展新趋势。

(一)突发事件中民间舆论的崛起

大数据时代社交媒体是舆情和民意的重要展示平台,普通民众利用社交媒体记录他们的见闻、思想、行为乃至感情,用户之间的身份差异被消除,普通民众从被动地接收信息向主动发布信息、设置议题转变。同时,社交媒体还是现实社会与网络空间深度融合的产物,对社交媒体中相关主题的信息数据进行分析,即可了解普通民众对事件的诉求和意见,并由此探寻突发事件中民间舆论崛起的实现轨迹。另外,高度集中的传播权力被社交媒体分解,政权、资本、科技对传播权力的垄断被解构,传统媒体构筑的信息中枢被瓦解,社交媒体体现出前所未有的平民化特征,"消解了精英分子权威、专家、官员等的社会身份,把身份地位的'区隔'转换为对人的普遍权利的认同和建构"(张淑华,2009)。目前突发事件议程设置主体不仅有代表主流权威的媒体机构,也有"专家""学者"等知识精英,还有极具数量优势的草根民众。

如今,突发事件议程设置主体的身份由传统的大众媒体扩大为任何使用社交媒体的用户,"人人皆是记者"已然成为大数据时代的普遍现象。突发事件的相关信息作为舆论热点也不再因为传统媒体的把关、过滤而被湮没。相反,由于传受双方的地位更加平等,社交媒体中普通民众所发布的信息同主流媒体所关注的议题受到了几乎平等的对待。甚至,在突发事件中普通民众发布的信息受到的关注程度丝毫不逊于传统主流媒体所设议题。据 2012 年 4 月发布的《中国社会舆情年度报告》显示,我国 2011 年发生的舆情事件中有 46.9%的信息首发主体是普通网民。近几年来,社交媒体更是成为突发事件信息发布的首选平台。普通民众借助社交媒体积极发声,他们或许是事件发生时的亲历者、见证者,拥有第一手信息,能够随时就事件"爆"出"猛料",引发关注、激起讨论;他们或许是事件发生后舆论热潮的参与者、围观者,拥有点评事件、转发信息、发表观点的能力,并且在短时间内形成围观,产生不可忽略的社会影响。由此,独立存在的普通民众通过社交媒体被联结成为意见群体,这个"由多元个体组成的社群通过互联网等新媒介对于人们想什么或者怎么想发挥重要作用"(谢耕耘,2011)。因此,无论是网民就"唐慧案"掀起的司法问题讨论热潮,还是因"李某某涉嫌轮奸"一案引发的网络中关于"×二代"的热议,甚至网络民意影响"湖南瓜农死亡事件"发展进程,从中我们都可以看到,突发事件话语格局已经发生了改变,普通民众通过微博为代表的社交媒体对突发事件发展进程产生了不容忽视的影响。

这些日渐成形，由普通民众组成的独立意见群体被学者周瑞金描述为“新意见阶层”(周瑞金，2009：52－57)。在他看来，“新意见阶层”具有巨大的舆论能量，一旦爆发，就会形成无数的舆论冲击和舆论潮流，对我国的经济、政治、社会等领域产生巨大影响。例如 2013 年芦山地震中，由于郭美美事件而备受诟病的中国红十字会，在地震捐款中收获寥寥，公众舆论对于中国慈善机构的质疑不断加重，“普通网民以自觉的态度、持续的热情、敏锐的目光跟进着现实社会的事态进展并对其中的政府行为进行着审视与监督。中国网民作为具有舆论能量的‘新意见阶层’，正在形成一个有现实影响力的虚拟‘压力集团’”。(祝华新，2009)通过网络、社交媒体，网民积蓄了难以估量的围观力量，这种力量的爆发，往往会形成巨大的舆论浪潮，冲击着传统媒体和政府部门，形成“倒逼效应”。综上，突发事件中民间舆论的崛起不仅产生了新的舆论力量，而且对事件本身的发展也有实质影响。“围观改变中国”，在突发事件中，民间舆论正通过新媒体以强大的能量改变着舆论的角力格局。

(二)突发事件中意见领袖作用日趋显著

意见领袖是指活跃在人际传播网络中，经常为他人提供信息、观点或建议并对他人施加个人影响的人物。社交媒体信息的“去中心化”传播，又可称为“节点化”传播，任何一个节点都有可能成为信息中心和意见领袖，以往以传统主流媒体为代表的信息中枢被消解，散落开来形成无数个新的话语中心。大数据时代，个体处理信息的能力完全无法驾驭浩瀚无边的信息浪潮，加之普通民众被专业知识、文化水平等诸多因素制约亦无法对所有信息进行研判，因此介于民间舆论和主流权威之间的意见领袖根据个人所长对突发事件的某一方面信息进行筛选、研判，进而对普通民众施加影响，成为突发事件舆论中不可忽视的议程设置主体之一。

在新媒体技术的影响下，突发事件舆论场中的主体身份扩延至专家、学者、名人、媒体记者、官员，以及普通民众等，事件议程设置的话语权也随之分散。在此背景下，个体取代传播机构逐渐成为意见领袖，并在事件中发挥着日益显著的作用。《中国社会舆情与危机管理报告(2012)》指出 2007－2011 五年间发生的舆情事件中，意见领袖在其中发挥作用的事件比例分别为 3.3％、10.7％、5.4％、14.3％、18.1％。意见领袖通过观点表达、舆情引导、社会动员等实现着突发事件舆论引导的作用。

意见领袖一般拥有丰富的知识储备、信息资源及较高的社会地位，在突发事件的信息传播过程中对事件信息进行筛选、发布、评价，以进行议程设置，引导事件舆论走向。其中一类意见领袖，掌握着突发事件的隐秘信息，在爆料的过程中引发社会和媒体的高度关注，例如爆出微博炫富女郭美美系中国红十字会商会经理的微博网友，其消息发出后随即引起广泛关注，而红十字会也随之遭受前所未有的质疑，尽管后来上述消息被证伪，但是中国红十字会的公信力和美誉度由此开始跌至谷底。再如，在李某某打人事件中《环球时报》记者邓晶用微博披露事件细节，吸引着众多民众围观，成为该事件中重要的意见领袖之一。另一类意见领袖则是具有一定社会地位，或为某个专业领域的权威，他们针对事件发表观点，进而引导舆论。如作家韩寒之于烟草局局长日记门、上海静安火灾，企业家任志强、官员农涛之于新闻记者石俊荣被停职一事以及著名网络评论人李承鹏之于四川芦山地震民间救援引发的争议，等等。

意见领袖还能通过发起社会动员来发挥影响事件发展、引导舆论的作用。在以人际交往为基础的社交媒体中，意见领袖的社会动员作用愈发显现出其社会效益。例如2007年厦门PX项目事件中，国内著名专栏作家连岳曾多次在自己的文章中呼吁厦门政府部门停建该PX化工项目。连岳和市民一道，质疑和批评PX化工项目，最终反对的声音变为抗议的游行，致使厦门政府最后决定PX项目迁往漳州。再如，2010年南京保卫梧桐树事件中，著名主持人黄健翔、孟非对南京地铁3号线工程砍伐梧桐树一事表示了关注与谴责，并呼吁政府和民众保护环境。在网络的舆论动员后，南京民众走上街头发起“绿丝带行动”，在梧桐树上系上绿丝带以抗议砍树。最后南京政府决定尊重民众意见，在充分调研的基础上修改方案，实现“不砍树”和原则上工程让树。

突发事件的意见领袖大多数是现实社会中的意见领袖，在社交媒体的作用下，由线下转为线上，成为网络中的意见领袖。他们对社会问题、民生问题、经济问题等议题极为关注，又具备相应的专业背景知识。因此，意见领袖在突发事件中的舆论引导作用愈发明显。

(三)突发事件舆论引导中主流权威逐渐消解

大数据时代突发事件的舆论场域包括民间舆论与主流权威。其中民间舆论主要通过人际交往、社交网络形成，是个体和社群意见自下而上汇集、整合所形成的舆论集合。主流权威则是官方通过大众传播手段自上而下的传达、灌输所形成的舆论指向。在社交媒体出现之前，电视台、广播台、党报、通讯社及政府网站等媒体代表着主流权威，他们在突发事件信息传播和舆论引导中拥有绝对的权威和主导地位。社交媒体出现之后，主流媒体和政府机构亦开始主动通过微博、微信等社交媒体进行信息发布，整合舆论，例如“@人民日报”“@央视新闻”等主流媒体的实名账户均已在新浪、腾讯两大微博平台正式上线，各大媒体也纷纷开通微博公众号，进行信息推送。如今，微博实名账号、微信公众号成为每一家主流媒体信息发布的标配。但是，尽管如此，由于主流媒体受制于自身的运作逻辑、管理体制及传统形象，它们在突发事件舆论引导中的权威地位受到了来自民间舆论的冲击，例如 2013 年四川芦山地震发生后，中国红十字会发布官方微博号召募捐，但自郭美美事件后该机构公信力受挫，因此募捐微博收到网民的大量回复都仅为一个“滚”字。与主流权威在网络中遇冷相反，普通个体、意见领袖的地位、影响力却日渐上升，芦山地震发生后“网络红人”李承鹏组织救援物资和专业救援队伍深入灾区展开救援，并且通过微博实时通报灾情和物资的发放情况，这些微博却获得大量网友的肯定。可见，在大数据时代，社交媒体的存在为民间舆论崛起、意见领袖发挥日益显著作用提供技术支撑的同时，也正在消解主流媒体自上而下的舆论权威。

二、社交媒体掀起突发事件舆论风暴

大数据时代的社交媒体与传统的单向线性传输方式相比，其用户具有更强的主观能动性，越来越信任互联网，并愿意更加积极地进行信息的生产及消费。2014 年，有 54.5%的网民表示信任互联网，相比 2007 年的 35.1%，网民对互联网的信任度有较大幅度提高。一方面，社交媒体的议程设置主体话语权得到空前释放，加之其对公共议题的强大设置能力，议程客体一旦触及公众群体心理，即形成舆论共振，产生巨大的社会影响。而且，意见领袖的介入使得网民快速聚拢并在瞬间引爆“临界的大多数”，网络舆论的发酵和沸腾又带来了主流媒体的关注。在多方位因素的共同作用下，事件获得了更为广泛的关注，这又带来新一轮的民意沸腾，使得事件呈现出难以控制的特征。因此，6 亿网民“围观”的力量和民间舆论合力在意见领袖带领下通过微博、微信为代表的社交媒体引发了一场又一场舆论风暴。

(一)社交媒体的话语影响力持续增长

作为社交媒体的典型代表，微博以其交互性、即时性、便捷性、低门槛等特征逐渐打破传统大众媒体的精英特质，为普通民众提供了一个开放、平等的话语表达平台。2009 年微博诞生随即引发使用热潮，一种传播媒体普及 5000 万人，收音机用了 38 年，电视用了 13 年，而微博只用了 15 个月。尤其是移动互联时代，手机与微博的结合打破了时空界限，可以在更短的时间内将信息予以发布，即时性更加凸显。

2012 年 9 月 DCCI 互联网数据中心官方微博发布的《中国微博蓝皮书》显示，目前中国微博用户量约为 3.27 亿，其中智能手机访问微博的用户已达 89.35%，微博已然成为当前中国受众数量最多媒体之一。微博作为信息传播的主要工具已经融入普通民众特别是年轻一代的生活，据《中国青年报》调查显示（91.6%的受访者不超过 40 岁），3282 名受访者中有 94.3%表示微博在改变自己的生活，有 87.3%受访者会通过微博了解大家对公共事件或突发事件的看法并发表意见，73.7%的受访者认为微博上的信息广泛及时，是其了解新闻的重要选择，62.5%的受访者还参与过微博上发起的寻人、祈福等公益行动。

可见，在突发事件中，普通民众利用微博为代表的社交媒体发布信息、表达意见、参与行动已经由个别行为发展成为公民的普遍认识。主流媒体同样也认识到了社交媒体的巨大能量，自 2012 年 7 月起，《人民日报》先后在人民网、新浪、腾讯三个平台开设法人微博账号，并长期居媒体微博影响力前列；中央电视台以“央视新闻”为品牌，也相继推出微博、微信和客户端三个平台。无论是草根民众还是官方媒体都将社交媒体视为重大新闻的首发平台 。当然，随着社交媒体更加广泛地覆盖，我国普通民众作为议程设置主体的话语意识和能力正在不断增强，其话语数量和产生的能量亦在不断提升。

（二）社交媒体成为突发事件舆论风暴中心

随着社交媒体话语影响力的持续增长，作为开放、平等的信息发布平台，微博、微信等社交媒体已然成为传统媒体之外突发事件信息发布和意见表达的另一重要阵地。突发事件的议程设置主导权亦随民间舆论力量崛起和主流权威的消解而出现分化，由传统大众媒体为突发事件设置议程的局面正在发生改变。一方面，社交媒体作为突发事件信息的首发平台，相关事件即直接发端于社交媒体；另一方面，突发事件发生后社交媒体中普通民众的态度与意见获得了越来越多的重视，成为传统媒体报道事件的信息来源和观点出处。由此，社交媒体成为突发事件信息策源地、舆论风暴的中心。例如大连反对 PX 项目游行、小悦悦事件、药家鑫杀人案、李双江儿子涉嫌轮奸事件、“表哥”杨达才事件等，在短时间内聚集民意，最终将民众的声音汇集成舆论洪流，影响事态发展。再如湖南天价“切糕”事件发生后，新浪“@微指数”数据显示，从 2012 年 12 月 3 日 10 点到 2012 年 12 月 5 日 12 点，“切糕”一词在微博累计热议度达到 1989891

条，平均每小时热议度达到 39017 条。[①] 因该事件包含民族问题、激烈冲突、法制公平等话题要素，信息一经发布，经由微博裂变式病毒传播立即成为当时社会舆论的焦点，微博成为该事件名副其实的舆论风暴中心，而类似的情况几乎成为最近一两年突发事件的共同特征。

三、突发事件话语体系不可控性增强

突发事件话语体系在以大数据为基础的社交媒体中呈现出迥异于传统舆论的一些特征：舆论主体的匿名性与参与渠道的广泛性、传播空间的无界性与意见汇聚的实时性、议题生成的自发性与舆论发展的不确定性、价值观念的多元性与价值取向的批判性、意见表达的失范性与群体行为的极化性。目前我国正处于突发事件的高发期，多种诱发因素不断产生连环作用，增加了更多的不确定性，因此，突发事件的话语体系较之以往不可控性增强，具体来说表现在话语主导权分散，调控难度加大；谣言扩散，加大健康舆论生态营造难度；社会动员导致事态升级等方面。

(一)话语主导权分散，调控难度加大

随着网络技术的发展，网络传播的覆盖面、多变性、辐射力与影响力使得以网民为代表的广大民众很容易失去自我知觉，从而导致个体失去自我约束。同时，网络传播的高频率、大容量使得信息无孔不入，突发事件发生后真假信息纷至沓来，混淆视听，导致事件难以妥善解决，从而大大增强其不可控性。“7·23”动车事件发生之后，境内传统媒体的报道无论是在对事故现场的播报、事故抢险工作的质疑，还是在铁道部的信息发布、60 日调查期限等方面都十分活跃。但是，随着境外媒体报道的介入，境内外舆情趋于复杂。鉴于此，各地方媒体及所属新闻网站对事故相关报道都迅速降温，除正面报道和权威部门发布的动态消息外，相关报道、评论大幅减少。但一些非官方媒介，如微博等社交媒介对此事件的传播却从未间断，甚至愈演愈烈，大有不受控制之态。2013 年 8 月 19 日，习近平在全国宣传思想工作会议上指出，宣传工作打破传统思维定式，重点要抓好理念创新、手段创新、基层工作创新，要做到因势而谋、应势而动、顺势而为。在突发事件中，更要不断提高舆论引导的权威性、公信力、影响力，把握突发事件话语的主导权。

---

① 《切糕事件：“狂欢”之外还得“以事论事”》，http://www.mzyfz.com/cms/benzhousheping/shepingzhongxin/jinrituijian/html/1234/2012－12－10/content－601867.html。

(二)谣言扩散加大健康舆论生态营造难度

社交媒体的舆论在生成演变过程中,极易受到谣言等虚假信息的干扰。通常,在缺乏权威、准确信息的情况下,谣言等虚假信息的扩散难度降低。如果该事件与民众的切身利益关系重大,那么谣言等虚假信息的扩散范围、烈度亦会随之增大。作为非常规的信息传播形态,谣言等虚假信息的扩散对于建立健康舆论生态的影响主要体现在以下几个方面:第一,谣言等虚假信息滋生于含糊、危险及潜在威胁之中,并在裂变式的传播扩散中与真相渐行渐远,导致信息的不稳定,增加后果的严重性。第二,谣言等虚假信息的传播渠道、载体相对混乱,由于突发事件的信息较为复杂且传播渠道和载体都相对混乱,突发事件的信息传播从事件发生之时就伴随着官方报道、小道消息、猜测、误传、谣言等。如 2012 年 6 月 30 日发生的天津蓟县大火,起初官方公布的死亡人数为 10 人,但网曝的死亡人数与官方数据差异巨大,真实的伤亡情况在一段时间内成为谜团。正是由于突发事件信息的真实性、准确性处于混乱之中,质疑、误读、错解很容易产生恶性循环,加剧事态的混乱和不确定性。第三,通常情况下,谣言等虚假信息往往以真相的公布为终结,除了“金庸之死”等易于证实真伪的谣言外,谣言等虚假信息的影响还具有潜伏性、影响长久性的特征。在相应的辟谣工作没有及时跟上的情况下,公众更易产生“刻板偏见”,不相信权威信息,而缺乏可供核实和消解主观想象的途径,更易扩大突发事件的危害。这种不安情绪及“刻板偏见”往往潜伏较深,难以察觉并加以预警。

(三)社会动员导致舆论事件升级

随着社交媒体社会动员的悄然兴起,在众多突发事件中,依托新媒体技术催化舆论态势,进而引发社会动员的案例不胜枚举。我国最早的突发事件社会动员可以追溯到 1999 年抗议中国驻南斯拉夫大使馆遭北约战机轰炸事件,近年来,利用社交媒体进行社会动员的现象方兴未艾,南京梧桐树事件中的网络动员、舟曲泥石流中的微博直播、表哥杨达才事件中的微博问政等无不有所体现。放眼国际,从 2011 年接连发生的“阿拉伯之春”(北非中东部分国家动荡)、“伦敦之夏”(英国伦敦的骚乱)、“华尔街之秋”(美国占领华尔街运动)以及未遂的“俄罗斯之冬”(俄罗斯数万民众因杜马选举而引爆上街抗议运动),到 2013 年影响全球的斯诺登爆料美国棱镜事件,在不同时空、不同国度发生的民众抗议运动都是通过社交媒体来串联动员的,凸显出社交媒体社会动员在舆论事件演变为突发公共事件过程中所发挥的决定性作用。由于“网络动员往往是集体愿望或社会矛盾的集中体现,是社会舆情最为直接、激烈的表现形式之一"(谢耕耘,2011),可以预见,在大数据时代,社会动员必将借助社交媒体的力量对我国的舆论格局产生更为巨大的影响。

参考文献:

郭庆光:《传播学教程》,中国人民大学出版社 1999 年版。

谢耕耘:《中国社会舆情与危机管理报告》,社会科学文献出版社 2011 年版。

张淑华:《网络对媒介民意表达结构的变革》,《当代传播》2009 年第 1 期。

祝华新:《网民成为压力集团是国家进步的象征》,《党政干部参考》2010 年第 2 期。

周瑞金:《"新意见阶层"在网上崛起》,《理论与当代》2009 年第 4 期。

〔本文系 2013 年度国家社科基金项目《群体性突发事件中提高"微媒体"舆论引导管理能力研究》(项目编号:13CGL144)的阶段性成果〕

〔刘小霞,西南大学新闻传媒学院副教授,博士;龚捷,贵州财经大学助教,硕士〕

“大数据”在我国电视节目生产中的应用：模式、意义与误区

A Study on How Big Data Has Been Used in the Production of TV Programs in China: Pattern, Meaning and Misconceptions

◎赵　翌
Zhao Yi

摘要：“大数据”一方面是指规模大到无法在一定时间内用常规软件工具对其内容进行抓取和处理的数据集合，同时也指代一种海量数据的获取、存储、管理、分析与运用的全新技术体系。近年来，“大数据”已被广泛应用于政治、商业、文化等各领域，本文将关注我国视频节目生产中的主要的“大数据”应用方式及其积极意义，同时讨论使用“大数据”时应规避的误区。

关键词：大数据，视频节目，数据新闻，数据驱动

Abstract: Big Data refers to the large scale date collection that can't be grabbed or dealt with by the conventional software tools in a certain period, which also includes the new technology system of the acquisition, storage, management, analysis and application of the massive data. In recent years, Big Data has been widely used in the fields of politics, business, culture, etc. This article will focus on the main means and the significance of how Big Data has been used in the production of video programs in China, as well discuss how we try to avoid the misuses of Big Data.

Keywords: big data, video programs, data journalism, data drive

2013年，一部号称“算”出来的电视剧《纸牌屋》在全球走红，这让“大数据”开始进入普通民众的视野。事实上，“大数据”这一概念有广义和狭义之分。广义的大数据概念，除了大数据技术及其应用之外，还包括大数据工程和大数据科学。狭义的大数据概念，主要是指大数据技术及其应用，是指从各种类型的数据中，快速获得有价值信息的能力，一方面，强调从海量数据、多样数据里提取微价值，即具有价值特征；另一方面，强调数据获取、数据传递、数据处理、数据利用等层面的高速、高效，即具有快速处

理特征(钟瑛、张恒山,2013:104—109)。“大数据”应用的核心是预测,由于这一优势,它被广泛应用于商业、政治、社会、文化等领域。

虚拟网络的迅速发展与网络的极速社会化,共同推动了“大数据”的流行:一方面,虚拟网络迅猛发展,人与人之间连接成一种新的社会关系,即虚拟社会关系。一方面,如Facebook、Twitter、YouTube、微博、淘宝等,它们直接、迅速地占据了人们的现实生活,使人们不断在网络社会中投入时间、精力,虚拟社会关系得以形成、扩散、巩固,并通过更多的虚拟网络行为持续加深,这些海量的虚拟行为都被记录在案,虚拟网络因此成为海量数据的“基地”,为海量数据的持续生成提供空间;另一方面,云计算、物联网、移动互联网、社交网络、电子商务、网络社区、即时通讯等技术的涌现,使现实世界快速切换到网络社会形态成为了可能,自此衍生了规模巨大、类型多样的数据资源。

一、“大数据”在传媒领域的应用情况

“大数据”作为新兴技术,以强势姿态介入相对传统的文化产业。传媒业首当其冲,于是一股“大数据”的浪潮给本已处于震荡中的传媒行业又带来一次不小的冲击,但同时也带来一份希望。随着社交媒体的兴起以及移动端的普及,公民新闻渐盛,新闻日趋呈现“碎片化”“扁平化”特点,打破了传统新闻媒体对新闻生产及传播的垄断,空前稀释了传统媒体的影响力。在温州动车事故中,以微博为代表的社交媒体发挥了巨大的威力,不仅现场直播了整个事故的全过程,消息发布甚至比官方媒体还要早、还要细致,而且最大限度地还原了事故的全貌,帮助相关部门及时开展救援工作。在这种新媒体渐盛、传统媒体式微的形势下,社交媒体颠覆了传统新闻的生产模式及传播格局,引发了传统媒体的生存危机。

然而,“大数据”却开创了一种全新的信息生产和传播方式,信息的内核由消息本身向数据方面转移,这就要求传媒从业者以全媒介思维和手段来进行信息传播。而“大数据”的门槛也不似社交媒体那般“亲民”,数据的搜集、处理,继而整合为大数据库,都需要强大的技术支撑和雄厚的资本投入,这些都是普通网民甚至是自媒体团队所无法企及的,而传统媒体却可凭借掌握的数据资源来发展数据驱动新闻,保持其在新闻品质和专业水准上的领先地位。同时,针对当下社交媒体泛滥、信息过剩,受众寻求高品质、确定性信息的现状,一些传统媒体如《纽约时报》《卫报》等老牌报纸利用大数据挖掘技术,推动新闻向“利基化”“纵深化”发展。由此看来,“大数据”将成为传统媒体对抗社交媒体,并推动业态升级的重要推动力。

此外,“大数据”也被成功应用到了电视节目生产中,其中最成功的当属风靡世界的《纸牌屋》了,这部剧也让“大数据”开始进入公众视野。强大的制作团队以及豪华的演员阵容,固然是这部剧成功的重要因素,但更值得一提的是它的宣传噱头:《纸牌屋》是一部真正意义上“计算”出来的剧。它的制作方 Netflix 从提供在线影片租赁,成功转型到提供流媒体播放器服务。Netflix 订阅用户可以观看其平台上的任何资源。于是,平均每天在 Netflix.com 上就会产生三千多万个行为,比如用户观看节目时的暂停、回放、快进等。Netflix 用户每个季度总共会看大约 40 亿小时的节目,平均每天还会产生 400 万条评论、300 万次搜索请求(询问剧集播放时间、演员阵容、导演、编剧等),以及不可计数的用户好友推荐。这些每日持续生成的细碎但巨量的个人记录,通过“大数据”手段被整合成庞大的用户数据库,为节目内容的生产提供强有力的决策支持。

一些国外媒体也已经进行了一些成功的尝试。英国广播公司 BBC 长期关注大数据技术及发展动向,把以受众为基础的实时数据分析应用到电视生产的各个环节,包括节目定位、内容生产及市场营销、推广等。大数据技术已经广泛应用到一些真人秀、访谈类节目中。BBC 整合来自社交媒体的巨量数据信息并进行实时分析,在节目现场直播中根据观众在社交媒体上的反馈来决定节目的发展动向。对于节目中观众反响强烈的部分,会进行相应调整。比如对观众热议的某些话题和喜欢的部分,会适度延长该部分的播出时长;反之,如果观众反馈冷淡,则会适度缩短。

除了综艺等市场化程度较高的节目类型,大数据技术也渗透到了新闻节目生产的流程中。印度有一档反映社会热点问题的新闻访谈节目《真相访谈》(*Satyamev Jayate*),该节目的第一季一经播出就反响火爆,不仅吸引了 4 亿多本土观众,更有约合 12 亿观众通过视频网站、YouTube、Facebook、Twitter 以及移动终端观看该节目,超过 800 万的观众通过 Facebook、官网留言、邮件、短信、电话等方式来参与节目互动,每周新增评论超过 10 万个。栏目组借助自动化分析系统 Persistent System 及数据分析团队,对接收的海量信息进行大数据挖掘分析,对公众关注的话题进行热度排序。同时,在节目直播的时候,节目组会在广告时间查看 Twitter 上观众的即时评论,并根据这些反馈对播出内容做出实时的调整,以迎合观众的需求、偏好,从而收获更多的受众互动。这档节目运用数据手段来进行选题策划,调整节目进程及走向。凭借大数据分析报告的强大说服力,该节目甚至影响到国家政策、法律的制定及修改。

二、“大数据”在我国电视节目生产中的应用形式

在我国，“大数据”也被利用在传媒领域的各个方面。就视频节目的生产而言，“大数据”在其中有如下几种应用形式：

(一)数据新闻节目的雏形

“大数据”与新闻的结合就是数据新闻，也称为数据驱动新闻。数据新闻就是通过抓取、筛选和重组等手段来深度挖掘数据，运用可视化的手段来呈现数据(包括可视化数据图、互动图表和网络在线演示等)并合成新闻故事(史安斌、刘滢，2014：52—56)。简单来说，就是用数据来表现新闻，从数据中挖掘新闻。“大数据”已渗透到电视新闻生产的重要环节，媒体可以运用“大数据”来进行电视新闻的策划、制作与播出。如运用“大数据”来搜集电视新闻线索，组织新闻叙事，挖掘新闻价值，提高新闻选题的精准性和时效性。“大数据”在解构传统电视新闻生产模式的同时，也推进了电视新闻生产向“数据化”方向发展；“大数据”强化了电视新闻的传播效果，使得新闻选材更精准、高效。在大数据时代，电视新闻节目中的信息图表式新闻及预测性新闻渐成趋势。英美等国已进行了一些较为成功的尝试，如《纽约时报》网页上发布的名为《雪崩》(*Snow Fall*)的多媒体报道，结合文字、影音和视觉化数据进行深入报道，给读者带来了全新的阅听体验。而我国在数据驱动新闻方面的探索相对较晚，但已初见雏形。

现在，全国新闻战线积极响应党中央“走基层、转作风、改文风”的号召，纷纷开展“走转改”活动部署，中央电视台推出了精品电视新闻节目《数字·十年》，旨在制作有趣、平实又有深度的新闻节目。该节目自播出以来，反响热烈，网络点击率超过百万。《数字·十年》改变了官方资讯类节目一贯的沉稳庄重的播报风格，在节目中呈现大量简洁直观的可视化数据，辅之以通俗平实的语言风格和生动有趣的动画，使人们对新闻节目产生了质的改观，也为我国新闻节目的发展开辟了一条新路。《数字·十年》将抽象的内容具体化、数字化、故事化，使数据变得可视可感，用小数字、小图表、小细节来折射大时代下的社会面貌。形象的信息图表让抽象繁杂的数据变得清晰可感、通俗易懂。

2014 年 1 月 25 日，央视携手百度推出《晚间新闻》“据说春运”特别节目，首次采用百度地图 LBS 定位的可视化大数据，来播报国内春节期间的人口迁徙情况。通过大数据的收集、处理、分析，将中国春运大军仅用 30 年时间，就从 1 亿人次激增到 36

亿人次的人口迁徙情况，以可视化效果呈现在电视屏幕上，给观众带来最直观的感受。借助百度迁徙数据和搜索排行榜，并将其运用到新闻内容的策划中，观众们也对这种运用数据可视化技术播新闻的方式感到十分新奇。随后《晚间新闻》又推出了“据说春节”特别节目，每天用数据解读“恐婚族”“回娘家”等春节热门话题，而《新闻联播》也在除夕夜和大年初七两天重点播报了基于百度大数据分析的“数据说春节”版块，好评如潮。从节目的形式和内容来看，央视从数据中挖掘新闻的水平越来越高，呈现给观众的内容也更加丰富有趣。

(二)运用“大数据”进行电视节目的内容策划与生产

从受众洞察、受众定位，到受众转化，每一步都由精准、高效的数据引导，从而实现大众创造的C2B，即由用户需求决定生产。“大数据导向”将会成为未来内容生产和影视制作的主流(范洁，2013：15—16)。

1. 运用“大数据”来定位新节目

整合大数据资源，了解受众最真实的需求，以此来定位、策划制作全新类型的节目，既能有效避免同类型节目“扎堆”，有力提升视频节目的创新性，又能精准直击用户需求，减小节目投资风险。《中国好声音Ⅱ》是一档应用全媒体思维来运作的歌曲选秀节目，其节目中或刻意或无意制造的亮点及槽点，曾多次登上新浪微博的热门话题，一时成为全民热议的焦点。大量碎片式的用户信息构成了海量的数据资源，为节目制作方提供了全新的思路和更多的选择。搜狐视频通过自身数据平台及百度热搜榜发现，随着重要比赛环节的临近，受众对某些学员的关注度非常高，有关其背景、绯闻等的话题都在网上引发了大量争议和讨论。搜狐基于对这些数据的整合分析，策划了一档《中国好声音》的衍生节目《酷我真声音》，主持人直接向焦点学员抛出各种基于数据搜索的热门问题，学员在节目中直接向观众解答他们关注的热点问题，这种明星学员与粉丝之间的互动，也对继续炒热网络热门话题起到了推波助澜的作用。

2. 运用“大数据”策划节目内容及调整节目走向

网络脱口秀节目《晓说》为优酷自制节目，每期谈论一个热门话题，意在打造视频化的高晓松专栏文章。像其他网络自制节目一样，《晓说》不仅重视其传播方式的互动性，在节目制作方式上也是如此，每期节目话题都会提前在网上公布，与网友进行互动，并根据网友的反馈来制定节目内容，如《晓说》第二季第22期至第27期的《东瀛日本》，就是通过分析网友巨量的评论和反馈而制定出来的。此外，节目摆脱了电视媒介单向传播的缺陷，即时与受众互动，具有极强的时效性。《晓说》制作方可以根据网友的讨论和反馈来即时调整节目形式及内容，并快速直接地在节目中呈现。

此外，"大数据"也可以帮助优化、完善后续节目内容。优酷原创自制剧《嘻哈四重奏》第一季上线时，反响平平，优酷团队基于其日常收集的数据，对该剧进行了审视和改造。通过一系列数据分析，他们发现《嘻哈四重奏》第一季受众群体主要为白领，且热衷于"植物大战僵尸"等小型社交游戏，因此创作团队在后续的剧集中加入了"植物大战僵尸""欢乐斗地主""愤怒的小鸟"等流行游戏的元素。剧集内容在此基础上调整之后，《嘻哈四重奏》第二季逐渐受到网友关注，随后播出的第三、四季都好评颇多。

(三)运用"大数据"为电视节目提供个性化营销

如何建设自身以协助受众，从庞杂的视频库中迅速搜索到自己真正需要的资源，精准预测受众的实时需求，直接为其推送想看的视频节目，是当下视频行业亟待解决的问题。解决这一问题的途径之一，是运用"大数据"技术，把繁杂、价值密度低的海量数据整合成视频用户相关信息，进而实现有针对性的个性化营销，推送用户真正想看的视频。

以腾讯视频为例，腾讯坐拥庞大的用户资源，利用其强大的平台优势，通过大数据分析技术，深度挖掘受众喜好及观看习惯，以此为基准来构建自己的视频资源库，从而实现将用户需求与视频资源精准匹配与对接。腾讯整合腾讯 QQ、腾讯微博、腾讯视频、Qzone、微信等自家多个平台上的数据资源，通过大数据分析得出：35 岁以下的年轻受众使用 PC 端及移动终端观看视频的比重很大，且这个观看群体更偏爱格调轻松的都市题材剧集。因此，腾讯视频为吸引这部分使用 PC 端及移动终端的主力群体，适时推出"恋爱季"系列剧集，如《爱情公寓 3》《爱情闯进门》《爱情从告白开始的》等，题材多是都市情景喜剧或青春偶像剧，演员多是年轻观众喜爱并熟悉的新晋明星，这些剧集受到年轻受众的热捧，"恋爱季"系列作品的点击量纷纷破亿。

同时，"大数据"分析报告还显示，这部分群体在零点以后的视频网站活跃度仍然很高，因而"恋爱季"大部分作品选定在每日零点更新剧集，迎合目标受众的观看习惯，提升剧集的营销效果。

除此之外，视频网站还会使用"智能推荐"来提升视频的营销效果。"智能推荐"是建立在大量用户行为分析与庞大视频资源的基础上的，通过对用户以往观看行为的数据挖掘，预测用户实时的喜好及需求，在用户观看完主动搜索的视频资源后，为其推荐契合用户喜好的相关视频。"智能推荐"是运用"大数据"为视频节目提供个性化营销的一种实践，通过智能推荐，能让目标用户更容易发现内容、看到内容，获得更好的观看体验，实现视频网站精准营销的目的。

与“智能推荐”类似，视频网站也可以运用“大数据”整合海量的视频资源，根据用户搜索的主要关键词来设定视频标签，提高受众自行搜索视频的效率，同时将不同标签组的视频整合在一起，便于用户通过“兴趣订阅”来订阅想看的视频。

三、“大数据”应用于我国电视节目生产的积极意义及应注意的问题

将“大数据”应用到视频节目的生产中，是一把双刃剑，一方面“大数据”给电视节目的生产带来一种全新的思路，但另一方面，以我国目前的实际情况来看，应用“大数据”还存在着一些挑战。

(一)视频节目应用“大数据”的积极意义

将“大数据”应用到新闻节目生产中，以由众多民众构成的“大数据”作为新闻生产的驱动力，实际上是允许公众参与到新闻生产中，是一种回归受众、尊重受众的趋势。同时，以数据驱动新闻节目生产，也在客观上重塑了新闻专业主义，在一定程度上弱化了潜网效应；另外，将“大数据”应用于视频节目制作中，还能有效避免同类型节目泛滥。

1. 对数据新闻节目实践的思考

首先，将大数据应用至电视新闻，体现了大数据时代媒体对受众的重视，即回归受众、尊重受众、增强互动。以往，新闻生产的过程是封闭的，是不允许公众干预或参与的，在此层面上，受众在传统新闻的编码上的话语权被媒体压制。而在大数据时代，受众的意愿不再可有可无，受众完全可以用新闻评论等方式来表达自己的真实意愿，而这些反馈、评论也会成为大数据资源的一部分，被专业数据分析人员用以数据挖掘。这种包含舆论成分的意愿如果佐以数据，则具有强大的说服力与影响力，本身就富含新闻价值。数据新闻放大了新闻的信息属性，移动终端取代了传统摄像机之类的信息采集终端，每一个人都成为数据化单位，个性化的数据记录则由 App 来完成，就这样，个体无意之间变成了新闻生产的参与者。

数据驱动新闻赋予公众解读新闻的权利，因为公众对数据的解读本身就构成了新闻生产的一部分。如央视曝光东莞色情行业的新闻，当百度用可视化工具将东莞的人口流量呈现出来时，公众在微博和各种自媒体账号上进行了热议，公众的解读热情被

释放出来。当数据被解读成一个一个故事，就会激发公众解读新闻的热情(胡泳、郝亚洲，2014：79—80)。

其次，数据新闻节目重塑了新闻专业主义，一定程度上弱化了潜网效应。传统的新闻节目生产通常是被限定在特定的专业组织内部，社会公众几乎没有机会直接参与新闻生产过程。虽说专业性组织内部的新闻生产具有一定的自主性，但作为对"现实"的再生产，很难摆脱社会语境的局限。另外，新闻记者作为个体，对于事物的观察也会不可避免地受制于个人的视野与立场，使报道不够全面、充分、客观，甚至对客观事实的理解产生偏差。

同时，权力组织对新闻生产的介入和控制无处不在，官方机构为传媒组织提供可靠稳定的新闻来源。这种"不平衡"的关系使得新闻无法完全站在客观、中立的立场上陈述观点。因为新闻生产组织依赖于国家力量，依附于权力机构，受制于权力组织。在这种背景下，新闻生产是一种偏向于权力的倾向性生产(张涛甫、项一嵚，2013：32—36)。而"大数据"重塑了新闻专业主义标杆。数据是世界的真实映射，大数据的收集、统计是自动化的，分析是智能化的挖掘。专业新闻媒体基于大数据的分析所做的报道会更加全面、客观和直观，使报道水准得到有效的提升，最大限度弱化业内潜网、权力机构、社会建构对新闻报道的影响，以扎实的全数据信息构建更为全面、真实、客观的新闻电视节目，从而也为报道的深入提供基础。

2. 大数据能有效避免同类型节目泛滥

在我国传统电视节目制作中，往往存在一种"跟风"现象，即一旦某种节目类型火爆之后，很快会有山寨模式竞相出现，出现"同类型扎堆"现象，从而将每一种类型剧集的生命力在最短时间内消耗殆尽，自此走向恶性循环。

以大数据思维来进行电视节目的内容制作，能有效脱离盲从与跟风，一定程度上避免了电视剧扎堆造成的资源浪费。将"大数据"引入视频节目制作，找出观众的喜好和需求，挖掘出市场现存的空白点，依靠受众的反馈进行节目的筹备、策划、营销，这样才能创造新的热点并吸引观众。

(二)视频节目应用"大数据"面临的挑战

"大数据"给视频节目生产带来一种新的思路，但同时也带来了一些问题，完全根据数据迎合受众的喜好，会陷入过度商业化的泥淖，导致节目质量、品位降低。而我国现阶段的技术水平和人才配置的局限，也使得我们在相当一段时间内，还无法完全实现数据驱动内容的节目生产模式。

1. 防止过度商业化，潜在剥夺亚群体话语权

大数据与视频行业的结合存在着盈利模式单一化的缺陷。我国网民的普遍素质还有待提高，单纯迎合网民的喜好、品位，容易使视频题材过度商业化且品位偏低。同时，我国视频节目生产赖以导航的大数据源，呈现较明显的阶梯化分布。一般来说，频繁观看视频且习惯网络购物的群体主要是 20—40 岁的都市有产人士，年龄大或小过这个年龄段，以及知识水平、财力水平有限的人都很难进入大数据的统计范围。虽然这部分有消费能力的群体足以支撑视频创作的需求，但更大的群体却被大数据分析技术给忽略了。尤其是农村和次发达地区的人，他们在大多数时候只能被动接受城市有产群体的价值判断而无从选择（蔡爽，2014：94—97）。这种有选择的“大数据”孕育出的视频节目，在一定程度上剥夺了社会亚群体的话语权，其中塑造的社会边缘人群形象，也可能仅是社会主流群体对其的表征。

2. 缺乏数据的积累和应用，不可盲目使用大数据

首先，我国目前缺乏专门的数据分析人才和系统的数据分析方法，同时我国专业技术人员分析大数据的能力还有待提高。目前在从海量数据中快速挖掘出核心可用价值的方法和能力方面，还存在明显不足。大数据意味着持续生成的海量信息，然而我国现在与之相关的技术发展与创新却跟不上大数据“新陈代谢”的速度，目前还缺少可靠的甄别手段和高效的整理方法，如果盲目使用大数据，极有可能会被数据误导，做出错误的决策。

其次，目前我国在数据真实性、可靠性等方面的保障能力较弱，如何确保数据驱动的信息产品质量成为制约媒介行业的一大难题（钟瑛、张恒山，2013：104—109）。以我国为例，目前来自社交媒体的海量信息，其中相当一部分都来自僵尸粉和水军，得到数据的价值被大大稀释，直接影响最终数据分析报告的有效性和准确性，从而影响数据导向的决策生产。

最后，大数据应用于视频节目制作面临的最大挑战来自于国内的数据分析习惯还没有形成。一方面，国内仍以收视率为评估电视剧的首要指标；另一方面，在国内，精准的数据分析始终未能纳入影视剧投资成本，而应用大数据来筹备一部剧，需要持续投入大量的成本，一般的企业负担不了。总之，在陈旧的电视思维面前，拥抱大数据不是简单地建立官方网站、微博、微信，将传统方式生产出的内容移植到新媒体平台，而是将来自互联网的大数据与自身原有的统计方式结合，把大数据挖掘出的海量信息作

为洞察消费者和内容生产的独特视角与内容储备，从而更新、整合业界资源，为己所用。

参考文献：

蔡爽：《大数据搭起的〈纸牌屋〉》，《中国新时代》2014 年第 2 期。

范洁：《大数据在视频行业的应用与启示》，《中国广播电视学刊》2013 年第 7 期。

胡泳、郝亚洲：《新闻的迁徙》，《IT 经理世界》2014 年第 5 期。

史安斌、刘滢：《颠覆与重构：大数据对电视业的影响》，《新闻记者》2014 年第 3 期。

张涛甫、项一嵚：《大数据时代的传统媒体突围》，《新闻记者》2013 年第 6 期。

钟瑛、张恒山：《大数据的缘起、冲击及其应对》，《现代传播》2013 年第 7 期。

〔本文系 2013 年度国家社科基金项目《群体性突发事件中提高“微媒体”舆论引导管理能力研究》(项目编号：13CGL144)的阶段性成果〕

〔赵翌，江南大学人文学院讲师，硕士，主要研究方向为影视传播〕

智慧城市社区新媒介对居民社区参与的影响

——基于南昌市首个微信公众号的研究

The Influence of the New Media of Smart City Community on Residents' Community Participation

—Taking the Operation of the First WeChat Public Number in Nanchang as an Example

◎王　倩

Wang Qian

摘要:本研究采用控制实验、问卷调查和深度访谈等方法,以江西省南昌市红谷滩新区红谷世纪花园社区作为试点,开通并运营南昌市首个社区微信公众号。研究显示,开通社区"微公号"后对提升居民尤其是中青年群体的社区公共参与的情感、态度及行为产生了积极影响,如果继续完善社区微信内容、后台数据挖掘、渠道运营、采编人才等方面的建设,新媒介微信公众号将能在社区管理中有效提高社区居民的社区参与度、推动智慧社区的建设和发展。

关键词:微信公众号,社区参与,社区情感

Abstract: This research uses the control experiments, questionnaires, interviews and other methods as well as make Nanchang Honggutan (the area is one of the first smart city pilots) Red Valley Community century garden in Jiangxi Province as the pilot to open and operate the first community public number of Nanchang. Research shows that the opening of the community "micro public" to enhance the residents especially in the youth community public participation has a positive impact on emotion, attitude and behavior. If we continue to improve the community WeChat content, data mining, channel operations, gathering talent and other aspects of the building, the new WeChat media public number will be able to effectively improve the community residents community participation in community management, promote the construction and development of the intelligence community.

Keywords: Wechat public number, community participation, community emotion

一、研究背景

在当代中国方兴未艾的城市化进程中，社区作为现代城市组织结构的基础性单元，作为与居民关系最密切的基层组织形式，对城市乃至整个社会的发展进步起着不可替代的基础性作用，因而也成为研究新闻传播与和谐社会关系的理想场域。

“互联网+”融媒时代的到来，加快了社会变迁的步伐，中国传统礼俗社会中的血缘、地缘、亲缘等基础关系被迅猛发展的 ICT 技术打破，表现在现实中就是城市社区中的邻里关系淡漠，邻里相见不相识成为常态，居民社区参与度较低、社区认同感和归属感较少，这一现象在社区中青年群体中尤为突出。

互联网的高速发展，衍生出一个日趋错综复杂的信息媒介环境，尤其是社交网络的出现，如微信、微博、QQ 群正在生成一个特殊的文化圈子，社区中青年群体更是凭借开放的思想和快速学习的能力成为新媒体传播的主角。紧跟技术变迁和时代潮流，人们通过微信、微博等社交应用在新媒体网络世界中仿佛又变得亲密无间。这种看似矛盾的现象的根源在哪里，又该如何去解决？

当前社区传播所面临的大趋势是传播环境的日益开放和数据开源化；其所面临的小需求是传播方式更加多样化、传播对象更加个性化，传播途径更加趋向移动终端，这些因素导致社区传播的需求特征发生了新的变化。社区传播过程中的移动性、互动性和弹性化、人性化因素成为推动传播小需求形成的主要原因。

相比其他新媒体 App 应用，微信公众平台是一个去中心化的、真正基于移动互联网的生态平台。喜欢双向沟通和交流的人们(尤其是 18—45 岁的中青年群体)在这个平台上都可以有自己的族群。由于平日里与社区居委会打交道的大多是老年人，如何“拉拢”应酬多、压力大、时间少的中青年人，解决为民服务的“最后一公里”问题成了许多社区亟须解决的难题。如果有了微信公众平台，只需动动手指，社区中青年群体就能对自己关心的信息了解得清清楚楚。因此，社区可以在这个平台上直面数量庞大的居民、粉丝，在微信平台实现点对点的沟通和交流，实现服务的及时化、个性化和自助化，形成一个 Social CRM(社交型客户关系管理)的大体系。

随着信息技术的迅猛发展，城市智慧化已成为继工业化、电气化、信息化之后的“第四次浪潮”。智慧城市是指网络宽带化、管理智能化、产业高端化、服务敏捷化和应用普及化的城市，是信息时代城市发展的新模式。2013 年 2 月，国家住建部公布了首批国家智慧城市试点名单，90 个城市(区、镇)通过审核成为首批国家智慧城市试点。

其中，江西省唯一入选的县区——南昌市红谷滩新区成为首批试点城市之一。智慧社区是智慧城市的重要指标之一。因此，“如何发挥新媒介在智慧社区中的沟通引导作用、提升社区参与、促进社会融合”是政府、媒体和学界亟待探讨的新课题。

二、调研推广

经过半年多时间，本课题组走访了南昌市红谷滩新区的二十多个社区，通过实地调查、问卷访谈，发现推广社区微信公众号存在一定的困难。

首先，来自于社区居委会层面：一是社区管理方缺乏新媒体意识，对微信在强关系社交和信息推送传播方面的重要作用和影响力没有全面认识，因此无利用意识；二是社区居委会工作繁杂，人手较少，没有设置专门的信息采集、制作的工作岗位；三是社区工作人员限于知识水平，对新媒体等网络技术操作不熟练。

其次，来自于社区居民层面：一是社区内对社区事务和信息关注度较高的老年人群基本不会使用微信，且大多没有能运行微信的智能手机；二是社区内中年人群中能够熟练使用并频繁使用微信的比例不高；三是能熟练使用微信的青年人群由于工作等原因平日对社区事务、资讯等的关注度不高。

为此在推广试点社区微信公众号的过程中，课题组做了如下考虑和准备：

第一，选择一个社区居民整体素质较高且对社区微信持肯定、期待和支持态度的社区。

第二，以该社区内会使用或接受能力较强的中青年人群为目标受众，实验的目标受众从业主 QQ 群的群成员中按性别、年龄进行挑选，并定期跟踪回访。

第三，对社区服务方（居委会、物业）和社区居民展开培训，帮助他们充分认识微信的作用，熟悉使用微信的方法，培养使用微信的习惯。

第四，通过前期试访了解该社区居民的媒介接触和使用偏好、日常信息需求和使用微信的目的与习惯，确定将具有实用性、服务性的各类便民资讯作为主打内容。

最终，课题组选择新区内的五星级社区——红谷世纪花园社区作为试点，主要基于该社区居民整体素质较高，体现在学历较高、收入较高、接受新事物兴趣较高、新媒体使用能力较强等方面。

三、实验设计

社区参与是指社区居民作为社区自治和管理的主体，自觉自愿地参加社区的各种公共活动或事务的决策、管理和运作的过程和行为。社区参与是城市社区建设和发展的主要动力,建立完善的居民社区参与机制,是城市和谐社区建设的方向和目标。社区归属感的培养有赖于广泛积极的社区参与。

一方面,不论是民主政治、公共管理活动,还是与生活息息相关的休闲娱乐活动,居民只有切身参与其中,才有机会和渠道熟知社区,进而加强居民对社区管理方的理解和认同,增进邻里关系,增强居民社区归属感。

另一方面,社区归属感同样也对社区参与产生影响。当居民对社区产生认同感和归属感时,便会主动关心社区公共事务,由关心变为参与,因参与而产生荣誉感和责任心;荣誉感和责任心会进一步增强居民的社区意识,社区意识的提高又会进一步强化社区居民的社区参与意识、态度和行为。

本文控制实验的实验设计如下:

(1)开展广泛的前期问卷预调。此次问卷调查旨在了解世纪花园社区居民对微信的使用情况,以及居民就社区微信订阅号的运营方式及技巧等内容的意见和建议等。这些调查所得结果正是社区微信订阅号受众的实际需求,为本研究后续开通并运营社区微信订阅号提供了参考和依据。调查显示:社区中青年人群是当下使用微信的主力;社区青少年尚未独立自主,多依赖抚养人照料,自身在参与社区管理和社区生活等方面具有较大局限;而社区老年人接受能力有限,缺少可以使用微信的智能手机设备,对操作技巧陌生,因此在微信推广普及上存在较大困难。由此,本文将研究对象限定在社区的中青年群体。①

(2)分层抽样,选定实验对象。中青年(18—59岁)实验对象按照4个年龄段(18—29岁、30—39岁、40—49岁、50—59岁),男、女性别,以及世纪花园A、B、C、D四个地理位置不同的住宅区分层划分,每个层面选取2名实验对象,共选取63名合格的实验对象。② 确定实验对象后,我们在2015年1月18—19日两天的时间里,对实验对象开展前测问卷调查,考察在社区微信订阅号开通运营前,实验对象对社区参与的情感和态度。

(3)开通并运营社区微信公众号。社区微信公众号——红谷世纪花园(ID:hgsjhywx)(下文简称社区微信),作为控制实验法中的刺激物和因变量。

社区微信于2015年1月19日正式公开上线。上线当日推送社区微信创刊词《为

① 根据世界卫生组织于2013年确定的新的年龄分段:44岁以下为青年人,45岁至59岁为中年人。参考此标准,本文将所研究的中青年对象的年龄区间划定为18—59岁。

② 按照分层比例,本应有64名实验对象,但经筛选,仅有63名实验对象符合研究样本条件。

了社区更美好，我们满腔热情》和《社区致居民朋友的一封信》，让居民清晰、直观地认识开通社区微信的目的和作用，以及熟悉、了解社区居委会的职责和近期工作。此外，社区微信上线前后，世纪花园居委会特别印制小型宣传海报 600 份，张贴于各楼栋、各单元门口；大型海报 10 份，张贴于社区各出入口处，吸引和号召居民关注。

社区微信上线后每日推送社区通知、本地新闻、健康养生等与居民息息相关，且经前期问卷数据统计显示居民期待在微信上看到的各类信息，从不间断。与此同时，也在第一时间通过社区微信的操作后台，及时同居民互动沟通。

(4)后测问卷调查。在社区微信运营期满 3 个月之后(2015 年 4 月 21—22 日)，我们再次对此前的 63 名实验对象展开控制实验的后测问卷调查。

但需要特别表明的是，课题组最终回收到的有效后测问卷仅 40 份，即有 40 名实验对象有效、完整地完成了后测问卷，其余 23 名实验对象鉴于各种原因或一直未关注社区微信号，或未能完成问卷。对于这 23 名实验对象的相关分析将在文中详细展开。同样基于这一情况，在控制实验法的前后测数据对比分析上，研究选定的范围为完整完成了前测和后测的 40 份有效问卷。而在本文关于社区传播体系的分析中，不涉及前后测效果对比研究的部分，我们依然选用前测的 63 份数据，还原更大范围的样本，力求数据反映全面。

此次后测问卷调查的内容与前测问卷调查的内容相同，仅在少数问题的具体表述及题目顺序上有所调整。后测问卷调查结束后，比较分析前测和后测的数据与结果。同样的实验对象、同样的问卷，在施加因变量和刺激物后，问卷反映的数据是否发生了变化，呈现怎样的变化，如何解读这样的变化，即为本文重点探讨、分析的内容。

本研究开展控制实验前假设社区微信对社区中青年群体的社区参与具有影响，二者之间存在相关性。在此假设下，本研究在控制实验法中，以开通运营社区微信作为实验刺激物，调查实验前和实验后居民对社区的情感变化，并以此对实验假设进行验证。

实验中随机选取 12 名社区微信的居民粉丝，对他们进行深度访谈。访谈通过面对面、电话、邮件、QQ、微信等多种形式展开。访谈内容包括居民对当前社区微信的内容选取、文字风格的认知和接受情况，居民与社区微信的互动情况，居民在社区微信开通前后对社区工作人员和社区的整体满意度等。希望通过深度访谈能够真实、全面地获悉居民的想法，社区微信开通后他们在社区公共事务参与的认知和行为等方面发生的变化，以此分析、总结出社区微信所带来的影响。

四、实验数据分析

(一)社区微信促进信息及时、有效传播

微信作为一个提供即时通讯服务的应用程序,在研发设计之初就立足于手机等移动终端设备,使用户不必一直坐在电脑前,减少了用户在电脑前的固定时间。手机在手,用户随时随地都能在指尖点触间轻松获取微信上的信息。此外,不论是微信交互式的操作设计,还是公众号的信息推送模式,微信在移动端的用户体验和信息传播效果均优于其他即时通讯工具的移动版,这也是近年来微信持续受到广泛关注和应用的重要原因之一。

借助微信传播优势,上线之后的世纪花园社区微信在信息推送和传播效果方面表现良好。

根据社区微信后台腾讯云分析提供的数据:控制实验周期内,社区微信每日推送信息的图文页阅读次数和阅读人数如图 1 所示,其中 3 月 2 日图文页阅读次数更是高达 2 284 次,而当日微信后台粉丝数仅为 580 人,图文转化率高达 393%。此外,经统计,2 个月的实验周期内,平均每日社区微信推送信息的阅读次数为 778 次,也远高于当时社区微信的粉丝总数。

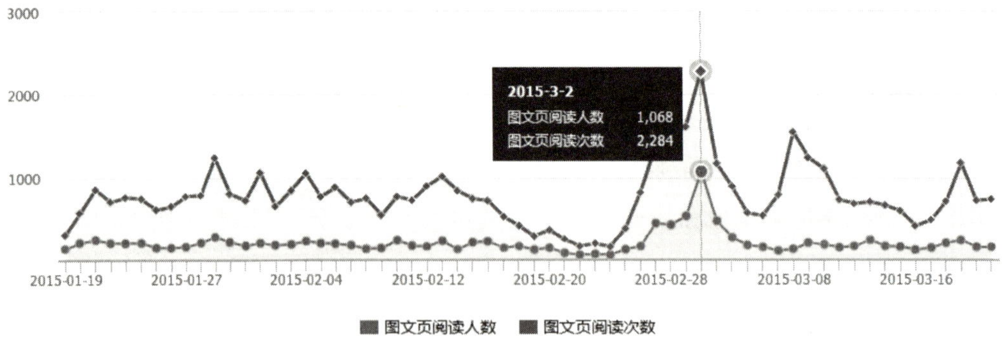

图 1 社区微信信息图文页阅读次数和阅读人数(2015.1.19—3.21)(来源:腾讯云分析)

社区微信推送内容以社区事务通知为主,居民对社区微信的关注反映到生活中就是对社区信息的关注。

控制实验对居民获取社区信息的及时性展开了前测、后测 2 次调查(对于下列社区信息,您能否及时知晓?),获得了在社区微信开通前和运营 3 个月后,居民对各类社

区信息及时知晓的程度。数据对比如表 1 所示。

表 1 居民对社区信息及时知晓程度前后测对比(N=40)

信息内容	知晓程度				后测知晓均值增长(%)
	前测		后测		
	均值 M=	标准差	均值 M=	标准差	
居民日常生活通知(如停水、停电等)	3.775	.920	3.775	1.025	.000
居民事务办理方法或流程(如医保、计生等)	3.625	.952	4.050	.904	11.724
社区文体活动(如社区广场舞比赛、主题聚会等)	3.575	.984	4.050	.959	13.287
社区与驻地单位联合举办的活动(如义诊等)	3.325	1.047	4.025	.832	21.053
社区管理的新规定、新办法	3.200	1.159	3.775	.862	17.969
国家、地方政策、方针的传达	3.275	1.086	3.700	.939	12.969
社区事务资讯(如居委会换届、物业公司更替等)	3.200	1.090	3.750	1.171	17.188
信息反馈(如物业报修、申请物业维权等)	3.175	.984	3.650	.893	14.961
社区系列文化、教育、健康等知识讲座	3.275	1.132	3.800	.823	16.031
社区组织的团购	2.600	1.128	3.350	1.051	28.846

如表 1 所示,各选项均是社区微信在实验周期内时常向居民推送和通知过的内容。除第一项日常停水、停电等通知的知晓程度均值在前后测持平外,其他各项知晓程度的后测均值均有大幅增长,数据表现更为乐观。通过社区微信的信息推送,居民获取社区信息的情况有了较大的改善。同时访谈跟进调查显示,信息知晓度提高后,对于部分活动如医保、文体、团购、选举等,居民的参与度也相应提高了。

(二)社区微信能有效改善居民的社区满意度

本文将社区满意度的测量指标确定为:社区卫生、环境绿化美化情况;社区文化娱乐活动氛围;社区体育健身设施设置及维护;社区政治民主生活;社区发展建设中听取居民意见情况;社区居民/邻居素质;社区居民/邻里关系;居民之间信息沟通渠道;业主委员会职能履行情况;社区周边交通;社区周边日常便民服务商铺、设施、项目等;社区各类知识普及活动;社区居委会服务、帮扶等工作,共 13 项。本研究所采用的控制实验法通过这 13 项指标对社区满意度进行调查(您对目前所居住的社区各方面满意度如何?)。

同时,结合表 1,研究将控制实验后测调查中居民对社区满意度与通过社区微信对社区信息知晓的及时性进行了相关性分析,详见表 2。

表 2　居民对社区微信的使用情况和社区满意度的相关性分析(N=40)

对社区各方面的满意度	通过社区微信对下列信息知晓的及时性					
	居民日常生活通知	事务办理方法或流程	社区文体活动	与驻地单位联合举办的活动	社区管理新方案	社区事务资讯
卫生、环境、绿化	.326*	.322*	.478**	.443**	.420**	.589**
文化娱乐活动	.370*	.351*	.465**	.450**	.640**	.721**
体育健身设施的设置、维护	.352*	.190	.413**	.279	.367*	.648**
政治民主生活	.357*	.343*	.414**	.408**	.626**	.707**
社区发展听取居民意见	.474**	.526**	.582**	.534**	.540**	.653**
居民素质	.307	.368*	.501**	.493**	.562**	.660**
邻里关系	.253	.365*	.527**	.515**	.533**	.605**
居民沟通多样、畅通	.466**	.310	.638**	.581**	.197	.440**
业委会履职	.252	.177	.353*	.338*	.481**	.723**
周边交通安全	.179	.173	.441**	.308	.471**	.659**
周边便民商铺、设施	.373*	.390*	.553**	.466**	.340*	.584**
知识普及	.468**	.523**	.623**	.534**	.701**	.721**
居委会帮扶、解困	.550**	.437**	.722**	.581**	.494**	.732**

注：**. p<0.01,在 0.1 水平上显著相关性较强；*. p<0.05,在 0.05 水平上显著相关性一般。

表 2 反映的是居民通过社区微信获知各类信息的及时性与对社区满意度的相关系数。通过表中相关性系数 r 的大小可以判断变量间相关关系的密切程度。当 0.3<r ≤0.5 时,表示低度相关;当 0.5<r ≤0.8 时,表示显著相关;0.8<r ≤1 时,表示高度相关。

分析表 2 呈现的所有 78 项数据可知,除对事物办理方法或流程、与驻地单位联合举办的活动、体育健身设施的设置、维护等 8 项 r 值低于 0.3 外,其他 70 项数据均高于低度相关值 0.3;其中 33 项 r 值高于 0.5,表现出显著相关性。由此,我们可以认为:能够更及时、全面获取社区微信推送信息的居民对社区表现出更高的满意度,社区微信的使用情况和社区满意度呈现一定的相关性。

在控制实验中,通过直接对居民满意度的前测、后测 2 次调查,上述相关性也得到了补充验证。社区微信开通 3 个月以来,居民对社区各项的满意度整体呈现显著增长。13 项判定指标中,10 项指标增幅超过 17%,居民对社区政治民主生活以及社区周边日常便民服务商铺、设施、项目等的满意度的增长率分别高达 27%和 25%。

（三）社区微信能有效提升居民的社区参与度

研究表明，社区微信能够有效完善社区传播体系，扩展社区传播渠道，增强信息传播的时效性，改善社区信息送达；同时社区微信能够有效提升居民的社区满意度，衡量社区满意度的各项指标均有十分显著的提升。

在关注社区微信号后，信息畅达使得社区满意度提高，之后，社区居民参与公共事务的积极性也大为提高。

1. 社区微信为居民参与自己感兴趣的活动提供了快速便捷的信息渠道

中青年居民多为上班族，早出晚归，很少有时间和精力去特别关注贴在外面的通知纸张；而在周末闲暇时间，他们或选择外出休闲，或宅在家里不出门，同样不会关注张贴的通知告示。针对这一情况，社区传统的传播形式无法满足中青年群体获知社区信息的需求。通过社区微信推送社区信息则弥补了传统传播形式在传播效果上的不足，并能很好地向上述居民传达信息。

[访谈：曾女士，B 区，40—45 岁，医疗工作]社区微信开通后，感觉小区上了一个台阶，以前停水要下班经过门口看通知才知道，现在都会微信通知我，可以提前蓄水，很方便，现在觉得小区很不错了。我现在都会不定时点进去看，看到有更新就会看。印象特别深的是过年时微信发的免费领春联活动，参加年货团购的活动，还有元宵节微信猜灯谜的活动。我自己还参加了微信猜灯谜，还抽中奖了！期待以后能推出更多邻里间的活动，可以互相认识、增进感情。

[访谈：熊女士，C 区，70 后，自由职业]社区微信感觉很贴近生活，非常方便，一些通知公布及时。和后台联系过几次，回复也很及时，都挺好的。我一般是晚上用微信，只要想知道什么，打开一看就知道了。我还报名了社区的羽毛球比赛。健身内容增加了不少，感觉越来越好了。

[访谈：观海岩，男，B 区，30 岁，机关工作]社区 QQ 群就是大家闲聊的平台，内容杂乱。微信公众号的内容整理得比较"清爽"，消息更准确、更权威，也比较关注一些实际问题。之前向微信后台反映过乱停车的现象，回复很快，也及时曝光了，比较满意。只要有更新就会点进去看一下，还是对你们发布的消息和小区的事情比较关心和关注的。

[访谈：君子兰，女，34 岁，社区居委会工作人员]社区微信开通后增加了居委会与居民沟通的渠道，与居民切身相关的事情可以及时传达。特别是年轻群体可以更及时

地了解小区动态。以前年轻人上班,社区开展了什么活动,大家都不知道,现在加了微信,可以随时知道,而且可以自己参与或通知家里人参与,效果还是很不错的。

综上所述,社区微信补充了社区传播的渠道,增强了社区传播的效果,也促进了社区传播体系的完善。

2. 社区微信帮助居民进一步了解社区管理方

通过访谈,许多居民坦言:在社区微信开通运营之前对于社区居委会、物业的工作鲜有耳闻,对社区工作人员的工作状况也非常陌生;而通过社区微信的信息推送,自己开始接触到更多关于社区的信息,与此前对居委会和物业的概念化认识相比有所差别,对社区居委会和物业的工作有了更全面的认识。

有受访者认为,社区微信的作用相当于居民和社区管理方之间的纽带和桥梁,能够拉近双方的距离,增强双方的联系。更有居民表示,在通过社区微信了解社区管理方的各种工作后开始逐渐理解和体谅他们。

[访谈:曾女士,C 区,36 岁]一直对你们社区的工作好奇,希望可以多多公开你们每天的辛勤工作。以后可以多多配合你们的工作。

[访谈:黄女士,A 区,50 岁左右,退休]社区微信让我对居委会有了更全面的认识,用处很大,能随时知道社区的新鲜资讯和举办的一些活动。感觉居委会和物业与业主的距离拉近了不少。信息更新的及时性也有了很大提高。对社区整体来说比较满意。

[访谈:幽幽静思,男,A 区,60 岁左右,退休]通过关注社区微信让我对居委会和物业有了更多的认识,起码了解了居委会在做什么。也让我感觉到社区干部责任心强、关注社区热点,如就建停车场问题多次开会并提出方案。以前不了解社区,对社区一无所知,不知道社区为居民提供什么服务,后来关注微信才有所了解,社区就是政府联系民众的纽带和桥梁,而社区微信就是让我加深对社区了解的一个有效渠道。

[访谈:张先生,B 区,40 岁,公务员]通过社区微信,自己对居委会或物业的事务及工作有了更全面的认识,感觉他们也有自己的难处,平时在维护自己权益的同时也要学会体谅别人。

综上,通过社区微信,居民开始综合了解社区管理方,开始熟悉并理解社区工作人员的日常工作。这种转变反映出居民对社区管理方工作的认同和支持,直接影响到居民对社区管理方的满意度。

3. 社区微信增强了居民的社区参与意识

首先,社区微信开通前,居民反映社区问题只能通过拨打居委会、物业电话,或直接去居委会、物业的办公室两种方式。而通过此前在世纪花园社区的前期调查发现，很多居民对社区管理方的办公地点、联系电话等信息尚不知晓，在此情况下，原来供居民反映问题的渠道尤显不畅。

社区微信开通后，居民反馈问题仅需通过向社区微信发送即时消息，或在社区微信的“我有话说”栏目自由发帖即可。无论是提问生活琐事，还是反映关乎社区管理、居民利益的公共事务，居民都可以随时随地通过社区微信同社区管理方联系。

图 2　居民通过向社区微信发送消息反映社区问题

如图 2 所示，在社区微信管理后台，回复和解决居民的问题反馈已成常态。这一即时、便捷，且能得到迅速反馈的方式也极大地调动了居民的参与热情，增强了居民的参与意识。

其次，居民参与社区微信所推送的活动，如社区开展元宵节微信线上猜灯谜活动，小区停车场建设方案意见征求稿公布、社区周边公交线路优化的意见征集等。

最后，居民主动参与社区事务，如主动给社区微信的运营提出意见和建议，主动拍下社区内的不文明现象并上传至社区微信，以及主动向社区微信投稿等，如图 3 所示。

[访谈：路漫漫，女，38 岁，社区居委会工作人员]社区微信宣传社区的活动，让更多的人知道，社区的影响力也在扩大，而这种影响力是积极的，是良性的。在社区微信开通前，居民的意见和建议主要是通过电话或直接到居委会来反映。但是这些问题大

图 3　居民主动参与社区事务的消息

都是到了很难解决的时候才被反映过来，我们的了解很滞后。还有一些则是在我们进入社区巡逻或入户访问的时碰到居民才得以了解到。社区微信开通后，更多年轻人参与到其中，有帮助我们工作的，也有反映他们生活中的一些烦恼的。就反映问题来说，比较大的改变有两个，一个是改变反映渠道，更方便居民反映问题，第二个是反映人群的改变，许多工作比较忙的年轻人也有地方向社区反映问题了。

[访谈：幽幽静思，男，A 区，60 岁左右，退休]曾经向微信后台提过沙井街办(世纪花园社区所在的街办单位)的宣传栏上大字的霓虹灯坏了，"党"字的上半部分不亮，我是晚上快十点发微信反映的，十几分钟后台就回复了，没想到会那么快回复。我在魅力沙井微信号也提了但没得到回复。最近社区微信上组织义务巡逻队很好。不过社区的物管差，如常停水、绿化差、停车难。希望你们加大督促力度。

[访谈：永恒之光，男，D 区，40 岁左右，公司经理]最近含羞草栏目曝光不文明现象如乱停车的做法很好。原来碰到这些问题也没办法，现在可以通过你们的微信发出去。不过停车场的问题确实需要尽快解决，希望你们能推动一下工作。

[访谈：张先生，B 区，40 岁，公务员]社区问题的话，停车位太少，难停车导致乱停放。能否考虑同 A 区一样建停车位；另外，周四晚上 B 区花园中心在放电影，影响周

围的小孩学习，希望以后这样的活动放在周五、周六晚上进行。

综上，社区微信即时、便捷的联系功能为居民提供了反映问题、提出意见和建议的畅通渠道。这一畅通渠道既能快速、高效地解决居民的问题，又能在极大程度上调动居民对社区公共事务的参与积极性，加强居民同社区管理方的联系，对于改善、提升居民的满意度和社区活动参与度具有积极的影响。

结　论

红谷世纪花园社区微信上线四个月后，本课题组跟踪回访了部分微信的粉丝，发现居民生活中正在发生积极的小变化：有些老年人开始让自己的孩子买智能手机并学习使用微信，暂时没学会使用微信的会主动问孩子“社区微信上今天又说了啥”；部分中青年人在接受回访中表示，以前是下班回家听爸妈讲社区的通知或新鲜事，现在是同步知情或者更早、更清楚地了解一些事情或者事务办理的通知等。社区微信的出现，促进了家庭成员之间的代际交流。

社区微信的出现，让社区居民家庭内部成员之间，居民之间，居民与社区、物业、驻地单位等多方的沟通交流，从单向传播向互动传播转变，受众更注重自己创造内容并乐于和朋友一起分享体验，这是社交时代与体验时代（仅注重个人优质体验）不同的传播规律和影响机制所致。

新的社交平台和社交圈衍生出社交时代新的社区传播行为模式——AISMAS，即Attention（认知）、Interest（兴趣）、Search（搜索）、Memory（记忆）、Action（行动）和Share（分享）。社区居民对社区认同感兴趣后，会主动搜索相关的人和事，从而产生意向并参与社区行动，将行动过程和结果主动以文字、图片、视频等形式与同伴分享。社区居民个人主观性的融入，也意味着其从情感、观念和文化、心理上对社区的认同。

通过社区微信，居民开始积极参与社区事务的讨论，对社区中存在的问题给出自己的意见和建议，期待社区能有更好的发展，体现出居民的社区参与度，以及对社区进步的认知程度的提升。由此可见，完善的社区传播体系能够增强社区人际交往与传播，改善居民对社区的认同感和归属感。增强社区居民对社区事务、活动的参与意识，有助于居民更好地熟悉社区，在社区内建立起良好的社会关系，并逐步增强居民对社区的责任感、自豪感与归属感。社区居民只有对社区的认同感和归属感增强了，才有可能积极投身到社区建设中。只有真正地打造好社区新媒介，才有可能建成一个生机勃勃的智慧社区。

2004年，香港传播学者祝建华在前人“使用与满足”理论的基础上，提出了“新媒体权衡需求”理论。该理论认为,受众是否采纳某一新媒体是一个涉及诸多因素的决策过程,当且仅当他们发觉其生活中某一重要需求无法被传统媒体所满足,并且认为某一新媒体能够满足该需求时,才会开始采纳并持续使用这一新媒体(祝建华、王晓华,2002:473)。

参照祝建华的观点,红谷世纪花园社区微信作为新媒体受到居民的采纳也满足了“新媒体权衡需求”理论阐述的三个重要条件:一是现有的社区传播系统无法满足居民获取社区信息和生活服务的需求;二是居民无法借助大众传播媒介获取本社区的详尽信息;三是社区微信作为社区官方的新媒体平台能够及时、全面地向居民推送社区资讯和生活服务信息。

这三个条件共同推动了居民对社区微信的接受和认可,其中前两项属外部因素,无法由社区管理方控制;而第三项为社区微信能够发挥的作用,可由社区管理方调节和改进,社区微信作用的发挥完全依赖于后台人力的运营。良好的运营能够充分发挥微信公众平台的作用,及时传播社区信息,加强与居民的互动,改善居民对社区的情感;运营状态不佳的微信公众号不但不能发挥应有的沟通、联系的作用,还可能沦为社区传播体系中的“鸡肋”,影响居民对社区的满意度。

因此,社区微信公众号只有遵循正确、得当的运营策略,符合居民的实际需求,才能对培养和增进居民的社区情感产生有利的影响。

针对这个模式,社区微信后期运营将从以下几方面继续完善。

(一)内容选取上注重接近性和重要性

居民对社区微信公众号内容主要有三点需求:关系社区事务;关系周边的新闻资讯;关系自己日常生活的服务贴士。回归到新闻价值理论层面分析,这三点需求即可归纳为接近性和重要性:一方面居民乐衷于了解自己身边的信息,另一方面也关注对自己生活有影响、有意义的内容。因此,在社区微信内容选取方面,应注重发布本社区、本地资讯,找准居民的阅读兴趣和口味,发布与居民生活息息相关的内容。在内容推送上满足居民对信息接近性和重要性的需求。

以社区微信上线 2 个月内阅读人数排名第 1 的《出游 | 3 月福利到,江西一大波免费景区向你招手~》为例。此文转载自中国江西网旅游频道的官方微信,在社区微信 2 月 28 日推送后的一周时间里,阅读人数达到 1 578 人,阅读次数达到 2 357 次,这一数据远远超出红谷世纪花园社区微信惯常的图文转化率。一篇并没有特别重要的新闻信息的文章,虽然在当日 5 条图文信息的推送中仅排在第 4 条的位置但却获得了

如此广泛的关注,恰恰证明社区推送信息内容的接近性非常重要。

截取《出游 | 3月福利到,江西一大波免费景区向你招手～》在发布后一周内的受关注情况,我们能够清晰还原其传播过程。2月28日,此文推送后得到170人次的点击阅读和18人共25次的分享转发。随后影响力继续扩大,出现更多的阅读人数与次数、更多的分享人数与次数。传播峰值出现在文章推送后的第3天(3月2日),当天阅读人数达到811人,三天累计阅读量已达1 305人次。而截至3月2日当天,世纪花园社区微信的粉丝总数也仅有580人。这篇文章在内容整合以及推送时间点的选择上均十分契合居民出游的现实需求,因此取得了出乎意料的关注度。

(二)内容编辑:注重用户体验

信息化社会的深入发展和新兴传播媒介的不断出现均推动了社会对高品质、多元化生活的追求,人们对媒体的需求也不再只局限于内容的获取,报纸的版面设计、网站的视觉呈现等关系到用户体验层面的内容日益受到重视。

社区微信作为社区信息传播平台,旨在为居民提供更好的信息服务,因此更需注重居民的体验和感受,要从内容编辑的角度改善用户体验。在这一方面,世纪花园社区微信从固定标签、文字编辑和图片编辑上做出了一定的尝试。

固定标签是每篇微信文章开头和结尾处指引阅读者关注微信号的提示标签,两个标签设计风格简洁大方,采用红谷世纪花园社区徽章的绿色和红色作为主色调,有助于在社区微信运营和推广初期提示和引导居民关注,同时也成了世纪花园社区微信除社区徽章头像外的一个重要品牌标识。

在文字编辑上,社区微信为打造协调统一的风格,并为居民提供干净清爽的文字视觉效果,对字号大小、行间距、段间距等细节都进行了严格统一。此外,在文字的表述风格上,社区微信主要面向中青年居民群体,因此文字整体倾向于青春活泼的风格,并适当融入当下流行元素和网络用语,以满足中青年群体的阅读口味,如标题《两会 | 别duang啦! 两会落幕,最热新词学起来,别落伍了!》《本周将持续阴雨+低温,任性南昌,爱他,你怕了么?》《曝光 | "含羞草"重出江湖,"宣战"不文明停车!》,以及正文表述,如:

> "俗话说,过了腊八就是年。新年将至,大伙儿也都开始忙着置办年货啦!
>
> 今天,在社区的组织下,华南城年货团购活动如期举行,居民朋友们满载

而归！那么大家究竟获得了怎样的收获呢？快跟小编一起来围观吧！”

“昨晚圆圆正在开心地吃着火锅唱着歌，突然，一道闪电劈下，一声惊雷砸下，圆圆吓坏了！火锅都要炸了好吗！

原来昨晚南昌经历了今年最强的一场强对流天气，风雨雷雹一起上阵，据说一小时下的雨可以灌满 7 个青山湖！不少网友直呼又可以来南昌看海了！”

在图片编辑方面，社区微信应做到图文并茂，选择画质清晰、色彩鲜艳的图片，且图片要与文字内容相关，以达到相辅相成、相得益彰的效果。同时，要注重提高推送文章的图文转化率，增强居民对社区微信的使用黏性，扩大影响力。

(三)微信互动:打造事务和生活服务的综合场域

在微信公众平台中，订阅用户之间看不到相互的留言，只有公众平台后台运营者能看到粉丝的回复和反馈，由于微信相对私密的传播特点，用户不易受到其他用户非理性言论的影响，更能保持独立个体的意识，发出客观、理性的声音。因此，订阅用户也无须担心自己的观点或意见会遭到大众的反对，可以将“本我”真实地表现出来。微信公众平台的隔离使“广场效应”不易出现。因此，通过红谷世纪花园社区微信，居民也可以自由真实且客观理性地与社区管理方进行互动。

这种互动主要体现在两个方面:社区微信后台对居民消息的即时回复，社区微信固定菜单栏与微网站的构建。而两方面互动的最终效果则是将社区微信公众号打造成为社区事务服务和日常生活服务的综合场域。

(四)多元立体传播方式

通过语音、图片、文字、视频等方式发布本社区新闻，与居民充分互动，还可以通过自定义平台如花园资讯、花园服务、花园乐享等进入菜单栏，其中的内容集新闻性、服务性、互动性于一体，社区管理方可以与居民互动并释疑解惑。同时，粉丝也可发表意见和建议，述说心情与感慨，吐槽或点赞。

(五)线上线下互动

定期与社区驻地单位、媒体、社会公益组织联合开展各类具有公益性、娱乐性、趣味性、文化性、教育性的活动，吸引不同需求的粉丝报名参加，从而增强粉丝的黏性。

(六)后台数据分析与管理

微信后台有每天的图文发送消息阅读、转发和收藏的数据分析,以及粉丝的留言、建议等,需定期整理和统计分析粉丝的兴趣、爱好,有针对性地调整推送的内容,并及时回复粉丝。

(七)利用微信平台搭建微电商、微社区

微信提供在线付款、缴费功能,让居民足不出户就能享受送货到家的服务。

(八)努力创建社区管理方原生的社区微信运营团队

注重社区新媒体人才的培养,更好地运用社区微信服务社区管理,增强居民对社区情感,推动智慧社区的发展建设。

参考文献:

祝建华、王晓华:《权衡需求理论与数码电视的市场前景》,《中国传播学会成立大会暨第九次全国传播学研讨会论文集》,保定,2006年。

〔王倩,南昌大学新闻与传播学院博士,副教授〕

大数据与“小时代”

——互联网时代的信息秩序

Big Data and “Small Age”
—The Order of Information in the Internet Era

◎曹 飞
Cao Fei

摘要:在网络时代,信息越来越多,全部都会成为永久的记忆。在数字世界里,遗忘几乎成了不可能的事。当前是一个“大数据”的时代。大数据为我们提供方便的同时,也让我们迷失在信息的世界,陷入了数据的包围中而惴惴不安。大数据在媒介和日常生活中的应用,导致了“小时代”。在媒介接触上,小时代更依赖于网络媒体尤其是社交媒体,而非传统媒体;在文化消费上,小时代主张“轻”阅读、“重”娱乐,远离宏大叙事和理性主题,以个体的最大满足和解放为最终追求。

关键词:网络,大数据,小时代,删除,信息秩序

Abstract: In the Internet era, a growing number of information has become permanent memories. In the digital world, it's nearly impossible to forget. Big data provides convenience for us and also let us lost in the world of information and be anxious and fearful in the data. The application of large data on the media and life leads to a “small age”. In terms of media exposure, “small age” is more dependent on the network media, especially the social media, rather than the traditional media; In terms of cultural consumption, small age advocates “light” reading, “heavy” entertainment and being away from the grand narrative and rational topics to meet the individual maximum satisfaction and liberation as the ultimate pursuit.

Keywords: network, big data, small age, delete, information order

一、超忆症患者与橡皮擦

除了婚礼和生日以外,十之八九你无法准确记起 2006 年任何指定日期发生的事情。但是英国男孩奥雷利昂一海曼却清楚地记得过去他每天做了什么、吃了什么、每天的穿戴、每天的新闻内容,就连每天的天气情况他也记得清清楚楚。据《每日邮报》

报道，20 岁的海曼是全球为数不多的超忆症患者之一。

拥有过目不忘的记忆力，把每天所见到的一切细节都记住，这恐怕是很多人的梦想。这样我们就再也不会因为健忘而误事，也不用面对各种考试需要背诵的书目而发愁，只要快速翻一遍，就能记住全部知识点。这该是让人羡慕的“超能力”才对，为什么称 20 岁的海曼为“全球为数不多的超忆症患者之一”呢？在英国达拉谟大学攻读英国文学的海曼强调，他的超强记忆对学习并没有什么帮助，并未让他在考试中获得高分。他说：“我确实记忆力很好，但是由于这是自动记忆，我不认为它对我的大学学业有帮助。”也就是说，海曼的超级记忆能力就像摄像机一样，可以把日常生活中的每一天都记住，但是，这并不能帮助他区分这些内容的重要性，它的大脑只是像硬盘一样自动存储了每天的信息。如果没有正常人的遗忘机制，这些记忆常常会使他感到困扰。比如，如果我们要回忆一下去年发生了哪些大事，通常只要简单回顾一下，就能想起几件对我们有重要影响的事件。正是因为这些事件如此重要，我们才难以忘怀。然而，对海曼来说，回答“究竟哪些事更重要”，这种问题就变得颇为困难，因为过去发生的每一件事都清晰地刻画在他的脑海中。如果要判断哪些事件更为重要，就不得不把过去一年中发生的全部事件进行排序、比较才行。这将是一件很可怕的事情。因此，拥有这种记忆能力的海曼，只能成为“全球为数不多的超忆症患者之一”。

对于人类而言，遗忘一直是常态，而记忆才是例外。所以，人类一直在寻找外部化的工具，以期能够长久保存记忆、传承知识与文化。然而，由于信息技术与计算机网络技术的发展，这种平衡已经被打破了。“如今，过去正像刺青一样被刻在我们的数字皮肤上，遗忘已经变成了例外，而记忆却成了常态。”英国学者舍恩伯格在《删除》(2013)中深入探讨了网络时代的记忆与遗忘的问题。

舍恩伯格认为，有四个技术因素正在驱动记忆常态化：信息的数字化，它使得所有信息都可以得到一个完美的副本，而不至于担心在存储与传输过程中产生的损失或损耗；存储器越来越廉价而高效，大规模存储这些数字信息的成本逐年降低；信息更加易于提取与利用，数据库技术的完善使得这些存储的数字信息能够被轻易按照给定的条件检索出来；网络超越了地理和行政的范围，实现了全球范围内的交叉覆盖，A 地的数字信息可以让远在天边的 B 地调用。这样，数字信息就通过链接、转载等方式不断扩散出去，并且在世界范围内形成网络。

这四个因素一环套一环，最终让“世界被设置为记忆模式”。舍恩伯格这样写道：数字化记忆的三个特征：可访问性、持久性、全面性，使得这种影响(即我们对自我信息控制减弱)成为可能(魏武挥，2013)。这样的观点，是相当有洞见的。他指出了我们当前网络时代的一个最大的问题:信息越来越多,全部都会成为永久的记忆,遗忘在数字世界里,几乎成了不可能的事。

从古到今,人们不断尝试各种办法,使用书写、绘画、雕刻、照相、录音等各种方法和介质来记住我们的经历和知识。千百年来,遗忘始终比记忆更简单,成本也更低。然而到了数字时代这一切突然发生了变化,我们发现,如果真的记住一切,不仅不是一件让人兴奋的事情,而是让人迷茫、困惑、发狂,甚至让人孤独、绝望的事。

互联网时代就是这样的一个没有遗忘的时代。互联网上保存了曾经在网上出现的所有新闻信息和各种数据,尽管某个信息的原始版本可能已经被删掉,但无数的转载、各大搜索引擎的收录,使得任何一个信息都很难彻底地从网络世界消除干净。这样产生的第一个问题就是信息的泛滥。某些已经失效的信息,如过期的无关紧要的新闻,低劣的文学作品,各类无聊的、虚假的信息,都会长期存在网络世界中,成为信息垃圾。这也是信息过载的一个重要原因。应该消失的、被遗忘的信息无法从数字世界的记忆中清除出去,后继的信息日积月累,就会造成信息的混乱,导致整体效用降低。

在网络上浏览,在数字世界里生存,我们留下了各种身影与痕迹。这些个人无法删除与控制的记录,常常给我们造成各种困扰,甚至对我们的隐私安全和人身安全造成威胁。2006 年 4 月的魔兽"铜须门"①人肉搜索事件,就是较早的一个例证。当时,以猫扑论坛会员为主的大量网友被发动起来,将这起偷情事件的男女主角的照片、工作单位、学校、姓名等详细资料公布于众。有网民曾在天涯杂谈对铜须发出"追杀令",更有黑客成功窃取了铜须的 MSN 密码。

有关男女主角的这些个人资料,无疑都是当事人在网络上注册、使用各种网络服务时留下来的。这些资料分散在网络的各个角落里,可能当事人自己都忘记了在哪些网站留下过痕迹,但当事件公开化以后,无数的网友通过搜索、比较等方式,将这些零散的数据发掘出来,整合成一份详细的个人档案。一旦这些个人资料被曝光,就可能给当事人带来各种潜在的危险。即使不考虑人身和财产上的损害,单就曝光个人信息这一行为本身,也会让习惯了匿名在网上生存的我们感到不安和恐慌。

2013 年 12 月 3 日,广东省陆丰市发生某少女被店主怀疑偷窃,个人信息遭人肉搜索,不堪同学"指指点点"而跳河自杀的事件,这再次引发社会对人肉搜索利弊的关注。截至当年 12 月 8 日,警方发布通报,称已立案侦查,涉事店主已被刑拘(南方周

① 热门网游 WOW(《魔兽世界》)中的一位玩家"锋刃透骨寒"在网上发帖自曝,其结婚六年的妻子,由于玩《魔兽世界》并加入了"刀锋透骨寒"所在公会,和公会会长"铜须"(一名在读大学生)在虚拟世界里长期相处产生感情,并且发生一夜情等出轨行为。"铜须门"之名便是由会长"铜须"而来。

末,2013)。

近些年来,网络上类似的“人肉”搜索事件层出不穷。个人在网络上留下的语言、身份、信用、图像、消费记录、行为习惯等信息被网站和搜索引擎无限期的保留,同时我国目前又缺乏有力的法律和技术保障措施,这些是“人肉”搜索得以不断出现的重要原因。既然数字信息无法被彻底地删除,自然就无法被永久地遗忘,一旦被某个事件触发,通过网络搜索,这些点点滴滴的记忆碎片就会重现,并被人拼合成较为详细的个人数字档案。

如何保护网络上的个人隐私,尤其是未成年人的隐私,已经成为全世界都需要面对的问题。2013 年 9 月 23 日,美国加利福尼亚州州长签署了一道“橡皮擦”法令,该法令要求 Facebook、推特、谷歌等社交媒体允许未成年人擦掉自己的上网痕迹,以使他们避免因年少时的网络防范意识不足,而在以后面临私人的或与工作相关的问题。(中国新闻网,2013) 未成年时犯的错误可能伴随孩子的一生,不管走到哪里网络痕迹都会跟着他们,这对未成年人的健康成长是不利的。社会应该对未成年人进行教育矫正的同时,展现出宽容与谅解。这也正是“橡皮擦”法令颁布的初衷。

面对网络上难以删除的数据,只给未成年人一个“橡皮擦”显然是远远不够的。2012 年 1 月,欧盟委员会提出给隐私法增加一项新的“被遗忘权”。这说明在世界范围内,如何消除冗余数据、保护个人隐私已经成了重要问题。

数据的永久保存,还会对我们的知识结构与思维方式产生影响。一旦我们拥有了完整的记忆,我们将不会概括和抽象化,这会让我们一直迷失在过去的琐碎细节之中。因为过去的数据无时不在,需要什么只要通过搜索引擎或者数据库查询就可以了,这必然会让我们缺乏对整体的把握。无论是个人的遗忘还是社会的遗忘,都是一种修复机制,尤其是对于某些灾难、困苦的记忆来说。遗忘能够让我们活在当下,走向未来,而不仅仅被过去所裹缚。而遗忘,在当前的数字时代,似乎越来越困难。

当然,这些不会消失的信息,给我们带来的并不全是麻烦。数据的长久保存,让我们可以随时查阅以往的档案,对于各种相关研究来说,具有很高的参考价值。从来没有哪个时代的记录能够像当前这样丰富与全面。这些数字记录及“人肉”搜索,带来的也并不一定都是坏事,有时候它常常以一种戏剧化的方式出现在大众视线之中。

2012 年 8 月 26 日,陕西省安监局局长杨达才因在延安交通事故现场面含微笑被人拍照并传至网上,而被推向舆论的风口浪尖。有细心的网友发现杨达才戴的是块价值不菲的名表,接着,杨达才之前戴着各种名表的新闻图片和生活照片被网友从不同渠道找出。2012 年 09 月 21 日,陕西省研究决定,撤销杨达才局长职务;2013 年 9 月

5 日,杨达才因受贿、巨额财产来源不明获刑 14 年。因为手表而被网友揭发出贪腐行为的杨达才,被网友戏称为“表哥”。

杨达才的遭遇是罪有应得,但不能不说,正是由于有了永不消失的数字化的记录,“表哥”才受到了应有的惩处,这些记录和网友的“人肉搜索”共同组成了强有力的舆论监督网。对于普通人来说,这张网也是无时无刻不在的,我们每个人与各种“表哥”一样,共同处在无处可逃的电子空间中。

二、互联网传播中的大数据

2014 年 11 月 12 日凌晨,阿里巴巴公布了“双十一”全天的交易数据:天猫、淘宝双十一全天成交金额为 571 亿元。2015 年双十一,阿里移动端成交额达到 243 亿,是去年移动交易额的 4.54 倍,占到 2015 年总成交额的 42.6%,创下全球移动电商平台单日交易的历史新高。

天猫双十一在移动端的成交额从 11 月 11 日零时就一路攀升,势如破竹,只用了 75 秒,成交额就突破了 1 亿。截至 11 月 11 日 7 时 36 分,天猫双十一当天的移动端成交额突破 100 亿,已经比 2013 年双十一全天的移动端成交额增加将近一倍,占到 2014 年总成交额的 48.4%(发商机,2014)。

以上就是 2014 年 11 月 11 日“光棍节”阿里巴巴交出的一份近乎疯狂的数据,一天成交 571 亿元人民币。作为中国最大的网络公司,阿里巴巴全面而深刻地改变了中国社会的商业、物流、金融、互联网等各个方面。然而,阿里巴巴究竟是做什么的?它在靠什么支撑着这么大的网络交易?这些交易的本质又是什么?从表面上来看,阿里巴巴做的是电子商务,但从实质上来分析,阿里巴巴做的是信息平台和数据服务。它本身不直接售卖任何商品,也没有自己的物流,它只是为买卖双方提供中介和交易的平台。阿里巴巴依靠自身积累的大量的卖家信息、买家信息、双方的信用信息等,迅速发展为中国最大的网络公司。

阿里巴巴、百度、腾讯这样的网络公司所拥有的最主要的财富就是用户的数据。这些大量的各种类型的数据的集合,都可以看作是“大数据”。“大数据”是时下热门的 IT 行业的词汇,随之而来的数据仓库、数据安全、数据挖掘等围绕大数据商业价值的概念都成为行业内的焦点。实际上大数据在物理学、生物学、军事、金融、通讯等行业中存在已久,只是因为近年来互联网和信息行业的迅速发展,才引起大众的普遍关注。

2012 年底,舍恩伯格的《大数据时代》开了大数据研究的先河,他在书中前瞻性地指出，大数据带来的信息风暴正在变革我们的生活、工作和思维。舍恩伯格认为，大数据时代的最大转变就是，放弃了对因果关系的追求，取而代之的是关注相关关系。也就是说，在大数据时代，我们只需要知道“是什么”“会怎么样”，而不需要知道“为什么”。

其实，这就是典型的后现代文化思维。对后现代主义者来说，现代化的科学和理性早已变得可疑，虽然科学技术的发展日新月异，但这并不意味着理性的进步，而且科学和理性并不是幸福生活和个人快乐的保证。世界的发展越来越复杂，要想从中抽象出具有本质联系的因果关系，正在变得越来越困难。而且，历史已经不止一次地证明，在一个时代被认为绝对正确的因果关系，甚至是真理，在下一个时代很可能就会走向它的反面，被证明是错误的。既然如此，试图在当前世界中找出因果关系，就是徒劳无益的。而分析事物之间的相关关系则比较简单，相关关系只是一种时间上的先后关系，它无关逻辑与判断，具有一定的可靠性。

那么，究竟什么才是“大数据”。虽然当前各个行业都在使用它，仿佛大数据无处不在，但人们这个概念并没有达成共识。一般认为，大数据就是大量数据的集合。本文认为，从媒介传播和社会文化意义的角度来看，大数据有以下几个主要特征：

第一，大数据就是传统信息数据的几何级增长与集合。数字技术的发展使得社会的数据量激增，一切信息都可以转换成二进制代码存储在计算机及网络中。这些海量的数字信息，就是广泛意义的大数据。

第二，大数据可以指那些结构化了的或半结构化的行业数据或专业数据。比如，电子商务网站的商品信息、用户个人信息，网络社区的内容信息、用户行为信息等。这些数据通过数据分析后，可以应用在商业和广告上。这种类型的大数据应用最为广泛，也最容易泄露用户隐私、引发争议。

第三，元数据成为大数据中的一个重要部分。元数据（metadata）是指关于数据的数据，或者说关于数据的信息。比如，当我们使用数码相机或者手机拍摄照片的时候，相机（手机）型号、拍摄时间、光圈大小、快门速度、文件大小、图片像素等信息都会自动地保存在图片文件之中。借助软件，我们就可以查看这些数据。元数据大量存在于各类网络应用中，比如 QQ 等级、QQ 上好友给我们贴的“好友印象”，我们自己设置的“标签”，新浪微博的“v 认证”，这些都是有关特定用户的元数据。元数据既是大数据的一个组成部分，又可以看作是对大数据的一种分类和结构化的方法。它可以使大数据变得更加条理化与系统化。

大数据其实就是某个范围或某个阶段的全部数据。比如某个书店所卖所有图书的排行榜，某个时期大家使用搜索引擎搜索的热门关键词，网民对某条新闻的点击数量、评论数量、转发数量、浏览时间等。在过去,我们获取信息的能力比较弱,也缺乏对大量数据进行处理的能力,所以需要借助统计、抽样的方法通过部分数据来分析整体数据,以找出其中的规律。随着技术的进步,网络已经渗透进了生活的各个方面,各种数据已经被全面数字化和网络化了,基于大数据的研究与应用也逐步开展起来。

大数据对我们的学习、工作与社会生活都产生了全面的影响。大数据在媒介传播中,也得到了广泛的应用。大数据产生的第一个影响,就来自于它的预测功能。大数据的核心就是预测,不过这种预测并不是基于计算机的理性思考或者智能分析而得出的结论,而是通过一定的数学算法,把已有的不同的海量数据关联起来,从而预测可能出现的情景。

网络输入法就运用了大数据的这种预测功能。比如,当我们通过拼音键入“shur”四个字母的时候,系统就会依次给出“输入”“熟人”“数日”“殊荣”“数人”等选项。这些词语的排列顺序,是基于其他用户键入“shur”后,最终选择不同词语的频率。

在搜索引擎中,这种预测运用得更为普遍。比如,当我们在百度输入“f”时,输入框下面就会出现“flappy bird”“facebook”“faker”“foxmail”等选项供用户进行快捷选择。当我们输入“fei”的时候,参考选项又会变成“非诚勿扰”“非常完美”“非常了得”“飞机失踪”等。如果我们的关键字搜索出的结果比较少,百度可能还会提醒我们,“您要找的是不是……”这样就会提示我们,是关键字输入有误,还是我们需要更改相关关键字,以获得更多的参考结果。

这种基于大数据的分析与预测,既为我们使用各种应用提供了方便,也为我们提供了各种参考数据。它让我们能够知道,当前网络用户都在关注哪些话题,关注的程度如何,这些关注在过去一段时间内发生了哪些变化。百度公司的“百度指数”和谷歌公司的“谷歌趋势”都提供了这样的数据服务。

这些大数据分析数据,一方面反映了过去一段时间内相关的数据变化,另一方面也带有一定的导向性,一定程度上起到了议程设置的作用。比如,我们想通过百度搜索“flower”,当我们在搜索框键入“f”之后,它就会自动弹出下拉菜单,提示“flappy bird”是当前最热门的搜索词。这就会让不少用户好奇,“flappy bird”是什么意思?为什么能够排到“f”开头字母搜索的第一位?因此,就会有一部分用户对“flappy bird”感兴趣,进而展开对“flappy bird”的搜索和了解。

大数据媒介的这种议程设置与以往的议程设置不同,它是基于过去数据的整理与分析的。因此,在很多网友看来,这就意味着它是客观的、准确的、值得信赖的。而事实上,大数据分析的结论会受到数据采集的范围与方法、数学模型与算法、商业利益、政治与政策干预等多方面的影响。与传统的议程设置一样，网络媒介中大数据的这种议程设置功能同样带有一定的主观性和指向性，它只是说明了相关数据在过去发展的路径，而不代表着今后发展的必然趋势，更无法对这种数据的发展变化是否合理做出说明。

在媒介文化领域，大数据已经开始参与到媒介生产的过程之中。从 2013 年 2 月开始热播的美剧《纸牌屋》就是一个很好的例子。这部以展现美国政坛黑暗为主要内容的电视剧，在 2013 年艾美奖上有 9 项大奖提名，并最终斩获最佳导演和最佳选角两项大奖。大数据参与并主导《纸牌屋》的制作，是这部电视剧的卖点之一。

《纸牌屋》的出品方 Netflix 并不是传统的电视台，而是北美最大的付费订阅视频网站。它基于 3 000 万北美用户观看视频时留下的行为数据分析，预测出将凯文·史派西、大卫·芬奇和“BBC 出品”三种元素结合在一起的电视剧产品将会大火特火，由此决定投拍《纸牌屋》。Netflix 称他们使用挖掘其用户行为的“大数据”(Big Data)已经很长时间了，《纸牌屋》是其数据分析结果的第一次战略运用(搜狐视频，2013)。

注册用户在视频网站观看视频时，他的每一个动作都会被记录下来，如播放视频的名字、观看的时间、影片的长度、实际观看了多久、在哪些地方暂停了、在哪些地方快进了、有没有回放、看完这部视频以后看的是什么，等等。这些观看影片时产生的数据，都会被记录下来并汇总到后台中的数据库。如果足够多的人都在影片的同一个地方做了相同的行为，比如快进，那么就说明这段影片不够吸引人，需要改进。在下一部影视作品的制作中，这些大数据的意义就显露出来了。

在媒体的报道中，美剧《纸牌屋》正在撬动影视圈由明星名导决定收视率的基础。由于拍什么、谁来拍、谁来演是由数千万观众的收视统计决定的，《纸牌屋》因此一夜成名，成为“大数据”时代首部“算”出来的电视剧(南国早报，2014)。当然，同时也有很多质疑的声音，认为《纸牌屋》使用的仍然是明星、名导演的影视剧创作的传统模式，只不过借用了当前流行的“大数据”概念，进行了一次炒作宣传而已。但不管怎么样，媒介生产将不再完全由生产者主导，消费者的意见和建议将对媒介产品的内容与形式产生重大影响。媒介生产将会和其他工业生产一样，越来越趋向定制化，通过大数据的反馈，为消费者提供更加个性化的产品与服务。这个发展趋势是必然的，是无法改变的。

大数据时代给媒介传播带来了很多便利，对媒介的内容生产与学术研究，都起到了重要的参考作用。然而，大数据时代也给我们带来了很多的迷茫与潜在的威胁。大数据时代首先就是一个信息泛滥与无序的时代，这些五花八门、真假难辨甚至互相冲突的信息，源源不断地向我们涌来，把我们包围在一个密不通风的信息与数据的海洋里。

在网络媒介中，大数据的另一个作用就是进行用户识别，即根据用户在各种网络服务中留下的信息与痕迹，识别用户的基本社会属性，如性别、年龄段、收入、工作职业、兴趣爱好等，然后对用户投放精准的营销广告。在网络时代，我们在网上的一切行踪，都处在各种系统的监视之中。

大数据给媒介文化带来的另一个威胁，就是隐私权的问题。各种网络媒介数据库中存储了大量的个人隐私信息，如果这些信息被泄露，可能就会产生各种道德和法律上的问题，给用户带来很多麻烦。

进入大数据时代以后，大量的新闻信息和用户数据被存储在各大公司的服务器上。网络节点与网络用户的数量越来越多，但这些节点和用户产生的数据却越来越中心化，各大网络公司的规模不断膨胀。数据集中化强化了社会的结构化，搜索引擎和大网络公司掌握了越来越大的话语权，因为它们掌握了大数据时代最重要的资产和财富——数据。

在网络时代，基础网络变得越来越开放、互联，但数据越来越集中到少数中心节点，这样，在网络去中心化的过程中，又重新形成了新的网络中心，它以数据中心和服务平台的方式出现，如搜索引擎、电子商务公司、即时通讯软件等。

在大数据时代，传统的信息秩序被逐步消解，新的数字秩序正在形成。在传统媒介传播时代，信息的秩序是通过版面、时长、标题、字体、字号、播出时间等编辑与编排方法来实现的。媒体通过对这些编辑元素的控制，完成新闻信息的组织和排序，以实现议程设置等功能。在大数据时代，信息的秩序是通过搜索、标签、排行、链接等方式来聚合和组织的，它不再具有传统媒体时代的线性特征，而是呈现出一种混沌特性。

当前的各种网络媒介，每天都会产生大量新的信息和数据，这些数据被不断地添加到各个系统服务器的数据库中。在大数据时代，似乎掌握的数据越多，就越能展现数据分析的力量；拥有的相关数字越多，就越能显示出某种传播的影响力。比如，在微博中，一个拥有 1 万粉丝的微博和一个拥有 100 万粉丝的微博，转发同样的内容而产生的传播效果，是不同的。在各种社交媒体中用户数量和粉丝数量的多少，是形成媒介影响力的重要因素。

但不容忽视的一点是，这些用户数据的真实性和有效性都是难以保证的。2013 年 11 月 25 日，据《华尔街日报》报道，假账号在 Twitter① 上大行其道，它们被用来提高名人和热门话题的关注度。这类账号的黑市交易也相当频繁。Twitter 上的假账号据说有上千万个。维德马和其他的假账号拥有者控制它们去模仿普通的 Twitter

---

① Twitter 是国外的一个社交网络及微博客服务的网站，是全球互联网上访问量最大的十个网站之一。

用户:它们发布推文,转推,发送、回复信息,关注其他 Twitter 账号或者取消关注等(网易科技报道,2013)。

在新浪微博等社交媒体中,也存在着大量的虚假账号,它们通常是由某些用户用程序自动注册的,然后出于经济目的等原因,去"关注"特定的用户,以增加其粉丝数量。由于目前还没有有效的技术手段能够彻底制止并清理这些虚假账号,因此,各种大数据系统之中的数据有效性就可想而知了。

三、互联网传播中的"小时代"

《小时代》是郭敬明创作的一部长篇小说,包含《小时代 1.0:折纸时代》《小时代 2.0:虚铜时代》《小时代 3.0:刺金时代》3 本,小说已经全部出版发行。《小时代》是一部以中国上海为背景的现代都市爱情小说,后被改编成电影,由郭敬明编剧及导演,于 2013 年 6 月开始上映。

电影《小时代》上映后,票房在争议声中持续走高。2013 年 7 月 15 日,《人民日报》发表文章,称"不能无条件纵容《小时代 2》《小时代 3》的出现"。此文章刊发后,立即引起网友热议。《人民日报》指出,"非理性、类型化、跟风,是郭敬明作品、琼瑶小说、汪国真与席慕蓉的诗歌、小虎队音乐等不同时代青春文艺流传的本质"。

在《人民日报》看来,如果说类型化、跟风作品只是问题之一,电影表现出来的对物质主义以及个人主义的主张,则更让人难以容忍。"电影《小时代》以及主创者接受采访时的胸臆直白,无比真切地表达了思想解放、物质财富迅速积累之后,个人主义和消费主义的虎视眈眈和一往无前的力量。"这才是需要对《小时代》进行批判的根本原因。

《小时代》只是一部文学小说和电影作品,其影响力毕竟有限,在网络化时代,很快就会成为"过去式"。《人民日报》更担心的是同类型文化作品对物质主义和消费主义思潮的引导。正如《人民日报》所言,如果长此以往,"小时代、小世界、小格局遮蔽甚至替代大时代、大世界、大格局,个人或者小团体的资本运作或许成功了,但是一个时代的人文建设和传播却失控了"。(人民日报,2012)

不管《人民日报》对《小时代》的批评是否公允,但它指出了一个当前时代下媒介文化的典型特征——"小时代"。本文中的小时代指的是对个体、个人、个性的肯定和主张。它在价值观念上主张自我,与集体主义观念相对立;在方法论上多采用价值判断而非理性分析的方式;在媒介接触上,小时代更依赖于网络媒体尤其是社交媒体,而非传统媒体;在文化消费上,小时代主张"轻"阅读、"重"娱乐,远离宏大叙事和理性主题,以个体的最大满足和解放为最终追求。

小时代是和大数据相对应的一个时代,也是和大数据共存的一个时代。正是因为有了大数据在媒介与生活中的应用,才导致了小时代的产生。大数据时代让我们迷失在信息的世界,陷入了数据的包围中而惴惴不安。大数据把以往历史中一切可以量化、数字化的数据都记录了下来,用数学模型对彼此的相关性进行分析,然后预测事物今后的发展趋势与变化过程。

大数据的这种"预测"功能在为大众提供了很多个性化服务的同时,也加重了信息时代大众的困惑。既然今后的变化与发展,可以通过过去的数据进行预测,而我们今天的行动又可以看作是历史数据累积作用的结果,那么,个人的主体性和能动性则无关紧要,甚至消失殆尽,因为大的发展变化趋势已经由历史数据定形并指出。这难免会让大众感到迷茫、失落、无力,甚至绝望。在此背景下,面对大数据带来的一系列影响和问题,小时代应运而生。它既成为当前大数据世界的一部分,又可以看作是大数据时代的必然产物和反抗者。

在小时代,媒介文化主要发生了以下变化。首先就是媒介接触或者说媒介消费,开始出现由"大"及"小"的变化。从媒体对象上来说,传统时代的各大媒体和政府机构作为主要信息来源和传播权威的地位日渐被消解。大众的信息需求,越来越多地通过网络媒体和社交网络向名人、媒体人、好友等"小媒体"等得到满足。

大数据时代带来的信息迷茫,让大众无法对传统媒体上各种信息的真实性与价值进行分辨,大众就只好把对信息价值的判断转向对信息源的判断。在后现代社会传统的权威机构不被信任的情况下,个体就成了大众信赖的首选。因此,网络媒介和社交媒体中的名人、明星、专家学者和好友等,就成了大众重要的信息来源。比如,微博上什么人说,比说什么更重要。一个"大 V"的一句没有什么意义的话同样会引来巨大的关注。信息源比信息的内容更重要,这是小时代媒介文化的一个重要特征。

对社交媒体的依赖,是小时代环境下媒介文化的第二个特征。1999 年 9 月 3 日,人民日报网络版、北京电视台、上海东方电视台等几大媒体策划了一场"72 小时网络生存测试",让 4 名志愿者在宾馆的房间里,只将互联网(有一定的电子货币)作为与外界联系的手段,看其是否能满足自身基本的生存需要。对于这场测试的过程与结果,我们不必查询当年的记录,因为这场测试本身就足以说明,在当时仅仅依靠互联网而生存,对于绝大多数人来说,是不可能完成的任务。

到了今天,也许可以找几个志愿者,做一次"72 小时生存"的活动,在这 72 小时内不许他们接触网络。看看没有了网络,大家会有什么反应。当然,不接触网络基本的生存需要都能满足，但恐怕大多数人都会感到孤独、不安与焦虑。在踏出房门的那一刻，第一件事应当就是拿出手机，查看微博、微信与QQ的信息。

2013年7月23日上午，微信故障近7个小时，又恰逢白领“周一上班综合征”，一石激起千层浪。大多数网友都表现出“社交网络依赖”，颇为焦虑，不停地登陆与刷新微信，不断地抱怨微信的故障；当然也有少数网友体会到了难得的轻松，可能会发出感慨，“原来没微信，世界也很美好”。

当前，这种社交网络依赖已经成为大多数人，尤其是年轻人的普遍症状。无论是在何时何地，他们都能见缝插针地查看网络信息。即使是和朋友面对面的聚餐，大家也都会不时各自查看手机信息，甚至是通过手机和对面的朋友聊天。不少商家纷纷贴出告示，“本店免费提供Wi-Fi无线上网”，以此来吸引更多的顾客。通过社交网络，大众构建了以自我为中心，以关系为纽带的媒介信息格局，这种格局既是小时代网络社会的产物，反过来又进一步促进了网络发展的小时代倾向。

网络群体极化是小时代环境下媒介文化的第三个特征。“方以类聚，物以群分”，是《易经》留给我们的古老智慧。在网络传播时代，“物以群分”则变成了“人以群分”。在小时代的社会背景下，群体成为自我定位与社会交往中的一个重要标签。由于我们都是自愿选择与参与社会群体的，因此，群体成员在文化背景、价值观和媒介素养上是相似的，而且每个人都相信、坚持自己的观点。因此在网络传播中，尤其是在社交媒体的交往中，即使经过沟通、交流，大多数人还是持有既定的看法，并因为自己的观念得到了认同者的支持，而进一步固执己见，甚至走向极端，这种现象就是群体极化。

群体极化是群体协商的常态结果，已为十数个世纪来的数百项研究所证实。（桑斯坦，2008：99）对于事实问题和价值问题，都会发生群体极化。过于精细的社会分工造成的日益深入却狭隘的知识结构，传播学上的“沉默螺旋”等心理机制，来自群体规范的压力等，是群体产生趋同和极化的重要原因。

桑斯坦是美国当下著名的法律学者和传播学者，他对于网络上的“个性化定制”充满了忧虑。他这样写道：报纸和新闻报道能为几百万人提供一个共享的参考框架。这个参考框架是有益的：垄断不是民主的朋友，但在一个多样化的社会中，共同的经验起着一些有价值的功能，它提供了一种社会黏性。

网络媒介技术，为我们的沟通与交流带来了便利。在促进文化融合的同时，也使各种亚文化、小众文化、群体文化更加多样与异质。如果在网络时代过分强调自我与个性，长期通过社交媒体获取定制化信息，只能造成我们自身的“偏食”和“营养不良”。这是小时代传播背景下需要我们深思的一个问题。

参考文献:

《英国男孩患超忆症拥有超强记忆力》,2014 年 4 月 20 日访问于新浪科技,http://tech. sina. com. cn/d/2012－09－26/07417657590. shtml。

维克托·迈尔一舍恩伯格:《删除》,袁杰译,浙江人民出版社版 2013 年版。

《少女被疑偷窃遭"人肉"不堪同学辱骂跳河自杀》,《南方都市报》2013 年 12 月 11 日,2014 年 4 月 20 日访问于网易新闻,http://news. 163. com/13/1211/04/9FPOL4EG00011229. html。

《橡皮擦法令:未成年人可擦除网络痕迹》,中国新闻网 2013 年 9 月 27 日,2014 年 4 月 21 日访问于中国新闻网,http://www. chinanews. com/shipin/2014/12－15/news683234. shtml。

《2014 年双十一淘宝销售额 571 亿元》,发商机 2014 年 11 月 12 日,2014 年 12 月 9 日访问于发商机网,http://www. fashangji. com/news/show/3212/。

《〈纸牌屋〉:大数据时代政治胜利》,搜狐视频 2013 年 4 月 10 日,2014 年 4 月 21 日访问于新华网,http://news. xinhuanet. com/info/2013－04/10/c_132296590. htm。

《〈纸牌屋〉:"算"出来的热门剧》,《南国早报》2014 年 2 月 20 日第 10 版。

《揭秘 Twitter 虚假账号黑市》,网易科技报道 2013 年 11 月 25 日,2014 年 5 月 16 日访问于网易新闻网,http://tech. 163. com/13/1125/19/9EI5FRPH000915BF. html。

《不能无条件纵容〈小时代 2〉〈小时代 3〉的出现》,《人民日报》2013 年 7 月 17 日,2014 年 5 月 20 日访问于人新华网,http://news. xinhuanet. com/politics/2013－07/15/c_116535175. htm。

桑斯坦:《信息乌托邦—— 众人如何生产知识》,毕竟悦译,法律出版社 2008 年版。

〔曹飞,中国传媒大学实践实验教学中心讲师〕

传媒教育

数据新闻学教学：挑战与应对

The Challenge and Reply of Data Journalism Education

◎ 周庆祥

Zhou Qingxiang

摘要：大数据时代，数据新闻学被视为印刷业发展后期的新闻类型，强调运用科技、软件、视觉设计来报道新闻，必须将计算机软件应用与传统新闻技能结合起来，这对于新闻工作是一项新挑战。面对数据新闻学的发展趋势，新闻记者除了要具备新闻数据搜集与分析能力外，还必须具有信息工程与数字多媒体素养，甚至是产制能力。本文主要目的在于了解科技对新闻教育的影响，以及如何进行跨领域知识的结合，从而重新思考“数据新闻学”该教什么，以及如何教。

关键词：数据新闻学，行动研究，说故事，数字科技

Abstract: In the age of big data, data journalism refers to an emerging journalistic practice in the post-print age. It stresses the usage of digital technology, software and visual devices in news reporting and the combination of both computer software applications and traditional journalistic skills. Facing the development trend of data journalism, journalists must have the knowledge of information engineering and digital multimedia and even production capacity besides the capability of collecting and analyzing news data. Based on action research, this paper hoping to find the impact on journalism education by technology and how to combine cross-domain knowledge to rethink what and how data journalism should teach.

Keywords: data journalism, action research, journalistic storytelling, digital technology

一、研究源起

美国疾病防治中心认为青少年喝酒容易失控，反对发给十六七岁青少年驾照。记者从这件事获得灵感，并利用计算机查询人口调查局的数据，找出九年来十多岁青少

年交通事故的数据。数据分析结果发现:明尼苏达州青少年最容易醉酒驾车的失事地点是一个偏远的农村,而最严重的时间是高中举行毕业典礼期间。记者将这些统计数据整理成新闻,并成为当天的头条新闻。

另一位记者哈格罗夫(Hargrove)从政府数据及依据信息自由法案申请获得的记录中,对1980年至2008年间超过18.5万件未结案的美国谋杀案件,建立了细部的人口学数据库,并设计了一套算法来找出连环杀人犯的可能现身模式。连环杀人犯的可能现身模式不只为警方办案提供了参考,同时也提醒民众避开可能的危险。

21世纪的大数据(big data)时代,记者很容易接触与使用网络上大量数据作为新闻报道的素材,亦可使用免费的软件工具,自行处理公开的大型数据,并发现隐藏在数字间具有新闻价值的内容,这种搜集、分析与呈现数据所进行的新闻报道称为"数据新闻学"(Data Journalism)。简要地说,数据新闻指利用计算机软件梳理大量数据,并以视觉图表作为主要的表达方式的新闻报道新形式(Lazar, 2013)。数据新闻学改变了传统媒体产制形式,也改变了新闻阅听习惯,更改变了阅听人对世界的观点。

近十年的时间里,国外新闻媒体已大量使用数字科技处理新闻(Thornburg, 2011),利用大笔枯燥数据创造有趣新闻。大数据时代,记者转向以数据来讲故事,世界各国的传统媒体、新兴网站和独立新闻机构也逐步接受"数据新闻"的理念,并进行相应的实践尝试。

Egawhary& O'Murchu (2012) 认为,数据新闻学是关于数字的新闻学。利用图表与数字进行新闻报道并不是新闻的新形态,而是当今每个记者都必须学会使用的技能。然而,数据新闻学是结合了信息工程、多媒体美术编辑与数据分析等不同领域人才的新闻报道方式,借由这三类人才的特长,得以产制面貌截然不同的数据新闻内容(Frederiksen, 2012; Ovadia, 2013)。英国《卫报》责任编辑罗格斯(Rogers,2013)就谈到,数据新闻学已经变成新闻行业报道故事的方式。

由于数据新闻学的影响力不断扩大,许多大学教育也开始广开数据新闻学的课程,并探索数据新闻学的未来发展之路。"中国"文化大学新闻与传播学院新闻系在2014年开设了"数据新闻学"的课程,借以培育新闻系学生的数据探勘与数据新闻可视化处理的能力。

面对这一全新的课程教学,如何进行课程安排,以培育更多具有数字技能的数据新闻人才?如何落实数据新闻学课程实践?老师和学生又如何因应这些挑战?本研究借由行动研究的方法,从教什么、如何教、谁来教三个方向思考与修正课程方向,希望本研究结果能为"数据新闻学"相关新闻传播教育课程提供授课参考。

二、理论与文献

(一) 数据新闻学的背景与发展

数据新闻学是指通过对大量数据进行分析与筛选后，产出新闻报道(故事)的一种新闻处理程序。数据新闻学重点在于处理新闻故事背后的数据。简单来说，数据新闻学就是从数据中挖出故事，以数据来诉说故事。也就是可利用 Data 或 Open Data，经由开源软件或统计软件做数据分析，报道隐藏在数据背后的新闻，来促进社会的进步(Mayer-Schönberger&Cukier，2013/林俊宏译，2013:77)。

数据新闻(Data-driven journalism)可以追溯到 1821 年 5 月 5 日。《卫报》(彼时的《卫报》还叫作《曼彻斯特卫报》)是历史上第一份进行数据新闻报道的报纸，当时《曼彻斯特卫报》在创刊第 1 期上发表的一篇调查未成年教育系统的报道就被视为该报最早的数据新闻(Rogers，2011b)。进入数字时代，数据新闻与传统信息图表报道最大的区别是，现代数据新闻依赖开源软件(open source software)来获取、整理、分析大数据，从而找到其中的规律，发现其中的异常，最后对数据进行视觉化，让数据新闻以最容易被理解的方式呈现出来(Gray，Bounegru & Chambers，2012：22)。目前，美国《纽约时报》和英国《卫报》是较有系统地推行数据新闻报道的媒体。

2007 年，美国《纽约时报》建立了一个记者加程序师的团队，即现在的“互动新闻技术部”(Interactive News Technologies Department)，它交叉于技术和采编部门之间，探索在线新闻的报道形式。这个团队在《纽约时报》网站上为总统选举、奥运会等重大新闻制作推出了大量动态、互动的信息图表，每一张图表都由大量数据作支撑(徐涛，2013)。《纽约时报》网站为此专门在“多媒体报道”版块下开辟了“互动”频道，汇总此类报道。

2010 年，美国《拉斯维加斯太阳报》(*Las Vegas Sun*)针对医院护理问题推出一系列题为《莫生伤害》(*Do No Harm*)的报道，被视为数据新闻学的范例。该报道通过向政府提出申请而取得的 290 万笔医院账单，分析出其中有超过 3600 笔账单，涉及可预防的伤害、感染及手术疏失，并有超过 300 个个案的病人经确认死于可预防的疏失。《拉斯维加斯太阳报》在网站上通过交互式图表(如图 1)，让读者可以查寻手术伤害超过一般标准的医院，并以一张标示时间轴的地图(如图 2)显示各医院感染的变化情形，另以交互式图表让使用者可以分别就伤害类型或医院类别，来掌握拉斯维加斯所有医院在可预防伤害上的细部状态(Gray et al.，2012：58－59)。

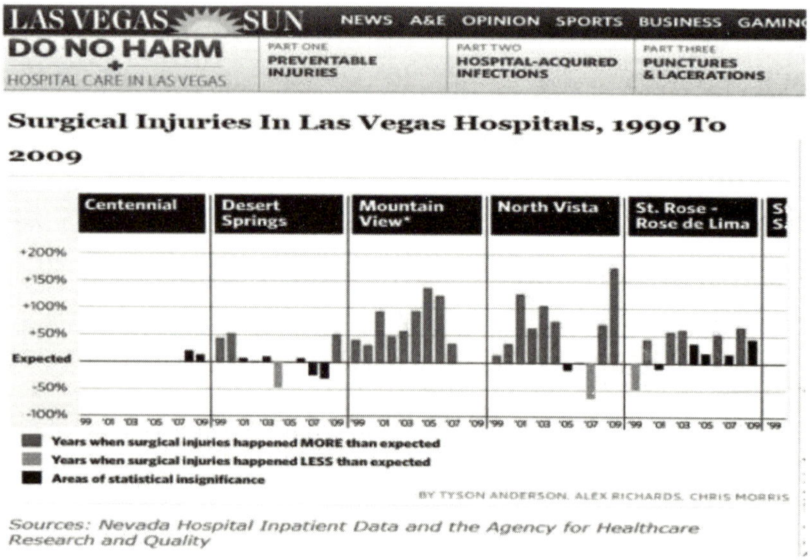

图 1 《拉斯维加斯太阳报》网站关于医院手术伤害的互动式图表

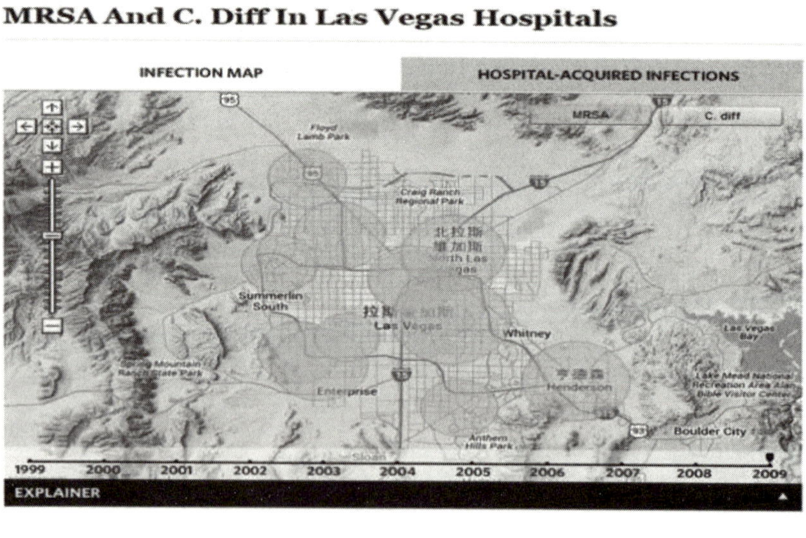

图 2 《拉斯维加斯太阳报》网站所制作的医院病菌感染互动式图表

《纽约时报》是少数系统推动数据新闻应用的美国媒体组织，尽管如此，《纽约时报》并没有对数据新闻做出明确的分类，而是将一些数据新闻报道放在多媒体报道版块中。与之相比，英国《卫报》则清晰采用“数据新闻”概念并对这一理念进行大力推广。2009 年，《卫报》网站开设“数据商店”(data store)版块，下设“大数据”“数据新闻”

“数据博客”等细分频道。“数据商店”向使用者开放数据库的链接与搜索，为使用者提供大量来自政府、博物馆、大学、研究机构、非政府组织的公开数据。

2011 年 8 月，伦敦发生大骚乱，参与骚乱者运用手机和社交媒体进行联系，让警察大伤脑筋。英国政府因而对社群媒体进行强硬批评，并试图推行限制措施。当时《卫报》网站与伦敦政治经济学院合作，历时一年多完成了《解读骚乱》(*Reading the Riots*)的全媒体报道。报道中一个重要的组成部分是对 260 万条 Twitter 数据的统计分析。这则名为《骚乱谣言如何在 Twitter 中传播》的数据新闻报道将谣言用支援、反对、质疑、批评四种态度进行量化，谣言的起始是一个圆点，随着谣言的扩散，圆点会演变成圆圈，并聚合成集群。图中针对每个谣言设计了时间轴，伴随时间的移动，用户可以看到谣言生成、扩散、消亡的过程。这一形象的展示方式依赖数据团队和科研人员的大量数据研究，科学呈现了社交网络中谣言从生成到消失的过程（European Journalism Centre，2010）。

《卫报》数据团队运用互动图的方式呈现大骚乱期间在社交网络中流传的七大谣言是如何传播扩散的。这则报道最大的影响是修正了人们运用经验判断的误差，用数据分析证明社群媒体具有一定的谣言的自我澄清机制，人们虽然借助社交平台传播和扩散谣言，但同时用户对这些谣言的反对、质疑和批评也会产生一定的反作用，并最终驱散谣言(Rogers,2013)。这一系列报道使《卫报》网站因此获得了 2012 年度“数据新闻奖(Data Journalism Awards)”。“数据新闻”的成功开展为《卫报》赢得了业界的诸多赞誉。

2013 年 4 月，《卫报》“数据博客”频道主编西蒙·罗杰斯出版了《事实是神圣的：数据的力量》(*Facts are Sacred：The Power of Data*)，这本书展示了《卫报》记者是如何分析数据的，阐述了数据对世界带来的影响。他提到数据改变的不仅是新闻业，它使得新闻和其他行业之间的界限消失，整个世界都在数据的影响下（Rogers，2013：33—37）。

(二) 数据如何被呈现

数据新闻学处理的数据量庞大，往往须以视觉图表为主要呈现方式。数据视觉化有两个构成要素，即使用程序软件来处理大量的初始信息，并且加以视觉化（Gray et al.，2012）。而视觉化有一个清楚的流程图，即(1)建立数据化模块，也就是要将数据视觉化，首先将数据结构化，才有助于视觉化作业。(2)数据的选取。即要以使用者可以运用为判断标准，确定这些数据是否可以视觉化。(3)数据变为视觉图。(4)依据图表说故事（Ward et al.，2010：28)。

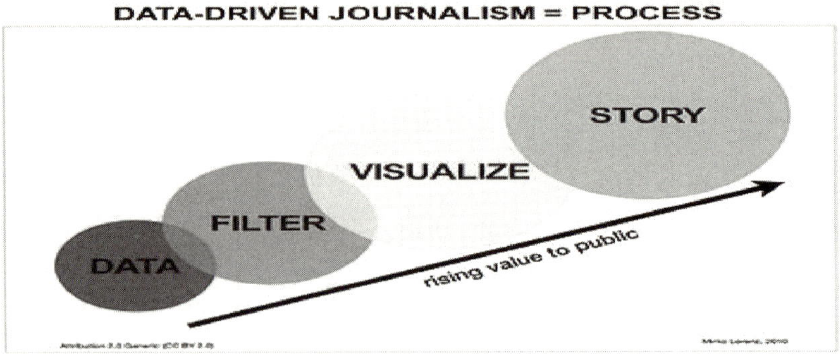

图 3　数据新闻的呈现流程

英国《卫报》是较早进行数据新闻报道的媒体之一，它曾拍摄了《三只小猪的故事》(http://my.tv.sohu.com/us/50333101/18439953.shtml)，重新诠释三只小猪和大灰狼的故事，故事的内容大概是大灰狼被烧死，特警部队进入最大嫌疑犯猪小弟的家，将他逮捕。网络上出现了支持三只小猪的言论，认为小猪为防止大灰狼侵入，保护自己的财产有什么不对？如果有人把我家吹倒，我也会像猪小弟一样把他烧死……民众议论纷纷。但是有人去搜寻相关的数据后发现，患有气喘的大灰狼怎么可能吹倒小猪的房子？结果是三只小猪因为房贷问题诈领保险金。

美国《纽约时报》以数据图表方式，对奥运百年来的选手成绩进行比较分析，并将 100 年来奥运百米赛跑、百米自由泳和跳远冠军的成绩视觉化，从数据图像可以清楚看到 100 年来选手成绩的演变。英国《卫报》从教育、福利、婚姻等不同层面比较美国

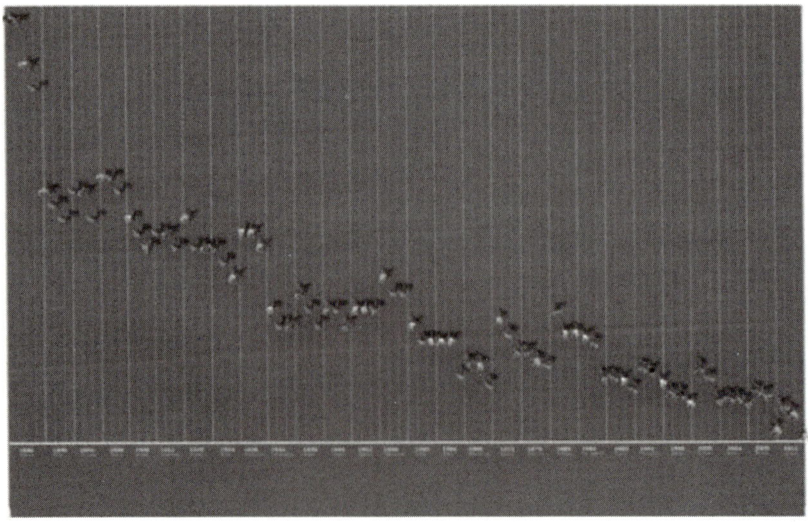

图 4　100 年来奥运自由泳选手的成绩

各州同性恋的待遇,探讨美国各州是否都公平对待同性恋。

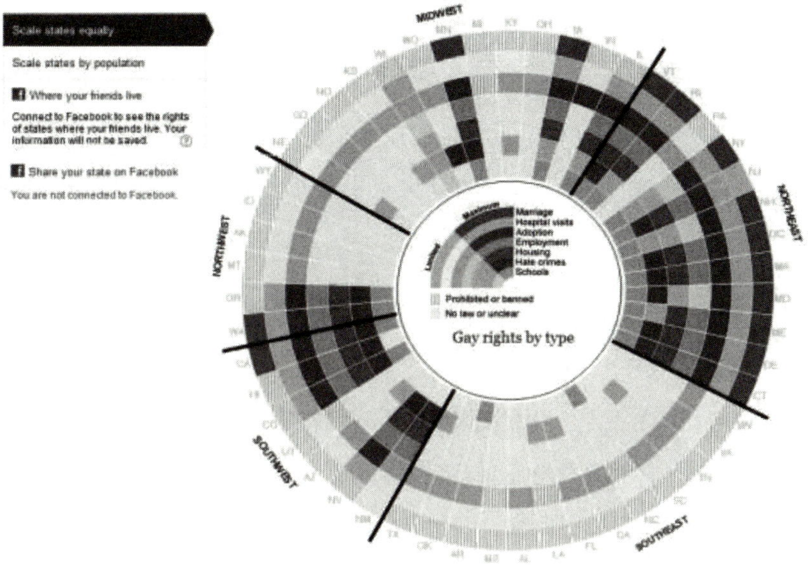

图 5　美国各州公平对待同性恋吗?

数据新闻不只是从平面图表来诠释新闻,亦有用互动图表方式来诠释新闻的,更有利用多媒体形式来呈现新闻的。例如 TED 上一位教授利用数据视觉方式来说明"人类的偏见与无知",题目是《西方是长命小家庭,第三世界则是短命大家庭?》,这样的偏见普遍存在于许多人的脑海中,但这位教授利用联合国的大数据告诉大家,这种偏见是错误的。

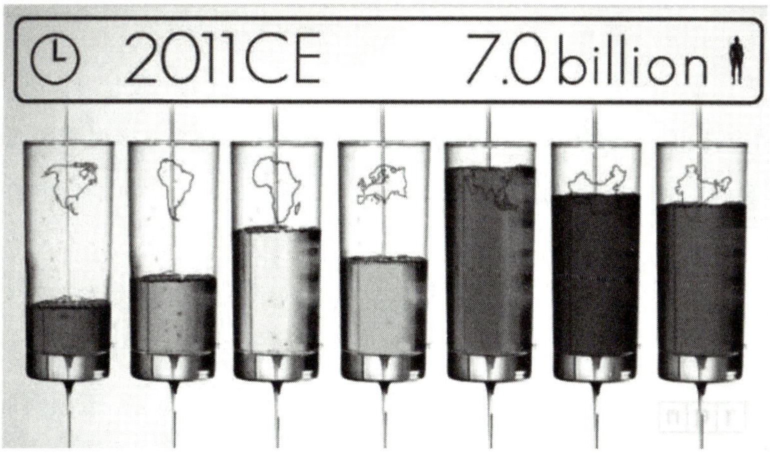

图 6　2000 年来,世界人口是如何变化的?

近年来,国际上主要的新闻媒体均已大量使用数字科技处理新闻(Thornburg,2011),利用大量枯燥数据创造有趣新闻。大数据时代,记者正转向以数据来说故事。因媒体趋势的发展,新闻学教育必须进行课程变革,借由开设数据新闻学课程来培养人才。然而数据新闻学是结合了信息工程、多媒体美术编辑、数据分析等专业技能的综合学科,这一跨领域课程如何进行学生的通才教育?可以想象“数据新闻学”课程对老师和学生来说都是全新的教学挑战。本研究借由边教边思考边修正的行动研究,不断地探讨数据新闻学要教什么(课程安排),如何教(专业技能),以及谁来教(授课方式)。

三、研究方法

本文导入行动研究思维,埃利奥特(Elliott,1982)认为行动研究是对社会情境的研究,以改善社会情境中的行动质量,消弭在实证主义影响下所形成的教学与研究分离之情形,同时弥补教育理论与实际操作间的鸿沟。

麦克默里(McMurray,2006: 39)将行动研究的概念划分成四个模式:(1)勒温(Lewin,1946)模式,为诊断和治疗组成的循环模式;(2)凯米斯和麦克塔格特(Kemmis & McTaggart,1988)模式是螺旋式的行动研究,是简化的勒温模式,强调观察的角色;(3)斯廷格(Stringer,1996)模式则强调在行动研究过程中的参与;(4)格林伍德和莱文(Greenwood & Levin,1998)主张经由实践作为基础的行动模式,是一种涉入式的行动研究方式。麦克尼夫、洛马克斯和怀特海(McNiff, Lomax & Whitehead,2003)将行动研究法修正为“行动—反应循环模式(an action-reflection cycle)”,认为这是一个不停且正在进行的模式,因为一旦行动被修正,下一个问题又会再度产生。

本文采用麦克尼夫、洛马克斯和怀特海(2003)的“行动—反应循环模式”进行研究,行动研究是由实务工作者在其所处的工作情境中,根据实务推展所遭遇的问题,构想研拟有效的方案,加以实践、评鉴、反省的历程,其目的在于解决情境中的实务问题,改善学习环境。

行动研究执行的步骤除了因循行动研究模式四个不同步骤的循环程序——计划、行动、观察和反思(Lewin,1946)外,还必须先对问题进行检视与诊断。亦即借由系统化的资料搜集与分析,从反思、效能评估、反馈与问题解决等过程,查明实际教学中存在的问题与困难,再将结果运用到课程设计的循环过程中,让课程设计能达到一定的效能(Lee-Hsieh, Kuo& Tsai, 2004;陈惠邦,1999)。

本文的研究对象主要是以“中国”文化大学传播学院三、四年级修习数据新闻学课程之学生为对象。数据主要来自课堂上对学生的观察记录及作业的反馈(包含心得报告、作业日志、作业总结报告,及作业反馈记录等),数据搜集的时间为一个学期。对这些数据的分析,主要先考虑所要回答的与研究问题有关的概念或事件,例如“行动”“反思”“反馈”“学生”“教学策略”等,之后再进行归纳分析,从中发现现象,并予以解释。

研究对象是修习“数据新闻学”课程的同学,第一年修课学生 80 人,第二年 98 人。研究日期自 2013 年 9 月至 2015 年 5 月,为期两年。

四、研究分析

数据新闻课程在中国台湾,甚至全球都是较新的一门课程,开设此课程的老师要思考的基本问题是:该教什么? 如何教? 谁来教?

(一) 课程设计的技术困境

数据新闻学有两个构成要素,即使用程序软件处理大量初始信息(raw data);将其视觉化 (Gray et al. , 2012)。目前,欧洲新闻中心(European Journalism Centre)与阿姆斯特丹大学开始着力于推动数据新闻学领域的发展。这个工作共有三个环节,分别是找数据(data mining)、数据视觉化(data visualization)与多媒体报道(multimedia storytelling),并要在过程中设想各种可能性 (European Journalism Centre, 2010)。

从数据新闻学的实务运作来看,数据新闻报道基本上是由数据新闻编辑部门寻找数据故事的想法、进行数据分析和完成报道组成。所以,数据新闻学包含了将数据纯净化、结构化以“深入数据”,挖掘特定信息来“过滤数据”,再将数据“视觉化”以做出报道的完整的工作流程。

数据新闻学训练员、作家保罗·布拉德肖(Paul Bradshaw)用一种类似的方式来描述这种数据导向的新闻工作。保罗·布拉德肖认为处理数据新闻必须能够使用 MySQL 或 Python 等数据处理软件来“找到”数据;然后“讯问”它,也就是要能够理解当中的术语;最后借由开放原始码工具将其“视觉化”及“混搭”。

数据记者、网络趋势研究者(web strategist)亨克(Henk van Ess,2012)以结果导向来定义数据新闻,他认为“数据导向的新闻工作使得记者能够找到尚未被发现的事件,或是透过这套搜寻数据的流程来找到新的角度完成这份报道,也就是运用可行的开放原始码工具对这些数据(可能是任何形式)进行加工并呈现出来。”所以数据新闻是数据探勘、筛选过滤、可视化和形成故事的过程。

数据新闻学在美国新闻传播教育中是相当热门的课程，由于数据新闻的产制过程涉及了软件使用与美术编辑的技能，美国数据新闻课程大都结合实务操作与理论进行课程安排。这些课程学习除了理论教学外，还安排了有一线工作经验的师资与媒体实习，例如纽约大学专业进修学院(SCPS)设立了“新闻分析和数据视觉化”课程(Analytics and Data Visualization for Journalism)。这个课程是由《华尔街日报》记者和计算机工程师 Jeremy Singer-Vine 讲授的，学习者通过该课程体会运用数据思考和提问的重要性，并学习收集、分析和将数据视觉化的概念和技巧。课程内容包括如何去想数据(记者就像一个程序员)，如何理解通用数据格式 CSV、XML 和 JSON，如何发现已经存在的数据集并组装自己的新闻，如何进行最基本的数据分析，如何把数据和分析制成折线图、柱状图、直方图以及其他有用的可视化的新闻。①

纽约大学的数据叙事课程同时聘请了美国风投公司 Accel Partners 的数据科学家希拉里·梅森(Hilary Mason)，在纽约大学讲授为期七天的“数据叙事”(Data Storytelling)课程。该课程并不局限于讲述新闻内容，还讲授统计分析、批判性思维和叙事技巧，正如课程网站所言，“简短的课程旨在探索数据分析和故事叙述的界限，如何在数据中发现有趣的新闻故事，如何通过数据，以引人注目的方式将故事传播出去”。②

纽约市立大学则开设了“数据驱动新闻”课程，课程邀请耶鲁大学统计学家、数据视觉化领域的佼佼者 Edward Tufte 等多媒体故事叙述领域专业人士授课。该课程内容包括学习如何收集数据，在保持数据完整性的情况下编辑组织数据，撰写可靠的数据，掌握数据有效传播、视觉化等基本技能，并应用数据交互的方式及逆行故事叙述来报道新闻。③

美国密苏里新闻学院则为数据新闻学开设了一系列的课程，包括信息图像制作(information graphics)等，每周有三小时的课堂授课时间，通过远程教学，由四位来自世界各地的数据视觉化记者授课。学生每周还有大约六小时的实习时间——到当地报社去做制图师。一个学期下来，除了要完成授课老师布置的课堂作业，学生还需要完成至少十个静态信息图、一个整版报纸信息图设计和一个互动视觉化项目。此外，该院还开设了数据新闻学概论课程，这个课程分为基础课程与进阶课程，基础课程为

① http://www.jsvine.com/WRIT1－CE9741/syllabus/.

② http://hmason.github.io/datastorytelling/.

③ http://datadrivenjournalism.fall.2013.journalism.cuny.edu/.

一学分的短期训练营式课程，让学生了解数据新闻的基础，学会搜集数据与基本的数据分析。进阶数据新闻学课程由《纽约时报》互动新闻编辑授课，主讲 Python 语言和 Django 网络框架的新闻制作应用。另有地图式信息图像（mapping for stories and graphics）与多媒体设计（multimedia design）课程，课程主要讲授如何利用地理信息系统（ArcView GIS）软件和网络地图工具分析数据并将其视觉化，如何利用 HTML、CSS 等基础程序来进行数据设计，作业为多媒体网页设计，并结合实践教学。

从上述课程中可以了解到，美国数据新闻学的课程不只有理论，还有实践，师资则拓展至媒体领域以外的信息工程和美术人才。课程师资设计基本上采用的是 CO-TEACHING 的专才分工概念，而学生的学习则采取全能的智能训练方式。

笔者于 2013 年开设数据新闻学课程时学校尚无合授课程的机制，但数据新闻的教学如果只有理论而无实务的学习，将会形同纸上谈兵，因此，笔者依个人对计算机的知识能力和过去在实务界的工作经验，决定在边学边教的情形下安排数据新闻学的课程，再参考相关文献与国外课程，并兼顾个人的软件使用技能设计了包括软件使用、多媒体设计与数据搜集分析的数据新闻课程内容，授课大纲如表 1。

表 1　数据新闻学教学大纲（Data Journalism）

课程进度	第一周数据新闻学概念 第二周数据新闻学媒体报道团队介绍 第三周案例解说 / Case studies 第四周案例解说 / Case studies 第五周案例解说 / Case studies 第六周案例解说 / Case studies 第七周如何取得数据 / Getting Data 第八周如何取得数据 / Getting Data 第九周期中考试 第十周如何取得数据 / Getting Data 第十一周如何解读数据 / Understanding data 第十二周如何解读数据 / Understanding data 第十三周数据可视化处理/用 Excel 制作图表 第十四周数据可视化处理/数据地图 第十五周数据可视化处理/数据视觉化工具简介 第十六周数据可视化处理/如何通过视觉呈现讲故事 第十七周期末作业：数据可视化作业之观摩与讨论 第十八周期末作业：数据可视化作业之观摩与讨论

1. 数据的探勘与分析远比视觉化困难

本课程设计是以数据之解读和呈现为课程重点的，但在交付第一次数据图表作业时却发现学生真正面临的难题并不在课程设计大纲内。这次的数据图表作业由老师提供了四个题目(男人比女人无情？高龄社会女人比男人不快乐？哪一种人会比较长寿？高所得的国家贪污较少?)，让学生选择其中一个题目自行搜寻数据，并制作成数据图表来回答所选择的问题。经由学生的学习日志发现，数据搜寻与数据筛选、数据删减竟然是学习上很大的障碍。

学生对学习回应是：

这次老师的题目都比较抽象，不能用比较具象的数据来表达。即使自己想到了可能有用的数据也不知道应该如何在网上搜寻。例如"2013 年全球死亡人数"我就一直没有搜到。(006)我认为有难度的是搜索数据和筛选数据的过程。例如数据的获取方式和地址、关键词索引以及排除无用的数据和使用正确的数据。如何判断数据选择是否正确和是否有价值是比较困难的地方。(034)数据太多，不知道如何取舍，全部放进软件去跑出来的图表变得很复杂。(056)找到的数据都不一样，不知道哪一个才是正确的。(044)

2. 合授课程设计所要思考的

学生学习日志所反映的数据筛选、数据删减问题并未被规划在既有的教学课程中，这表示教师对学生学习能力的观察仍有不足，因此，笔者决定重新调整 2015 年的课程大纲，加入了"数据探勘"和"数据筛选"的课程内容，但这部分的内容除了要有数据基本概念外，还涉及一些数据探勘和数据筛选软件的使用。网络上提供的软件很多，但有些软件需要付费，有些软件使用已超出教师的专业技能，这一困境亦凸显出数据新闻学课程师资方面的难题。本课程最终获得学校经费的支持，采取业师协同授课的方式，最终解决了授课老师科技能力不足的难题。

表 2　重新修正的 2015 年度数据新闻学教学大纲

课程内容	备注
数据新闻的发展 什么是"数据新闻报道"？"数据新闻报道"的重要性	
数据新闻案例/英国广播公司（BBC)的数据新闻报道《卫报数据部落格》幕后解密	
数据探勘 / Getting Data，运用 Tabula 抓取 PDF 上的信息	
数据探勘 / Getting Data，人肉搜索强化工具 Falcon	
期末报告题目简报，请拟订一个题目并说明如何搜集数据	
数据分析：统计的概念(沙中淘金)，如何解读数据	

续表

课程内容	备注
1. Open Refine 使用教学	吴泰辉老师
2. 视觉化入门与概念(谈做视觉化的优点、注意事项还有一些资源介绍)	吴泰辉老师
3. 数据新闻实作案例(分享一些实际参与过的数据新闻制作)	吴泰辉老师
数据可视化处理/用 Excel 制作图表 使用不同的图表说不同的故事	
数据可视化处理/数据地图 如何用交互式地图制作工具 google chart 制作数据地图	
制作数据地图的原则、常见错误	
数据可视化处理/数据视觉化工具简介,数据视觉化制作工具 Tabula	
期末报告:你的答案与心得,如何通过视觉呈现看图说故事	

(二)如何教(如何达到学习成效)

为了有效地达成教学目标,笔者提出了行动反思的教学概念,亦即借由引导反思培养问题解决的能力,促进专业水平的提高(周水珍,2003;Argyris&Sch? n, 1974; Houston & Warner, 2000; Kim & Choy, 2008;Lee, 2005; Schon, 1987)。本课程采用行动学习作为教学策略,将学生组成行动学习团体(小组),3—5 人为一组,全班共分成 22 个小组,通过"实作"(行动)与"成员讨论"两者之间的互动,来推动学生的反思与学习。课程开始的第一周主要是根据事先规划的教学目标、课程教材及进度,向修课学生说明课程目标、教学方式及课业要求,并强调主要的教学目标在于使学生达成理论与实务之整合、强化教学实务技巧等。

随着"行动—反思"教学的过程,笔者借由观察与自我反思了解学生的学习情形及可能遇到的问题,当小组遇到互动瓶颈时协助他们解决问题,适当地调整教学策略,其中发现几个较值得思考的问题:

1. 科技不只是技术,也是知识来源

从数据搜寻、数据删减到数据呈现,涉及软件使用(如何使用软件进行数据的探勘、筛选与呈现),而这些软件都没有中文版,有些甚至要改写程序语言。

我不太懂程序操作,听说要改程序,我就害怕。(045)Google Chart 的软件界面是英文版,有中文版吗?(012)软件可以有正版的吗?试用版时间太短,超过时间就没有

软件可以用,为什么同学都会做,我就觉得好难,我怀疑他们找枪手(哈!为自己的无能找借口)。(006)

数据图表相关软件的操作虽然都是英文界面,但操作步骤如果有范例可参考,老师在课堂上实际操作一遍,学生就可以如法炮制交作业,这些软件使用表面上属于技术性操作问题,但熟能生巧,只要反复练习,学生就能熟练运用了。

2. 数据的定义与搜寻范围可视化处理

在作业实际操作过程中,学生又要面临数据搜寻范围的认知问题,例如作业题目:男人比女人无情吗?台湾人富有吗?哪一种人比较长寿?学生脑海中浮现了许多定义性疑问,富有、无情、长寿的定义是什么?数据搜寻的范围是什么?

老师,用餐要女孩分摊是不是代表男人较无情?

富有只看GDP,要不要考虑各国的物价水平和贫富差异?

幸福指数和快乐指数高,算不算富有?

长寿可以用性别、血型、种族和国家来呈现吗?

让数据透过图表呈现表达出一目了然的意义真的很难耶

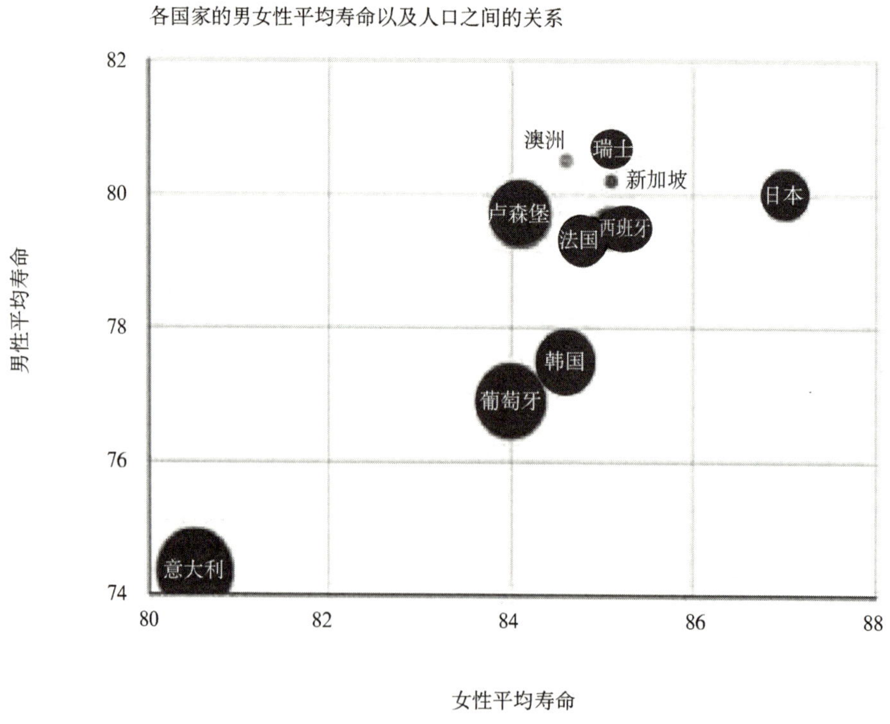

图8　各国男女平均寿命比较图

当数据找到后，进一步的数据可视化则面临了学习软件使用的困难，究竟数据该用何种图表呈现？

各国长寿比，我该用柱状图还是有泡泡的互动图？

图表范例太多，都搞不清楚，这些数据该用何种图表呈现？

3. 知识可以从重复学习中获得

行为理论(Behaviorism)主张人类的学习是一种机械式的、无目的的重复练习，学习是由于刺激与反应之间产生了联结，而这些联结的形成又受增强与练习因素的影响(林星秀，2001)。因此，传统的客观主义认为知识是一种客观存在的实体，可以将知识直接传输给学生，知识可以通过不断的重复学习而获得。从行为理论原理来看，在数据图表的学习过程中，学生要不断地重复学习，使技术工具的应用成为知识来源。

按照老师上课教授的步骤一点一点摸索，一份作业完成后，觉得收获颇多！首先，多掌握了一个新软件的使用，今后整合与展现数据就又多了一条途径。然后，对于这个主题“高所得国家贪污较少？”有了更深刻的认识，并不是高所得国家就不会出现贪污现象，想要提高国家的清廉程度，需要社会上的每一个人去付出行动而非空喊口号。一个高所得国家更应在教育方面有更多投资，才能控制其腐败程度。(055)

这次的作业给我最大的启示就是，软件操作不是最大的难题，耐心最重要，因为整理数据是一件非常需要耐心的事情，要怎么样把它做好，为读者呈现一种清晰透明的状态，才是对一个数据新闻工作者首要的要求。(023)

第一次接触即使用 Google Chart 图表，其实有点难以着手，后来看老师提供的教材，一再研究和学习，终于在一个多小时后学会了，也算是学到了一个新的不一样的东西，而原来 Google Chart 不难，因为都给了我们公式，只要稍做修改便可以完成自己想要做的图表。数据搜集和图表制作让我了解到，排名越前面及分数越高的高所得国家，清廉印象指数 CPI 也越高，也代表该国家贪污较少。(021)

4. 团体作业中互动学习的强化

学者波特(Porter，1994)主张，互动学习是知识获取的重要来源，学习者使用互动沟通技巧有助于个人的学习。互动能让学习者有参与感，而不只是一个旁观者，进而增进学习效果。在教学的实施过程中，互动越多越能提升学习者的兴趣与学习成效。

我喜欢团体作业，可以互相讨论找灵感。(076)

团体作业让我收获很多，可以增加不同的专业知识。(063)

同学作品观摩带给我很多启发和感动，印象深刻。(012)

互动学习有助于学生之间相互学习，但对不太积极参与的学生来说却是一个偷懒的途径。有学生抱怨同一小组成员参与度低，影响团体成员彼此的信任感及向心力。

团体作业很麻烦，大家都有在打工，很难凑在一起。(033)

我讨厌搭顺风车的同学，凡事都表现出无关紧要的态度，让做事的人看起来像白痴。(034)

组员不愿意动脑，时间很难配合，只愿意做轻松的事，可是拿到相同高分却又觉得理所当然。(002)

团体作业真的要慎选组员，不然会累死，还会气死！(008)

明明说有空，来不到一小时就说要走，他以为来就算是有交代了吗？(017)

互动常发生在教师与学生间、学生与学生间及学生与教材间。这种行为在教学过程中有学习效果，特别是学生与学生之间的互动行为对学习成效的影响最大。经由同侪互动，学生可以得到教师所无法“提供”的态度、价值、技能及信息等知识，同时个人也能自在地表达对事物的意见与态度。但参与度低的同学会影响到其他组员的学习兴趣。因此，在教师有意义的设计与诱导下，借由分组讨论与作业的共同完成，可以帮助学生养成主动学习的习惯，提高其独立思考的能力。

对于参与度低的同学进行一些辅导与督促，将会是提升小组学习成效的关键。本课程进行中，经由同学的反映和课堂讨论状况，笔者会针对低参与度者进行访谈，了解原因，鼓励参与，对于搭配不当的组员也进行换组的辅导。

在对作业进行评量时，笔者还会发放“成绩互评表”，让同学彼此评量，成绩超过90分和低于70分者都要注明原因。成绩互评表对偷懒者有督促作用，通过成绩互评表，老师可以了解每一组同学的相处状况与参与程度，那些不太参与的同学，多半是因个人学习兴趣不高，且多为缺课较多者，但只要老师予以关心与辅导，都有助于提升其学习兴趣，提高小组讨论的参与度。

(三)老师从授课者转换成辅导与协助者

本课程除了课堂授课外，老师还在课程学习网上提供了本课程相关的教学影片与范例，让同学可以在课下通过网络进行学习。但网络课程学习对某些同学而言，亦存在许多学习的困难。从学生的学习日记发现，直接由老师进行面对面教学可以观察学习的效果，亦可以当面解决学生的问题。

如果能在计算机教室上就好了，可以边教边做。(038)

YouTube好多都是英文教学影片，听不懂！(029)

教学影片还是看不懂，老师，能不能在教室带我们一步步做呢？(040)

软件一直没办法搞定，不知道哪一个步骤出现问题，但又没有人可以问。(033)

数字学习系统是否可以取代传统学校教学仍有争议，不过数字科技对教学所产生的影响是不容小觑的，面对数字化的学习环境，教师似乎不再是学生知识的唯一来源，教师角色从“讲台上的领导者”转变为“身旁的指引者”(王健华，2003)。网络学习环境中，教师由消极说书讲课的角色，转变成学习过程中的辅导者与协助者，是学生的学习伙伴，也是学习资源的提供者。运用有效的教学策略能提升学生的思考能力与学习成效，这些教学策略包含了网络资源的运用与同侪的互动学习。

结论与建议

本研究通过观察与访谈，了解教学过程中学生所面临的问题，不断地修正课程内容和方式，最主要的目的就是要排除困难，让新闻与信息的跨领域教学的成效可以显现。笔者充分感受到，未来数据新闻学课程安排与授课方式必须做好以下几项工作。

(一) 强化学生计算机信息技能之学习

数据新闻学的学习，必须要强化学生的信息处理能力，例如拥有一定的计算机分析能力，就可以对较大量的数据进行初步的分析；同时也要强化统计处理的技巧与概念，因为数据中的归纳整理与分析，必须要有统计的概念，才能判别出数据变项间的关系，从而进行图像化的关系呈现。因此，未来在开设“数据新闻学”课程时，笔者建议修课同学必须学习使用计算机软件分析基本数据，如新闻系的同学应学习 Google Refine、Google Chart、Tabula、Falcon 等基本的软件运用。

最后是强化信息视觉化的学习，这方面多涉及套装软件的使用或模块的改写与套用，懂得统计概念与操作或许能抓到新闻重点，但在新闻图像化呈现时更需要有视觉化的软件操作能力，这部分需要老师的协助与指导。

(二) 教学方式的转化

信息科技应该是教师用来帮助学生建构知识的工具，教师将信息科技整合至学生的学习活动中，帮助学生建构自己的知识体系，以进行更高层次的学习。因此，数据新闻学的课程设计应设置丰富的学习环节，以真实世界中的例子和问题引导学习者从“数据探勘”“数据筛选”和“数据呈现”的课程中多角度评估信息。

教学策略是教与学的周详计划,其目的是使教师的教学更有效率,使学生积极参与学习,以达到预期的教学目标。因此,提升数据新闻的学习成效应有明确的教学目标,并善于使用科技特质进行交互式教学。在信息革命的时代里,互动的教学方式会让学生逐渐发现如何将所学的知识与经验归纳整合、组合与应用起来,形成具体的观点和解决问题的能力,进一步激发其追求知识的动力。而“行动—反思”的教学策略,则有利于学生进行较深入的思考,促进理论与实务的整合及正向的学习情绪。

最重要的是,网络的学习环境打破了传统的单向式的被动学习方式,与传统学校教学情境相对照,网络学习环境开创了一个新的典范。它侧重“学”的活动,而非“教”的活动,强调以学习者为中心的学习,学习的主体是学生而非教师,教师扮演的只是启发者与引导者角色。因此,在课程设计上,它偏重于对“学习者”的掌握,而非“知识”的传授。

(三)教师角色的转换

在学习过程中老师不断给予学生刺激与挑战,学生与老师之间存在辩证关系。老师不再只是授课的角色,也不再是唯一的知识来源,教师扮演的是启发者与引导者角色。在学习过程中老师提供专业见解,让学生在解决问题的过程中学习。

数据新闻是一门新兴的学科,学习者除了要学习信息分析技能,同时还要具备美术编辑与数据解读的知识,而这些属于跨领域的技能。本文认为数据新闻学的教学者必须有效整合新闻与信息专长人才,如此才真的可能提升教与学的质量。如果无法整合新闻与信息专长人才,授课老师就必须扮演全能的角色,因此,教师更需注重自我成长,以适应其间的角色转变。

参考文献:

陈惠邦:《教育情境中的行动研究:理论与实务经验》,载《教育学研究方法论文集》,中正大学教育学研究所编,1999 年,第 55—57 页。

林照真:《课堂中的数据新闻学:台大新闻所的实践经验》,林丽云主编,《数据好神,叙说故事千百样:数据新闻学开讲》,台湾优质新闻发展协会,2013 年,第 79—93 页。

林照真:《当代聚合对传统报纸转型的影响与冲击:有关〈纽约时报〉与〈卫报〉的比较研究》,“中华传播学会”2013 年年会。

Mayer-Schönberger, V., &Cukier, K.:《大数据:数字革命之后,数据革命登场:巨量数据掀起生活、工作和思考方式的全面革新》,林俊宏译,台北天下文化 2013 年版。

Bounegru, L., & Chambers, L. (2012). The data journalism handbook. Cambridge, MA: O'Reilly. Crawford, K. (2012). Critical Questions for Big Data: Provocations for a Cultural, Technological, and Scholarly Phenomenon. *Information, Communication & Society*, 15: 662—679.

Egawhary, E., &O' Murchu, C. (2012). *Data Journalism. The Centre for Investigative Journalism*. Retrieved Jan. 17, 2014, from http://www.tcij.org/sites/default/files/u4/Data%20 Journalism%20Book.pdf.

E lliott, J. (1982). "Action-research: A framework for Self-evaluation Inschools". Working Paper No. 1, Teacher—pupil interaction and the quality of learning. London: Schools Council.

European Journalism Centre. (2010). "Data-driven Journalism: What Is There to Learn?" Retrieved May. 30, 2012 from http://mediapusher.eu/datadrivenjournalism/pdf/ddj_paper_? nal.pdf.

Fenton, N. (2010). "Drowning or Waving? New Media, Journalism and Democracy". In N. Fenton (Ed.), *New Media, Old News: Journalism & Democracy in the Digital Age*. Los Angeles, CA: Sage.

Flew, T., Spurgeon, C., Daniel, A., &Swiff, A. (2012). "The Promise of Computational Journalism". *Journalism Practice*. 6:157—171.

Fox, J. R., Lang, A., Chung, Y., Lee, S., Schwartz, N., & Potter, D. (2004). "Picture this: Effects of Graphics on the Processing of Television News". *Journal of Broadcasting & Electronic Media*. 48: 646—674.

Frederiksen, L. (2012). *Big Data*. Public Services Quarterly. 8:345—349.

Gray, J., Bounegru, L., & Chambers, L. (2012). *The Data Journalism Handbook*. Cambridge, MA: O'Reilly.

Greenwood, D. J., & Levin, M. (1998). *Introduction to Action Research: Social Research for Social Change*. Thousand Oaks, CA: Sage.

He, M., Tang, X., & Huang, Y. —M., (2011). "To Visualize Spatial Data Using Thematic Maps Combined with Infographics". Paper presented at the Geoinformatics19th International Conference. Shanghai, China.

Herbert, J. (2000). *Journalism in the Digital Age: Theory and Practice for Broadcast, Print Andon-line Media*. Boston, MA: Focal.

Holliman, R. (2011). "Advocacy in the Tail: Exploring the Implications of 'Climategate' for Science Journalism and Public Debate in the Digital age". *Journalism*. 12: 832—846.

Karlsen, J., &Stavelin, E. (2014). "Computational Journalism in Norwegian Newsrooms". *Journalism Practice*. 8:34—48.

Kemmis, S., &McTaggart, R. (1998). *The Action Research Planner*. Vicoria, Australia: Deakin University Press.

Lazar, N. (2013). "The Big Picture: Big Data Computing". *Chance*. 26(2): 28—32.

Lee, T. B. (2012). "5 Open Data". Retrieved April. 4, 2012, from http://5stardata.info/.

Lee-Hsieh, J., Kuo, C., &Tsai, Y. (2004). "An Action Research on the Development of a Caringcurriculum in Taiwan". *Journal of Nursing Education*. 43(9): 391—340.

Lewin, K. (1946). "Action Research and Minority Problems". *Journal of Social Issues*. 2(4): 34—46.

Manovich, L. (2011). "Trending: The Promises and the Challenges of Big Social Data". In M. K. Gold (Ed.), *Debates in the Digital Humanities*. Minneapolis, MN: The University of Minnesota Press.

McNiff, J., Lomax, P., & Whitehead, J. (2003). *You and Your Action Research Project*. London: Routledge.

McMurray, A. J., (2006). "Teaching Action Research: The Role of Demographics". *Active Learning in Higher Education*. 7(1): 37—50.

Ovadia, S. (2013). "The Role of Big Data in the Social Sciences". *Behavioral & Social Sciences Librarian*. 32: 130—134.

Rogers, S. (2013). *Facts Are Sacred: The Power of Data*. London, UK: Faber and Faber.

Stringer, E. T. (1996). *Action Research: A Hankbook for Practitioners*. Thousand Oaks, CA: Sage.

Thornburg, R. M. (2011). *Producing Online News: Digital Skills, Stronger Stories*. Washington, DC: CQ.

〔周庆祥，"中国"文化大学新闻系助理教授〕

数字时代中国新闻传播教育的现实与超越

The Reality and Challenges of Journalism Education in China in the Digital Era

◎龙 耘 曾 昕

Long Yun Zeng Xin

摘要:在八年间,中国新闻传播学类人才培养的数量就翻了两倍多——如此大规模的扩张与数量提升,是包括市场需求与政策导向等在内的诸多方面因素共同作用的结果。处于全球化时代、数字革命时期以及社会转型期的中国,新闻传播教育和人才培养,学术界与业界的互动,都正处在空前的变化之中,充满生机与挑战。本文认为,当下新闻教育所体现出的问题与矛盾,根源不在教育本身,而在于社会体制。必须平衡国际化新闻专业主义理念、教育政策及社会现实三者之间的关系,才能为新媒体时代的中国新闻教育的发展找到出路。

关键词:新闻教育,中国语境,教育政策

Abstract: With the rising of digital technologies and the opening-up in society, China's journalism education has entered a period of fast growth. While the media environment is adapting the changes, journalism education is still developing in a traditional manner thus fails to provide up-to-date teaching for students. Meanwhile, due to gaps between academics and professionals, graduates are not appreciated by media industries. Based on the background of media development and social reality in China, the paper endeavors to elaborate on issues and challenges of Chinese journalism education by revealing the relationship between policy, media and journalism education. The paper suggests that the problems in journalism education are caused by the social system rather than by education. Therefore, instead of focusing on issues invited by the new technology, market or the conflict between the academic and professionals, it is more crucial for Chinese journalism education to face the challenge caused by the social system, balancing between policy and professionalism, in order to find a way for journalism education to develop in a

Chinese context.

Keywords:journalism education, Chinese context, educational policy

Introduction

In 2005, Xuesen Qian, "the father of Chinese aerospace", proposed a question to premier Wen: why do we never have the caliber of people we want (Frontiers of Science, 2009). This was reported as the well-known "Qian's question". Though Qian was referring to the caliber of people in terms of science and technology, this question is common to all subjects in this fast developing society with explosive knowledge and inter- disciplinary studies. In this context, journalism education, as a social-science discipline, is confronted with similar issues that require increasing attention from educators as well as the public.

Up to 2005, there were only 661 units① focused on journalism and communication studies with merely 100,000 students. But by the end of 2013, there were 1,080 units in 637 universities across mainland China which offered journalism and communications studies for 141,653 students (averagely enroll 37,099 per year), taking up 1% of the total student numbers. Among these universities, there were 307 in journalism, 225 in broadcasting and television, 365 in advertising, 55 in communication, 85 in publishing, and 43 specialized in new media studies and five other courses specializing for digital publication (Hu, 2013).

The large growth of journalism and communication studies is caused by varied reasons, among which the market place for these course and government policy have featured prominently. Before we can evaluate the impact that the large growth has brought to journalism education, journalism itself is facing new challenges resulted from globalization and new media technologies. Consequently, although journalism education is apparently developing prosperously, crises are lurking beneath. In the digital age full of challenge and opportunities, journalism education is confronted

① Undergraduates' or postgraduates' programs in universities, appointed by the Ministry of education in PRC, referring to the right for universities to provide higher education. For example, a university can enroll and award students in journalism only on the premise that it has a journalism unit.

with new problems in its progress towards opening up: what are the missions of Chinese journalism education in the global news arena? How to keep local characteristics and meanwhile promote understanding of global culture? How to adjust the traditional curriculum to welcome the changes? And in addition, how to use new technology to employ various forms to carry out teaching and learning interactivity, meanwhile increasing the communication between academics and professionals?

Retrospection: Convergence and Promotion

If the "reforming and opening up" had been the watershed in journalism and education, the digital era could be taken as a threshold to develop journalism in-depth. Following the "reforming and opening up" in 1978, China underwent reform and innovation in journalism, when journalism and communication studies, as "exotics", were introduced. The history of journalism and communications traces back from the days of sporadic translations of and introductions to western texts, to the raising of increasingly standardized academic conferences; from "the Beijing audiences study" (Evernett M Rogers et al., 1985), to the days when communication studies have established its own categories and discourses (Long, 2000). There has been a parallel move that communication studies were integrating into media practice, supporting the latter in various terms, such as effect studies, media functions, audience-oriented directions of journalism and communication.

Against this background, and due to the economic growth which has increased the market for these courses, as well as the governmental policy supports, journalism and communication studies have gradually become popular subjects in universities since the beginning of the 21st century. Based on the investigation by the national journalism and communication discipline supervisory committee (2013)[①], there are totally 6,912 staff specialized in journalism studies in Chinese universities, including

① The national journalism and communication discipline supervisory committee is consisted of experts all over China nominated by the ministry of education. This committee endeavors to provide research, advisory, evaluation and services in other forms for universities on behalf of the ministry of education in China.

2,975 professors and associated professors, and 2,984 staff have had master or PhD degrees. Among journalism schools located in the middle and in the south east, there are averagely 25 full-time staff in each journalism department, at a lecture/student ratio of 1:23 (Renmin University,2013).

With the arrival of the "all media" era, which is accompanied by media convergence, journalism education in China has entered a fast growing period and its development presents multiple trends. This has gradually formed an all-dimensional-tiered and wide-ranging pattern, which has produced diversification of students in large numbers.

By the end of 2013, Renmin University, the first Chinese university which has journalism studies, has commenced a through investigation of 18 top journalism institutes in China. The report shows that courses of journalism studies in China are still young, since the majority of journalism institutes and media schools were built after the 1990s; notwithstanding this, degrees in journalism education are varied: ranging from traditional journalism research to newly developed areas such as convergent news studies. Presently, journalism, broadcasting and television journalism are the hottest and most substantial majors in journalism education in China.

With the dawn of the digital age, all the universities investigated are endeavoring to go with the tide thereby adapting the courses to reflect changing conditions. For example, the curriculums, evaluation methods, text books, as well as other teaching materials are constantly updated, which will be discussed in detail in later sections. The report also suggests that at this stage, the common aim of these courses is dedicated to fostering interdisciplinary talents in journalism. As for journalism education, lessons with a special focus on skills, such as photography, are relatively fewer in number(The Investigative Report on Journalism Education 2014). Based on the universities investigated, the common aim of all is dedicated to fostering interdisciplinary talents by adopting revised teaching methods with a global view. Features and experiences in their experiment could be addressed as follows:

Firstly,the recent personnel training plan in journalistic departments highlights the concept of "quality orientation and practice for use". It generally increases in the proportion of general education courses, strengthens the basic theory and social cognitive condition and encourages inter-disciplinary selection course. The new programme emphasizes the connections between teaching and practice. All universities investigated had built learning-practicing centers with media in industries, either in the form of borrowing equipment from the media or of building up "small media" inside the campus, or by terms of sending students to work in the media industries. While establishing more effective circuit resources between universities and industries, the resource relation network between universities are connected as well. For example, Tsinghua University started a programme, assigning students in journalism studies to go to Hubei Province to work with local medical teams, in order to do reports on rural people's medical care (people. cn, 2014).

Secondly, the connection between Chinese and global news is emphasized. Through integration of resources, system restructuring and adjustment of teaching models, journalistic departments have advanced the training of international news media personnel, such as improving the international of faculty source, sending students and teachers to receive training overseas, exchanging with relevant overseas media organizations and news media faculty, etc. to make institutionalized exchanges and form cooperation modes. For example, in order to connect students to the global journalism education, Fudan University has adopted the "two plus two" model for undergraduates, with two years in China and two years abroad. Moreover, universities now support members of staff to go abroad and communicate with other institutes in different countries.

Thirdly, the innovation of teaching and methodological approach is highlighted. Rather than following traditional paradigms, case studies, seminars and practical trainings are involved in current curriculums, in order to enhance the efficiency in teaching and to strengthen students' capacity in doing media practice.

These recent modifications in journalism schools and institutes are signs that journalism schools and institutes have been reforming and innovating spontaneously inside themselves. In the same time, the "departments and colleges build together" model, set by the government, is another form of trial in reform of journalism and communication training mode in a way of "top-down". This means that the authorities, especially the education department, are facilitating media industries and educational institutes to work together by offering policy support, in order to promote students' journalistic practice in varied forms. For instance, in early 2014, the Central Propaganda Department initiated the model of "departments and colleges build together" and promoted the model invented by Shanghai Municipal Party Committee Propaganda Department and Fudan University among most of the national news departments.

This "build together" model, based on rules and governance patterns in China, marks in a sense the regulatory concept and value demands of news media personnel training system with Chinese characteristics, and it is also mutually supervised and nourished by academia and industry. Therefore, to a large extent, journalism education in China is thriving within a frame and meanwhile depending on its support. This raises new questions: with the policy support, would journalism education fulfill its mission of cultivating quality personnel for Chinese journalism in a better way, especially in an age of media convergence and globalization?

Crises Beneath the Booming Development

Beneath the prosperous and promising development of journalism education in China, the problems, obstacles and challenges cannot be ignored. These questions, some had emerged decades ago, since the early days of journalism education in China; and some new ones, however, have been introduced by the new media against the background of information explosion.

The Inconsistence Between Education and Demand of Industries

The first key issue that in need of attention is the disconnection between journalism education and practice. Journalism used to be taken as a practical subject in China, and skill training lacked professional terms, while the theoretical studies neglected practice. Moreover, a lot of universities have ignored certain aspects of journalism, such as the journalism market, or career development as a journalist (Xia, 2010).

These problems had been ignored before, since in the past, graduates were assigned to certain position in media industries by their teachers and superiors in the college. However, with the economic development and commercialization of the media, the Chinese news industry is no longer monopolized by the government and has opened to the market. Notwithstanding this, journalism education fails to provide knowledge of the business basc of journalism, which is necessary if they are to meet the demands of the media industry.

In addition, due to the expansion of universities, a lot of journalism institutes, as newly established schools, are located in suburbs. Accordingly, students are relatively far from the city center and media industries, which makes it more difficult for them to participate in making news or other products in the media (Lei, 2013). The disconnection has directly caused the employment problem, since media industries want employees who are able to work as soon as they come, not students waiting to be trained how to do it (Xia, 2010).

Due to the reasons above, at present, the employment prospect of journalism graduate presents to be less optimistic. An investigation shows that in 2009, in a "985" university (top-level key universities in China), journalism was ranked as the last but one in the employment rate among all liberal-art subjects (Ouyang, 2010).

There has long been a critical problem with journalism education in China, which stems from the conflict between academics and professionals. Regarding media industries, more often than not, the knowledge and skills that students obtain from school are not accredited by the professionals there. Newly graduated students are considered to be too idealistic to fit in quickly. As for the students, the idealism of journalistic professionalism cannot be realized in the process of media practice; therefore, while academic teachers criticize the industry, the latter and their students do not appreciate the former's thought, either. The gaps are not only resulted from the disconnection between school education and demands of media industries, but are also rooted in their different attitudes towards the rules of journalism.

Little Scope for Initiative

Journalism requires initiative, freedom, pluralistic values and active criticism to thrive, and so does journalism education. However, China's journalism education, just as journalism itself, has long been politicalized. Media in China, being the voice of the government, is believed to be responsible to a "peaceful and harmonious society", therefore can only inform citizens in a "politically right" way. The previous president Zemin Jiang visited The People's Daily in 1996 and suggested that if the trend of public opinion goes down to the right path, it would be benefit to the country and people; if not, then it is a disaster (Zhuang and Xiong, 2014).

As a result, journalism in China stresses a lot on political rules, and this obedience has largely reduced the independency and initiative of journalists. Under the circumstance that "being politically right" being the supreme rules, it is very difficult for journalism education to promote students' independent judgment and critical thinking.

Indeed, to a large extent, nowadays, due to media globalization, Chinese students have been strongly influenced by western news culture, journalism education has been connecting to the world more and more; thus even in Chinese journalism schools, increasing numbers of students have been inclined towards western news values. Therefore, they may feel that their ideals have not been realized when they have to work by Chinese media rules as they started to work in the media industries. In addition, due to the stress on vocational training, the academics sometimes have lagged behind all the innovations of the new media and have thus failing to provide global-connected ideas and forward-looking theories.

> "Journalism is intimately related to politics, especially in China. Nowadays, under current social and political system, being the party's voice is still an essential duty for journalism. This demands journalists to be political literate enough, to prevent them from distorting the policy or important instructions. Political education is a crucial part of journalism education, but not all of it. Meanwhile, we have to attach equal importance to independent personality, critical thinking and initiatives. If our journalists do not have them, they would inevitably confined to brief judgment, and lack of long-term rational thinking. What is more, they would be submissive to authorities, obey whatever mainstream suggests as right, being a mere 'voice' rather than a creative,

critical, independent journalist." (Zhang and Xiong, 2014, p,38).
However, though a lot of scholars have acknowledged the importance of critical thinking in journalism education, and have highlighted the conflict between the independence of journalism and the top-down model of education, there are no practicable suggestions to solve this problem at present. Given that both journalism and educational system in China are largely affiliated to the government and rely on its policy and financial support to develop, it would be too idealistic to expect journalism education to thrive without the support from the authorities. Therefore, how to promote independence and critical thinking in journalism education, how to balance between educational and political factors, are still thorny questions worth considering and researching.

The Uneven Development

In addition to the problems addressed above, the growing discrepancy between the eastern and western parts of China has turned out to be a challenging question as well. According to the report on journalism education in 2013, journalism institutes in eastern China were twice as much as the ones in western China. The diagram attached below demonstrates the distribution of journalism and communication units in China. While advertising, journalism and "broadcasting and television" are distinguished in number, unites regarding newly emerged subjects, such as digital publication and new media, and relatively newly introduced majors, communication and editing and publication, are comparatively less developed. Currently, because of the disproportionation in economic and educational development, the units are unevenly distributed. Therefore, gaps between traditional and newly developed subjects, and the discrepancies between different areas in China are still obvious.
Lei (2013) discussed that a large number of "key teachers" (high-quality staff) have flowed to the eastern China, due to the economic disparity between east and west. For example, a nominated university in Gansu province has lost more than 40 staff who were senior lecturers or professors during 2000 to 2004. Twelve lecturers had left the university's journalism department between 1986 and 2007. Among these staff, some have become key personnel in journalism studies in China at present.

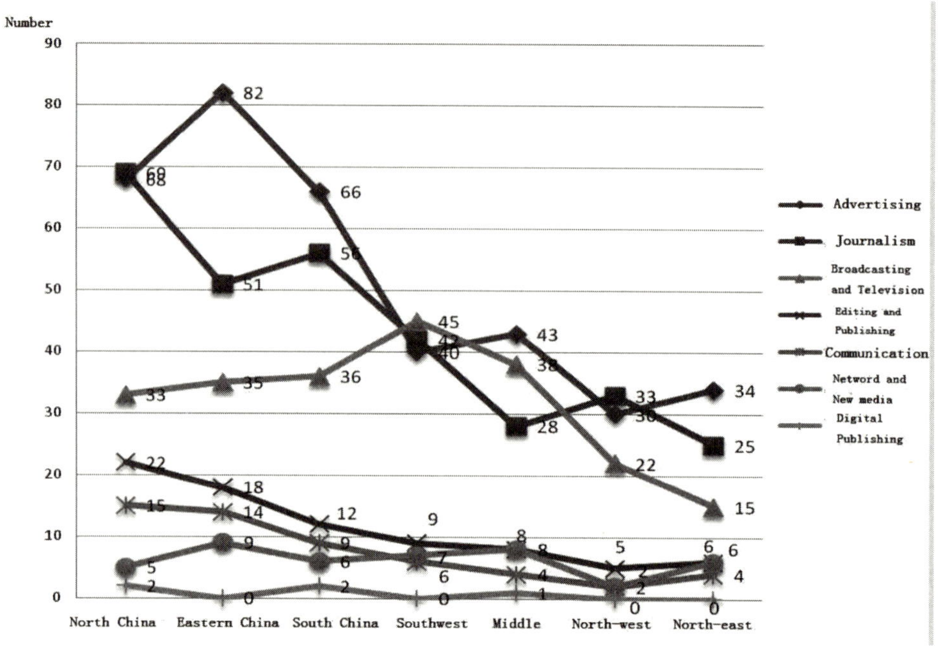

Figure 1 The distribution of journalism and communication units in China

The national journalism and communication discipline supervisory committee, 2013

Moreover, the report also suggested that graduates from remote areas were reluctant to go back home but rather prefer to go to better developed areas in China (The national journalism and communication discipline supervisory committee, 2013). As a result, the gaps between eastern and western China are tending to be widening up rather than narrowing down.

The Illusory Prosperity

As discussed previously, oftentimes although journalism education is booming in China at present, there are bubbles in this seemingly prosperous development. Another problem noteworthy is that the research level does not match with the development of discipline and its influence. Taking journalism doctoral cultivation as an example, many universities have encouraged this growth without paying attention to the quality of PhD candidates. Besides, they have ignored the professional development of staff employed to guide these students. Consequently, the growth of

PhD numbers has been achieved at the expense of important features of a university, such as its academic heritage or philosophical spirit. The number of paper published is huge but few have high quality, and only a small part has reached international standards. From 2000 to 2010, there were 21,578 articles on SSCI in total, while in China, scholars had produced almost the same amount each year (Zhang,2012). Nonetheless, there are growing concerns about the quality of this growth. More often than not in recent times, some academic research are of low standard, lack of innovation, with neither academic values nor practical use (Zhao, 2013). Occasionally,there are even research frauds happening, breaching academic ethics. These problems have resulted in the unsustainable foundation of journalism discipline.

Furthermore, the booming growth in journalism education is also reflected in the intense competition for doctoral units① between universities and institutes. The number of doctoral units a university available for disciplines is a symbol of the strength of the university.

For the sake of this, the competition for doctoral units is very intense and regardless of whether the subject has accumulation or not, whether it is good or not in student resource, and ignores the development of the discipline, whether it is well resourced or not, whether the level of the teacher training is high or not, whether the aim of the courses is clear or not, and whether the courses are suitable for students or not. This leads directly to a situation in which academic authority and reputation develops inversely in proportion (Hu, 2010). Consequently, while a university may accumulate more doctoral units, its prestige may decline. As universities become more popular, the quality of their education falls. The excessive growth of doctoral units realizes the fame of university presidents and academic authority, but it sacrifices the mission of academic spirit and discipline construction, students and teachers become tools in a variety of data in applying for "doctoral units". Limited

---

① Doctoral units: doctorial student cultivation programme, which indicates the right for a university to enroll and award doctors in certain subjects. For example, a university has to apply for the journalism doctor unit, when it has been approved by the education department, then the university would be able to enroll and award doctors in journalism.

teacher resources are frequently placed in academic fraud or immoral torture. Teachers can be forced into academic fraud in order to maintain the growth of their work in number. Whether this is true or false, the overdevelopment of the entire discipline is harmful and leads to the corruption of doctoral education in journalism. Additionally, the number of articles published by doctors is huge yet are accompanied by the discounted quality. Among the above-mentioned international publications, few are written by Chinese. During 2001 to 2010, among the 21,578 articles published in SSCI, though there were 594 contributed by Chinese scholars, 80% were written by scholars from Taiwan and Hong Kong (Zhang, 2012). In 2012, there were more than 160 scholars who had submitted papers to ICA, yet only 25% were accepted (Zhang, 2013). This reveals that journalism research and journalism education in mainland China have not fully attained the international academic standard thus fail to connect to the global academics satisfactorily. While in addition to the constraints in languages, in the current situation, the excessive development of doctoral education that only focuses on application and disregard of development, has resulted in the decline in academic quality. Therefore, under the flourishing surface, the growth of China's journalism education and academic research has in fact hampered China's connection with global-level academics.

Lagging Behind the Development of Media

Discussed above are the issues long existed in China's journalism education. Nowadays, new tasks have arrived with the dawn of digital age. In the new media era, journalism education is facing new challenges, mainly caused by the expansion of institutes and the failure in catching up with new concepts and ideas brought by new media development.

Firstly, with the increasing amount of journalism education, the institutes have not had time to develop their own characters. As Hu (2013, quoted by Li, 2013) pointed out, "universities are similar, so are the schools, and so are the departments". How to satisfy the increasing demand for journalism education, and meanwhile solve the problem of homogenization of education, has now become the focus of attention of scholars in media and journalism studies.

Secondly, though seemingly journalism education is flourishing with fast growing numbers of doctoral units in many universities, it has failed to update the curriculum in time to catch up with the development in media and journalism. For instance, most of the colleges and institutes are still adopting traditional textbooks focused on fundamental theories, and are carrying out old style of schooling, such as the one-to-all teaching model, and lack of conversations and interactions.

The lack of awareness in innovation has resulted in widening the gap between academic education and up-to-date professional skills. For example, the development of citizen journalism, which has become crucial to journalism in the new media age, although having drawn the attention of academics, is not widely addressed in journalism education in terms of practice. Some scholars (Cai, 2009; Xia, 2010) have been focusing on the problems of how to adjust journalism education to fit in the new environment within which citizen news is playing an increasingly important role. Students should be required to learn how to adopt and select from the news resources contributed by citizens, and how to discern between the true and the false. With the evolvement of interactive media platforms, more and more citizens from various areas are coming into the news arena, and professional journalists should process more comprehensive knowledge as well as skillful ways to handle various questions proposed by audiences. Consequently, in addition to skills regarding news production, the capacity of dealing with materials contributed by armature citizens is crucial for journalism today and tomorrow. Unfortunately, these contents were not included in daily school curriculums.

Thirdly, it comes the question about how to face the challenge of digital news era by adjusting traditional paradigms of journalism education. Presently, and on a large scale, journalism education is still developing within rather than integrating with other disciplines, and this development is failing to keep up with the trend of the interdisciplinary studies. Hu (2013, quoted by Li, 2013) has suggested that we could draw on the experiences from the "research institute system". For example, Imperial College London has established the eco-problem research institutes, which have assembled scholars from various academies, such as physics, environment, maths, literature and technology, in order to discuss which courses should be adopted.

Fourthly, the establishment of the curriculum is failing to match the demand of the industry. For example, to a large extent, students are divided into different courses based on their chosen major in terms of medium, such as radio, television, or newspapers. The students are expecting to enter the media industry and to work at the subject they have chosen in college. However, nowadays, to a large extent, the divisions between different media are no longer as clear as they used to be. For instance, gradates going to television stations are expected to be good at web news too, since possibly they maybe employed as news editors for the TV news' website. This challenge is also reflected on the contentions between subjects. Taking the journalism doctoral units as an example: doctoral training is taken as a mark of the university which to a large extent reflects the research level of the college or institute. However, the increasing enlargement of doctoral units establishment has resulted mainly from unscientific assessment standard and short-sighted educational concept. As discussed before, the quality of essays and papers is not proportionate to their increasing numbers; and among the large amount of work, plagiarisms and fake data are still pervading (Hu,2010). As previously discussed, these have resulted in a weak foundation in journalism and communication studies in China which are still on a developing stage. Therefore, the seemingly high status of journalism studies is inadequacy in its influences, or being the role as "the think tank" for media industries.

Policy for Journalism Education

Considering the reality in China that education needs the support from government policy, and given the issues discussed above, a new mode of journalism education is expected in respect to the policy and government support.

The "Cooperation and Sharing Development Model"

"Cooperation and sharing development model" indicates breaking up the old, isolated paradigms of journalism education, by connecting the curricula with media practice and rebuilding the way of cultivation model. This refers to various forms of connections, involving bridging theories to practice, resources sharing, mobility of talents and so forth, in order to face the challenges that digital media and market have brought to journalism.

According to Liu (2014), the "common development plan" would focus on four aspects:

Firstly, the combination between polity and education needs to be intensified. Fudan University is the example. The publicity department in Shanghai had signed a contract with Fudan University, suggesting that the publicity department would provide information about cultivation plan and educational supervision, meanwhile supporting Fudan University in terms of policy, human resources and investigation, thereby expanding its teaching platform and developing routes.

The second cooperation links universities to media industries, encouraging the latter to provide internship or working opportunities for graduates, meanwhile helping students to locate what branch they are most interested in and therefore equip them with respective skills and knowledge.

The third combination refers to the cooperation between universities, and universities of different levels are encouraged to work together to help less developed departments. For instance, Communication University of China and Beijing Printing Institute have built a jointed project, in order to share teaching resources and to promote.

The forth mode is the "combination between academic, government and enterprises", which refers to the co-sponsoring with a variety of instructional models shared by universities, the government and large media industries. This mode endeavors to bridge the disconnection between policy, the demands of media and the academic knowledge by filling the gaps between theories and practice.

Journalism Education with Chinese Characteristics

Unlike the western world, the media environment in China is distinctive, thus it has unique problems in the trend of marketization and globalization. It has long been the voice of the party, and has been financially depended on authorities. However, this privileged voice is now confronted with market and competitions. In this context, how to balance the market demands and its responsibility of being the official voice has been a problem which has puzzled journalism industry and journalism education since the "reforming and opening up". Given this context, the advantages of "the common built" are obvious. For it has broken the model of "working behind closed doors" "developing within its frame" which has been , and thus would to some extend bridge the disconnection between academics and professionals, since there would be more opportunities for students to reach media practice while they are undergraduate. It can also relieve the tension between large number of graduates and the deficiency in occupation, and contribute to their comprehension of media education in depth and from a professional angle.

Moreover, the "common development model" which joined two or three sides together, would gather the advantages of each part and draw resources from the government and media industry to academic institutes, thereby helping students to face the "all-media" demand in the future. Therefore, this model would be conductive to the reform of journalism education by refreshing the plan of cultivation.

In addition, the combination between different forces would introduce more resources to journalism education. When leaning from media practice, it is very likely that students would be able to work for the professionals and have them for their individual tutor. This will break the traditional model of teaching which was "one to all", and make the one-to-one mode possible. This could supply the insufficiency in traditional form of journalism education and open more opportunities for students to reach the first hand news resources and fresh ideas. Nowadays, the "common build" mode with Chinese characteristics is well adopted all over China, but how it goes on, how long it takes to perfect its content, what are the results of applying this model, are still questions waiting for answers.

Policy Guarantee

In order to guarantee the quality of journalism education meanwhile maintaining the principles of Chinese news values which highlights the importance of media being the party's voice, the "excellent journalism and communication personnel education and training programme" has recently started. It is established to improve personnel training quality and deepen comprehensive reform in journalism and communication in higher education. However, at the same time, it is also based on the implementation views put forward, the general requirements of the plan are: to hold high the great banner of socialism with Chinese characteristics, thoroughly implement the party's spirits in the Eighteenth Congress, advance the Marxist concept of education, and intensify teaching practice to cultivate a large number of reserve personnel that are firm in political stand, excellent in professional proficiency and good in work style and quality. It aims to provide strong talent and intellectual support for the healthy development of China's journalism and communication.

To ensure the smooth implementation of the plan, the programme also brings forward the following points in organizational guarantee: strengthening the organization's leadership, improving reporting and evaluation mechanisms and strengthening policy support.

The "excellent journalism and communication personnel cultivation policy" is a national strategy in education in contemporary China. It aims to ensure that there is right policy guarantee in strategy, and institutional policy guarantee means the country builds institutional guarantee system and reflects it in policy level (The education department, 2013). The socialist system with Chinese characteristics determines the strategic direction of cultivation plan for excellent personnel to guide the journalism and communication in high education with Marxist concept, integrate the Marxist concept of education in journalism and communication into all links of the whole process in personnel cultivation in journalism and communication, advance Marxist concept of journalism in teaching materials in the classroom and into the minds, guide students to always adhere to the journalistic principle of party spirit, and adhere to correct political orientation and political stand.

The government's support and policy guarantee mechanism have created favorable conditions for the development of journalism education. Although the guaranteemechanism is still top-down and it is inevitable that the development of journalism education will be largely directed and even controlled by the authorities, still, it is an opportunity for journalism education to embrace new changes in the digital age.

Nonetheless, it is doubtful whether the policy would guarantee the quality of journalism education. As a state plan on the development of communication and journalism in terms of higher education, both the programme and the guarantee system still needs further formulation and requires more discussions in order to improve in detail (Liu,2014). In addition, the policy guarantee system indicates the forth-coming interferences from authorities and the tendency of politicization in future journalism education. Given the characteristics of China's journalism (which will be discussed in the following section), how to embrace the principles of journalism in a Chinese context while assuring the fairness and efficiency of journalistic professionalism, would be essential to the future of journalism education in China and deserves further attention.

Problems of Journalistic Professionalism in China

As we are reviewing and evaluating the current prospect of journalism and communication studies in China, we need to take account of the fact that the digital age has dawned with the development of media convergence and big data journalism. At present, China has entered a period of important and special social transformation, which could potentially introduce conflicts, challenges, as well as opportunities. In addition to concentrating on debates about journalism education in the future, it is crucial to reckon up the relative merits of Chinese journalism education in the past , thereby evaluating what can be inherited, and what could go advance can be ignored. As discussed above, the market-driven social environment and skill-oriented education have negatively influenced the development of journalism education. How we recognize the achievements of current journalism education, how we assess its history and how we look to its future, will determine the way forward. Therefore, how we reflect on and go beyond current achievements raises crucial issues, which are addressed as follows:

Moving towards Pluralism

In addition to the difficulties they face in administering and organizing education, the industrialization, marketization and competition among academics is posing serious problems to Chinese journalism education. For example, the large expansion of universities, the repetitive setting of similar projects had immediate consequence with wasteful resources.

With the development of new media, journalism and communication studies and education have become increasingly systematic, with greater importance attached to skill training and the quality of staff in terms of professional capacity. At the same time, connections between different disciplinary, multiple contexts and varied perspectives are emphasized; and these have all influenced culture in general. In this context, the questions of how to reconcile the future development of journalism education with cultural developments and the demands of academic tradition are crucial. Especially, characteristics of different universities, their respective academic traditions and school cultures should be taken into consideration as well. Generally, colleges or universities offer a variety of disciplines and diverse education in journalism, but meanwhile, each university is expected to keep its strengths and features, therefore different universities should be able to complement each other in terms of their character. Currently, several universities are attempting to combine journalism education with their leading subjects in order to promote specialized journalism training, For example, Shanghai International Studies University has established courses called "International Journalism", and Beijing Technology and Business University has currently included "Economic Journalism" (The national journalism and communication discipline supervisory committee, 2013). This would promote the quality of their education and the development of their own unique features, that can help the university to survive in the competing market.

In addition to featured education in terms of subjects, the importance of elite education is required to be introduced in journalism education, which is currently been over popularized, and sometimes even vulgarized due to the fast development in number. Journalists, as the spirit of the times are responsible to inform and influence citizens on what to think about, thus journalism education is responsible to cultivate future journalists and imbue them with a strong sense of social commitment. By this token, it is impropriate to suit journalism teaching to a general education curriculum, since popular forms of education may not be able to create intellectuals or leaders in an elite sense. As Pulitzer (1904, cited by Boylan, 2011) suggested, the colleges of journalism abounds in references to criticism, evaluation, or improvement of journalism, and in the news arena, every issue of a newspaper represents a battle for excellence. In order to defend and advance journalistic professionalism, journalism education needs both the guidance of elite consciousness and the participation of masses awareness on its way to the future.

Moving towards "Colossal Communication"

Questions that have bothered journalism studies for a long time, such as the conflict between global meaning and local culture, technology, society and common sense, are becoming more evident in the new media age. Scholars are seeking for answers to these questions. For instance, Li and Zhang (2014) suggest that journalism education needs to widen its view, breaking through the traditional paradigms of journalism teaching and research, which have been focused on the work of the media industry, including media management. Journalism studies also need to break the frame of the communication regime which focuses on audiences and media efficiency, and move towards considering bigger issues such as social regulation, national and global governance.

Based on the relationship between the primary and significant issues, we could therefore build up a renewed understanding of journalism education, media and society. The research also suggests that the transition from "small journalism" to "big communication" is an inevitable process of entering the digital world. That is to say, the media should be examined in broader terms in journalism education. In addition to understanding media theories and practices, journalism education is responsible for providing critical views on the role that the media play in China's relationship with the world. Students need to understand how journalism and communication can possibly connect to seemingly irrelevant areas, such as climate, environment, food, energy, and so forth; how journalism can help to facilitate the conversation between citizens and authorities, and what it can possibly contribute to these social or global issues.

One example considered noteworthy here is the open courses designed by SunYat-sen University. In addition to the general courses in journalistic curriculum, such as journalism theories, public opinions and online journalism, lessons focused on unconventional, even sensitive topics are also included and strongly valued. For example, "what new media could do to help the venerable members in the Chinese society", "the over poignant materials on the Internet", "the fight of online opinions", and so forth, are subjects of the course units (Zhang,2014). Drawing on these unorthodox topics, to some extent, Sun Yat-sen University has connected journalist education to certain issues regarding the reality in Chinese society and its media, inspiring students to link what they learn from textbooks to what they see in real life. More importantly, this reveals that even though journalism education in China is comparatively lagged behind western countries and to a large extent is still developing in a top-down model and within a frame, however, there are also clear signs that it has gradually moving towards a path which is more open, more critical, and more embracing.

In order to fit into the digital era and to catch up with the trend of globalization and media innovation, rather than focusing on how to educate students by broadening their visions or knowledge, a more crucial task for journalism education is to examine itself afresh and embrace the changes and adjustments demanded by the digital era in the process of opening itself up to new insights.

Embracing the Digital Age

In recent years, with the booming of new forms of journalism provoked the development of new media platforms, more and more scholars have been focusing on the problems of how to adjust journalism education to fit to the new environment. As debated before with the evolution of interactive media platforms, in addition to managing skills in constructing news reports, future journalists are also expected to interact with audiences in a positive and effective way. More importantly, students should process fresh ideas about news and embrace the thought that news reporters no longer have the monopoly of developing and spreading news stories. Journalism education ought to introduce news to students in terms of public service. For example, in addition to receiving news resources from citizens, professional journalists also need to point out that the function of news as a public service should be highlighted and strengthened.

Cai (2013) suggests that in order to equip students with improved abilities to use and manage data in news reports, universities or journalism institutes can borrow the idea which is widely adopted by medicine departments: to train students by developing a data base or data libraries of cases. This can help students to develop new ways of thinking and solving problems in addition to raising questions (Barnes, Christensen and Hansen, 1987:27, quoted by Cai, 2013). Given that researchers and teaching staff in journalism are largely from journalism departments, using databases in journalism education will also introduce rich resources to those who will be dedicated to future research or teaching. For example, Renmin University has developed eleven databases in journalism education, including news comments, news photography, television news, radio news, and so forth. Databases of news ethics and journalism law are the latest additions. More recently, Sun Yat-sen University has started a series of online courses regarding new media literacy for students majored in journalism, involving lectures and discussions on online public opinions, new media and new rights for citizens, new media and public motivation, and so forth (Zhang, 2014), indicating a new path for journalism education in China to embrace journalism in terms of critical thinking and public interest.

In the age of media convergence, the personnel required by news industries are people who have specialized in a certain area, rather than in journalism in general (Tian, 2010). In light of this, some scholars (Tian, 2010; Cai, 2013) suggest that higher journalism education should include more undergraduates who have majored in other subjects, or encourage journalism students to have specialties in other areas. For instance, Renmin University has opened "second majors" in its journalism department, including "Law and Journalism" or "Public Relations and Journalism" for students dedicated to follow both majors. And Sun Yat-sen University has shared its journalism courses on OMMC (an online education web system in China). Up to October 15th 2014, more than 1,000 students from varied majors or different universities had signed up for the online course (SYSU News, 2014).

Indeed, compared to the western world, journalism education in China is in a relatively backward state of development. For a long time, journalism education has been limited to traditional skills such as writing or interviewing. To a large extent, Chinese journalism education lacks a full development plan involving new technologies and new perspectives on news follow them. In addition, education development in China is largely influenced by state policy, which has not yet provided a strong support for developing journalism or journalism education in a new, citizen-friendly way.

The convergence of media has made higher demands on journalists in the digital age, accordingly, journalism education is facing more challenges in order to develop multiple skills in journalists. The American example of convergence news shows that the most demanding positions in current journalism are high-level managers who are capable of planning integrated communication management, and versatile journalist-editors in varied kinds of media technologies (Cai, 2013).

However, it is difficult for universities to provide this full range education for future journalists. One possible approach to cultivate this capacity is to encourage students to pay attention to social events and their news report in various forms on varied media. As Gao (2006) suggests, the web 2.0 technology has provided a new way to create news by gathering relevant information around a certain topic. For example, in 2007, "Zhejiang Online" connected to 70 media outlets around Zhejiang, as well as some abroad, and started an online activity called " One day in Zhejiang". Both professional journalists and non-journalist citizens were invited to be a "one day journalist" by contributing posts in various formats. Within one day, there were more than 560 text reports, 620 photos, more than 300 blog posts , over 800 comments and 16 cartoon drawings posted online (Cai, 2008). This event, in addition to its values to the media industries and participants, can also be taken as a reference point for journalism education in the digital age. Through vivid cases in real lives, students can learn how news sources can be gathered in various forms and acknowledge the possibilities of digital journalism and the interested role that citizens can play in journalism.

Conclusions: Moving beyond Skills

How to respond to the requirements of the digital age and develop well-equipped, full-range journalists, are crucial tasks of journalism education all over the world. However, what we would like to highlight here is the deficiency in fostering values and critical abilities beneath the apparently prosperous journalism education which is over focused on skills. Compared to skills, the crucial meaning and values of journalism education are largely ignored. In recent years, media practice in China has been a reciprocal outcome of all kinds of factors, ranging from politics to social and cultural effects. Although this approach contains positive factors, it also lacks a rational dimension and has some undesirable tendencies. The root of the necessary revolution in journalism education lies in its need to reconnect with the traditional meanings and values of Chinese society rather than emphasizing skills alone. In this context, what journalism education requires is the combination and dialogue between communication technologies, media knowledge, and social reality with global views. How to cultivate the values and mission of journalism education, and apply the research and communication technologies to the reality of China while linking them to the global context, is the essential proposition of Chinese journalism education, and also the starting point in response to Qian's question.

In short, China is going through a time of social transition, digital revolution and globalization, therefore the relationship between academic world and industry is unpredictable and full of challenges as well as opportunities. One of the most recent and significant events worth attention, is the discussion stimulated by the full-page report in Liaoning Daily (a typical sample of a high-level mainstream media outlet, which is orthodox but influential) on November 13th, 2014. In this report, conducted by or at the behest of authorities, a journalist criticized college teachers for taking China's problems as bad examples in classes and suggested that teaching should give students bright confidence rather than negative influences. This news report gained the attention of both authorities and citizens, along with a chorus of voices speaking for and against this idea. Among the voices in favor, Qiushi Journal (the organ of the Central Committee of the Communist Party of China) showed the strongest support, while the opposing ideas were widely spread on social media. This example revealed the character of China's media and education, through which, whose background, ideas and values behind are worthy of serious attention and further debate.

Although authorities are still holding on to their control to media, the digital platforms have offered a wider space for citizens' voices. With the growth of social networks, full control over information is no longer possible. However, allowing other voices does not necessarily indicate that these voices can reach or influence mainstream media. Given the circumstance, pluralism in professional journalism cannot be guaranteed.

In the eyes of journalistic professionalism, one fatal mistake of news reporting is unfolding editors' or journalists' subjective values in their news discourse. However, the above event has revealed the problems of value orientation in the mainstream media;this stems from the conventional ideology of China's journalism, for being a voice for the party. More often than not, reports are still largely oriented by policy over facts or data. Consequently, it is the voice of authority rather than journalistic professionalism, which drives the development of journalism.

It is the same with education. Given the powerful voice of media, both journalism and education are still under its influences. As long as media and journalism are subject to the regulations in traditional conviction, how to embrace the freedom of speculation, thoughts and inquiry in teaching and learning would still be a challenging issue confronting journalism education. The example has revealed that media being the dominant voice, to some extent has been interfering with the freedom of academics and education. As a result, neither journalism nor education could develop in a way free from authorities'influences.

Given the question proposed by Qian, concerning the reason why China never got the caliber of people we want in journalism, we can see that the answer is not simple. The problem of journalism does not only lie within the scope of academic or practical skills, but also the possibilities of journalists' realization of professionalism. Therefore, rather than focusing on the reform of journalism education in terms of education itself (such as improving the teaching method or refining the curriculums), the bigger challenge confronting Chinese journalism education lies in the social system, which refers to, who has the right and power to talk.

In addition to the issues invited by the new technology, market or the conflict between the academic and professionals, Chinese journalism education is also required to face the challenge caused by the social system and Chinese news culture, balancing between policy and professionalism. Therefore it is imperative for Chinese journalism education, as well as journalism itself, to reflect on the conviction of news values and codification in professional terms, and to keep this attention sustained, in order to develop a more up-to-date, open-minded and globalized journalism education model in a Chinese context.

References

Boylan, J. , "Pulitzer's Magazine? Our Founder Reflects on CJR's Roots", *Columbia Journalism Review*, http://www.cjr.org/reports/pulitzers_magazine.php? page=all, accessed on Dec 10th 2014.

Cai, W. , "Observations and Reflections on Personnel Training Mode in Journalism Education", *Journal of International Communication*, 2003. (1).

Cai, W. , "Journalistic innovations in the Convergence of Media", http://blog.sina.com.cn/s/blog_49821a1e0100b1of.html, accessed on Dec 29th 2014.

Cai, W. , "The Innovation of Journalism and Journalism Education Against the Background of Media Convergence", *Bodaoluntan—Today's Mass Media*, 2009. (01).

Cai, W. , "The Change of Journalism and Communication and the Revolution of Journalism Education", *Cultural & Communication*, 2013, (2), 1.

Hu, C. , "The Doctoral Education in Communication in the US: A Referential Study for China", *Journalism Bimonthly*, 2010. (3).

Lei, Y. "The Accomplishments and Problems of Chinese Journalism Dducation in a Aransitional Time", *Modern Communication*, 2013. (3).

Li, L. , "Intensified Practice and Distinctive Professional Training: An Introductive Study on State Quo and Future of China's Journalism Education", *Journal of Zhejiang Institute of Media & Communications*, 2014. (1).

Liu, D. , "The Jointed Establishment in Advanced Media Education in the All Media Era",

Editorial Friend, 2014. (7).

Liaoning Daily, *Paper Says College Teachers Must Respect China*, http://beforeitsnews. com/china/2014/11/paper-says-college-teachers-must-respect-china-2450274. html, accessed on Nov 30th 2014.

Long, Y., "Communication Studies in China: The History of Twenty Years", *Modern Communication*, 2000. (5).

Communication and journalism research group in Renmin University, "Chinese Media Education in the Converged News Era", *Journal of International Communication*, 2014. (4).

Sohu resources, http://media. sohu. com/20131018/n388467179. shtml, accessed on Nov 30th, 2014.

Ouyang, M., "Reflections on the Reform of Journalism and Communication Studies in Mainland China", *Modern Communication*, 2010. (9).

Renminnet., *Social Practice of Qinghua Students in Journalism and Communication "Linking with rural people"*, http://cpc. people. com. cn/gqt/n/2014/0429/c362573-24957164. html, accessed on Nov 30th, 2014.

Rogers, E., Zhao, X., Pan, Z., and Chen, M., *The Beijing Audience Study. Communication Research*, April 1985. Vol. 12:179.

http://crx. sagepub. com/content/12/2/179. full. pdf+html?, accessed on Nov 10th 2014.

The Education Department, "Opinions on the Strengthen the Faculty of Journalism and Communication Studies and the Construction of Talents in News", *The Central Committee of the Communist Party of China Education Department Document*, 2013. No. 7.

Tian, L., "The Crisis of Journalism Education: Tendencies to Go Wrong again in the Convergence Media", *China Radio & TV Academic Journal*, 2010, (4).

Tu, Y., Gu, J. and Li, M., "The Last Systematic Conversation with Qian: The Cultivation of Innovative Talents", *Frontier Science*, 2009, (4).

Xia, B., *Opportunities and Challenges: The Changing Face of Journalism Education in China*, http://wjec. ru. ac. za/index. php? option=com_rubberdoc&view=doc&id=104&format=raw, accessed on Nov 30th 2014.

Xinhua News agency, "The Experiences of Establishing Jointed Journalism School between Fudan and the Shanghai Publicity Department", *Oriental Morning Post*, 2013. 12. 21.

http://epaper. dfdaily. com/dfzb/html/2013-12/21/content_848784. htm.

Zhang, G., *Journalism and Communication Studies and Their Status of Internationalization: From the Perspectives of SSCI Papers*, http://media. people. com. cn/n/2012/0723/c120837-

18577903. html,accessed on Dec 14th 2014.

Zhang, G. ,"The Ecology of Public Opinions: The Globalization of Chinese Communication Studies in the Media Convergence Era", *Speech from Key Features in Communication Studies*, Social Science Publications 2013.

Zhang,K. and Xiong, S. ,"Reflecting on China's Journalism Education:Review on the Reports on Malaysia Airline", *Journalism Review*,2014. No. 7.

Zhang, Z. ,*MOOC Online courses*,http://www. icourse163. org/course/sysu－136001＃/info, accessed on Jan 29th 2015.

Zhao, A.. ,"Academic Papers Shouldn't Focus on Quantity over Quality",*People's Daily*,Oct 31st 2013. http://www. jyb. cn/opinion/gnjy/201310/t20131031_557647. html,accessed on Dec 15th 2014.

SYSU News,http://scd. sysu. edu. cn/Item/1339. aspx,accessed on Jan 28th 2015.

〔龙耘,中国传媒大学教授、博士生导师;曾昕,英国伯恩茅斯大学博士,中国社会科学院新闻与传播研究所助理研究员〕

理论与实务

司法案件互联网媒体舆情的影响及治理

The Influence and Governance of the Internet Media Communication in the Contemporary Chinese Judicial Cases

◎韩 伟
Han Wei

摘要:社会公众对各种类型司法案件的关注、评论正成为网络媒介传播中的一大热点,这种现象不仅与互联网技术发展有关,也与社会转型、社会变迁历程有关,更与转型期的社会复杂心态有关。司法案件网络舆情具有舆论监督作用,有利于促进社会公平正义,同时一些极端涉案网络舆情也对司法公正、政府公信力、社会心态产生多方面的影响。实现涉案网络舆论的有效治理,发挥涉案网络舆论的积极作用,一方面需要建立科学的网络治理法律体系,恪守公平正义的法律实施;另一方面媒体和公众需要遵循法治原则、坚守新闻伦理,理性、审慎地参与法治建设,共同推动社会进步。

关键词:涉案舆论,网络媒介,新闻伦理,司法公信,法治社会

Abstract: Internet public opinion has played a supervisory role of judicial cases, promoting the social fairness and justice. However, Extreme, negative public opinion also have a multiplier effect on justice, government credibility, social psychology. For the governance of the network public opinion, on the one hand, need to establish scientific network management legal system, with fairness and justice of law enforcement. On the other hand, the media and the public need to follow the principle of rule of law, adhere to the ethics of journalism, rational, prudent in the construction of rule of law, jointly promote social progress.

Keywords: Internet media, public opinion, judicial cases, rule of law

近几年来,李庄案、赵作海案、林森浩案等热点司法案件频频受到舆论的关注,尤其是随着移动互联技术的发展,以及微博、微信等网络新兴媒体的出现,民众对司法案件的关注度更高,更容易形成规模性网络舆情,产生广泛的社会影响。公众通过互联网媒介对这些司法案件的高度关注,在推动中国司法不断进步的同时,也伴生着一些消极因素,甚至影响到正常的司法审判,对政府公信、社会心态也造成了不同程度的负

面影响。本文以当代中国司法案件之网络媒体舆情为研究对象，详细梳理近年来舆论高度关注的一些司法案件，分析网络舆情产生的原因、生成机制及影响，尝试为未来司法案件网络舆情的有效治理提供政策建议。值得说明的是，基于法治的考量，本文提及或分析的案件绝大部分都是已经“审结”[①]的案件。

一、司法案件网络媒介传播舆情的类型与特点

在纸媒为主的传统舆论环境下，信息的广泛传播往往依赖报纸、广播、电视等专业化媒体，由于“把关人”审核制度的存在，公众获得的“是经过了基于某种既定观念筛选的信息”。[②] 随着移动互联网的兴起，以微博、微信为代表的新兴媒体得到了迅猛发展，公众可以获得更多全面的、未经人为选择的信息，通过信息的互动容易形成舆论动员的力量。媒体新技术发展与广泛运用，以及民众对公开透明司法的要求，促使涉案网络舆情的兴起、发酵升级。

近些年来，引发舆论广泛关注和热议的司法案件数量较多，本文选取了一些公众关注时间长、影响重大且法律程序已经完结的典型案件，以此发现涉案网络舆情的规律与治理之道。司法案件受到网络舆论关注，较为突出的包括：(1)名人效应类案件。这类案件的当事人大多是演艺明星等公众人物、社会名人或与之有非常紧密关系的人，例如李天一案、房祖名涉毒案等。由于明星等公众人物的巨大的社会影响力，此类案件网络舆情具有传播速度快、范围广等特点，舆情的发展，还有可能对案件当事人及相关人造成二次侵害。(2)涉及贪腐类案件。这类案件的当事人主要涉嫌贪腐、经济犯罪，或刑事犯罪等，在社会上引发广泛关注，例如蒋洁敏案、李春城案、倪发科案，以及刘铁男受贿案、季建业受贿案。[③] 随着中国反腐力度的不断加大，涉及贪污腐败的案件正快速成为网络舆情的另一大热点。

从这些案例中，我们不难发现涉案网络舆情传播的一些特点，比如对名人、明星的偏好，对贪腐不公的痛恨。在部分案件舆情发展过程中，网民的娱乐、戏谑心态起到了重要的助推作用，成为涉案网络舆情突出的特点。在微博、微信流行的新媒体时代，新

---

① 有关案件信息截至 2015 年 12 月 31 日。基于法治、客观的原则，严谨的论文一般不应介入正在审理中的案件，故更倾向选择已经审结的案件。当然，这里的“审结”，大体是指案件实体本身，有些案件涉及进一步的程序，如聂树斌案的异地复查；有的则是“派生”案件，如念斌提出“限制出境”的行政诉讼案，虽然尚未有结果，但仍倾向于认为原实体案件已经终结。

② 〔美〕约翰·R. 扎勒：《公共舆论》，陈心想等译，中国人民大学出版社 2013 年版，第 8 页。

③ 参见郭兴全、韩伟：《新形势下反腐倡廉网络舆情：现状、趋势与对策》，《探索》2014 年第 2 期。

闻与娱乐的差距在急剧缩小，甚至很多主题严肃的新闻被娱乐化，互联网变成了“给你信息，让你娱乐”。因此，司法案件很多严肃的问题往往不容易受到关注和讨论，反而是涉及的“情色贿赂”“通奸”等枝节问题受到网络舆论的追捧，这成为部分涉案网络舆情的重要特征。在传统媒体上，新闻和娱乐有着天壤之别，新闻常常代表着严肃和信息精英，故对于名人的关注也不会太过娱乐化。然而，在移动互联的新媒体时代，新闻与娱乐之间的差别却在缩小，甚至很多严肃新闻都被娱乐化。此时，互联网变成娱乐场。抱着娱乐、“追星”的目的，关注知名人士，可以说是一种普遍的社会心理，这里的名人，除了娱乐明星外，还延伸到政商界的权势人物。从李天一案到张默案、房祖名案，乃至郭美美案，无不体现了公众对名人的关注，可以说，很多人是抱着娱乐化的心态，来围观、讨论这些名人、案件的，这也难怪李天一、郭美美这样典型的涉嫌违法犯罪的新闻报道，却被屡屡放置在各种媒体的娱乐版块下。正是这种娱乐化的心态，“催化”了网络舆情的生成。当然，名人效应不只限于娱乐化，还有一部分涉及名人的大要案，也会产生名人的连带效应，使得与其相关的案件均受到关注，典型的如王立军案、李春城案，以及刘汉、刘维案，等等。

网络意见的尖锐对立是司法案件网络舆情的另一个特点。在政治心理学中，学者提出了群体两极分化理论，它是指协商群体的成员可以根据人们的预测，朝着其成员在协商前表现出的倾向更加极端的点移动。群体两极分化建立在两大机制上，第一个机制是社会对行为的影响，尤其是指人们渴望维护其名誉的自我感觉。第二种机制是各种理由在协商中扮演的角色，尤其是任何群体中有限的观点库，以及这些观点库引导其群体成员的方向。[①] 在中国，群体两极分化主要表现为精英意见与大众意见的分化。由于一般公众不容易在传统媒体发出声音，因此会与传统媒体宣传形成距离。新媒体的低门槛，使得大众易于进入，这增加了其亲近度。在这一背景下，代表了政治精英的传统媒体意见与代表草根声音的新媒体形成分化的两极，代表了专业化的法律人意见与普通人依据常理的评论形成两极，而一般公众则更容易趋向新媒体信息或意见，更容易接受符合自己情感的评论，尽管这些信息、意见未必完全真实客观。群体两极分化又是瀑布效应的产物，各种群体之所以相信某件事，是因为别人似乎都相信这是真的。在新媒体上，大量的类同意见及倾向性表达，形成了信息的瀑布效应，又加剧了这一群体极化效应。此时，独立而理性的观点反而容易被淹没，难以与网络“主流”意见形成抗衡。

① 〔美〕孙斯坦：《设计民主：论宪法的作用》，法律出版社2006年版，第15页。

此外,由于关涉社会公平正义,涉案网络舆情往往有极大的社会影响力。互联网开放、共享、免费的特征,使得信息突破了单个媒体所有的界限,获得了全网传播的能力,产生了舆情的"放大效应"(李艳艳,2015),这使得涉案舆情更容易被放大。由于司法案件本身的特殊性,涉案网络舆情常常具有广泛的影响力,处置不当,不仅会产生舆论危机,而且有可能引发不良的社会影响,这一点不仅在国内如此,国外也有不少案例,2015 年美国巴尔的摩发生的社会骚乱,①就与警察执法及其舆情走向有关。

二、司法案件网络媒介传播舆情的生成机制

由以上一些典型案例梳理分析发现,经由网络媒介传播形成的涉案舆情虽然纷繁复杂,但其兴起与演变轨迹还是有一定的规律可循。探究涉案网络舆情的生成机制,新技术是重要推动力,其中新媒体技术应用、阳光司法、社会与法律的认知冲突,以及转型期社会心态是其最主要原因。

(一)多媒体融合发展成为涉案网络舆情生成的技术基础

近年来,热点案件受到网络热议,除了公众对于司法的关注以外,司法改革带来的公开透明要求,以及新媒体技术带来的多媒体融合发展,是重要的原因。微博、微信成为中国网民上网的主要活动之一,中国新媒体已经进入"微"时代。新媒体的便利、快捷使得司法案件的信息更容易在网络中发布、传播,也更易引发规模性舆论。与此同时,透明公正的法治要求,也使司法主动走向公开,近年来不少重大案件通过官方微博进行了全景式的播报,文字、图片、视频同步发送。来自法院主动公开的案件信息,为公众展开讨论提供了基础,加之新媒体这一技术平台,使得热点案件很容易受到关注、讨论,并形成网络舆情。

微博、微信等新媒体的出现,不只是一种技术手段的更新,更代表了信息传播的革命性改变。社交网络上最重要的内容,凭借其被阅读、转发、评论的频度,"而成为我们优先阅读的内容"(迈克尔·塞勒,2013:154)。呈现在个人面前的网络新闻经过了筛选,我们通过"使用算法的社交媒体和搜索引擎来了解新闻,这种数学方式可预测用户

① 2015 年 4 月 12 日,青年弗雷迪·格雷在西巴尔的摩地区遭到警察盘问,被捕后一周"非正常"死亡,在"种族歧视"疑虑下,此案引发社会舆论关切,最终造成社会骚乱事件。参见《美国巴尔的摩发生骚乱》,新华网,http://news.xinhuanet.com/photo/2015—04/28/c_127742079.htm,访问日期 2015 年 4 月 30 日。

可能想阅读的内容”[①]。微博的“博主一粉丝”设置，形成了“典型的关系共同体”[②]，衍生了“强制阅读”功能，发挥了信息偏好的作用，有利于将个人关注改变为“公共关注”[③]；微博、微信的自媒体属性，没有版面限制和“把关人”机制，较少受到新闻预审机制的影响，打破了权力和资本对传播平台的控制；网络公共领域的“双向传播”，形成了信息生产者和接受者之间的分享和互动，“多对多”的分散传播模式，使得信息关注度呈几何级数增长（陆宇峰，2014）。可以说，正是微博、微信等新媒体的技术设置，造就了网络公共领域新的独特结构，从而形成了涉及司法案件网络舆论的技术基础。

网络舆论反映出大众对媒体权力的运用。毫无疑问，在现代社会中，媒体已经形成一种权力。然而，在传统媒体时代，这一权力主要掌握在媒体精英手中，大众只能以有限的方式进入媒体。随着新媒体的出现，媒体的生态已经发生彻底的变革，大众更容易接近、运用媒体。通过微博、社交网站，人们很容易实现个体间的“交互性”，不计其数的个体构成了社会，他们展开跨越时空的交流和传播；传播赋予这一过程以目标和意义，并使得单一行为融入更大规模的整体行动之中（克劳斯，2012：59）。同时，移动互联网络成为无处不在的“公共领域”：它是“内容、观点，也就是意见的交往网络；在那里，交往之流被以一种特定方式加以过滤和综合，从而形成特定议题的集束而成的公共意见或舆论”（哈贝马斯，2011：445）。在公共领域这一空间内，公众有充足的机会影响公共利益的信息，他们的争论不受任何宰制力量的影响，他们都是在一个完全平等的基础上参与公共讨论的（詹姆斯·卡伦，2006：274）。这也使得新媒体成为民主的“中介力量”。在大量受到网络热议、形成舆情的案件中，律师群体[④]扮演了重要的角色。很多网络热议案件，都是由律师对某些案件信息的披露引发的，这展示了律师群体对新媒体技术的娴熟应用，实际也是对媒体权力的运用；同时，也不难发现公众对于公共利益的关注，他们运用网络新媒体所赋予的“权力”，参与到公共事务的讨论中，而

① 参见拉维·索马伊亚：《脸书引领新闻消费方式改变》，《参考消息》2014年10月29日第8版。

② 刘毅、李桂凤：《新媒体时代网络突发事件的传播及舆情引导》，《社会科学论坛》2014年第12期。

③ 聂树斌案的网络舆情发展是一个典型的案例。2013年，法学家徐昕发出“聂树斌案：呼吁尽快启动再审”的微博，一年多时间里，微博被转发50多万次。2014年12月12日，最高人民法院决定聂树斌案交山东高院复查。近期，该案代理律师阅卷过程中发生的种种问题经网络披露，引起关注；4月28日，山东省高院举行“聂树斌案”听证会，全程微博播报，又形成新一轮的网络舆情，新浪微博上“聂树斌”的热议指数也在4月28日后持续攀升，达到29日的峰值60812。参见新浪微博“微指数”，以及《聂树斌案复查将举行听证会》，《新京报》2015年4月25日A15版，《聂树斌案听证会 行刑时间引争议》，《南方都市报》2015年4月29日A06版。

④ 在网络中活跃的律师被称作“死磕派律师”，尽管“死磕”代表了执着、坚持，但一些媒体的报道、评论中，却存在着对“死磕律师”误读或“污名化”的倾向。事实上，大多数律师依法“死磕”，恰恰是法治精神的体现，它在很大程度上推动着法治的进步。当然，这一过程的实现，与现代移动互联时代网络媒体传播模式的改变紧密相关。亦参见《让律师说话，让法律更有尊严》，《人民日报》2015年4月29日第14版。

这是在现实生活中不大容易实现的。涉案网络舆论，虽然反映出民众权利意识的觉醒，但对法治的负面影响，也是因公众对媒体权力的不当使用所致。

(二)选择性关注及刻板成见是涉案网络舆情生成的内在原因

舆情是社会认知的外在表现，要深入地理解涉及司法案件的网络舆情，还需要深入社会公众的心理认知。社会公众的既有认识，有时会与司法案件中反映的“事实”相冲突，造成公众的不解、愤懑，成为网络舆情生成的重要原因。彭宇案中，法院在判决中错误地运用经验法则进行事实推定，宣示了“做好事没好报”的法则，在中国社会道德信仰危机的沉重背景下成为压垮骆驼的最后一根稻草。二审法院又因社会的强烈质疑而以调解方式了结此案，回避了社会公众探寻事实真相的强烈愿望和对行为准则的热切期待。随后，媒体密集地报道了在全国各地上演的不同版本“彭宇案”……接踵而来的是令人不寒而栗的一系列见死不救的报道。而在这类事件的所有报道和评论中，几乎无一例外地将源头直接或间接地指向了南京彭宇案。在此案中，主审法官自身对于社会道德的整体状况缺乏信心而推导出一种“经验”性结论，则可能出现彭宇案判决那样错误的“经验”推断。① 但是，这样的“司法”经验法则，又与社会公众对于道德的期待及社会认知形成强烈的反差，最终导致了网络舆情的骤然升温、爆发。

公众既有的刻板成见推动了舆论的传播。传播学研究发现，如同对事实的感知要经过道德视角的过滤一样，它们也通过选择性注意、刻板成见、被“法规”所控制的视线等的过滤。人们看到的是他们所期望看到的，道德评判通过充满感情的刻板成见、标志符号、幻象而在这其中起到引导作用。② 在中国，对官员不加区别的负面评价、对司法人员“贪腐”的想象，对富人不择手段致富的刻板印象，成为影响公众的既有成见，凡是符合其刻板成见的信息、观点，就容易被接受，并得到传播；与既有成见不相符的信息，则被忽略，甚至引发嘲讽。李天一、药家鑫等案件中均有类似现象，近日发生的据称女律师在北京法院被法官、法警殴打事件，以及由此引发的网络舆情，也是“刻板印象”的典型事例，虽然事后调查证明“法官及法警均未殴打女律师”③，但不少公众基于对法官、法警的“刻板印象”，仍倾向于相信真的发生了殴打事件，以致对高院、律协、公安联合组成的联合调查组的公信力提出质疑。

刻板成见造成的选择性关注，也与心理学中的符号互动论有关。不少涉案网络舆

---

① 参见傅郁林：《彭宇案现象的多维度解析》，《人民法院报》2014 年 7 月 27 日。

② 〔德〕诺依曼：《沉默的螺旋》，北京大学出版社 2013 年版，第 154 页。

③ 参见《法官及法警均未殴打女律师》，《北京日报》2015 年 5 月 1 日第 6 版。

情,均可以社会心理学里的符号互动论(Symbolic Interactionism)来进行分析。符号互动论认为,在社会生活中,影响人们的那些事物,不在于它本质上是什么,而取决于它具有怎样的象征意义,而这个象征意义是由人们在与之互动的过程中赋予它的。[①]而人们能够赋予它怎样的意义,则又受人们的经验、预期,以及对这个事物及它所处情境的理解等多种因素的影响。郭美美炫富给人造成红十字会潜藏问题的印象,彭宇案带来“好人没好报”的印象,均是在“符号互动”效应下形成的。在这类网络舆情热点中,当事人是谁并不重要,关键是他成为人们社会认识的一个符号,其象征意义符合了人们的某种想象,人们愿意相信其象征意义,个案的真实反而并没有受到特别关注。

(三)法律思维与社会认知的差异是涉案网络舆情生成的心理基础

案件一旦进入司法机关,就需要严格依照法律来处理,而法律思维与社会一般心理存在差别,这导致了民众的不解、不满,甚至愤懑,这些情绪通过微博等新媒体发布、传播,进而形成趋向性的网络舆情。如许霆案,在司法范畴内,虽不无争议,但总体还是一起普通刑事案件,但在媒体曝光后,很快引起网络热议,汹涌的网络舆情最终淹没了司法的理性,法院在社会各界的一片质疑声中作出了量刑变更。其中一个重要的原因就在于法律思维与社会心理的差异,从银行的 ATM 取款机取款,取款机因故障使账户余额显示错误,于是多次取款获利,这样的行为在很多人看来,不过是像捡拾路边遗失的现金一样,不过是拾金而“昧”,应予以道义上的谴责,至多构成民事上的侵权,不会构成刑法中的犯罪。然而,从刑法的视角看,这一行为被认为符合盗窃罪的定义,而加之金融机构、数额较大等情节,又使得量刑不断加码,初审判决“无期徒刑”。这一显然有悖于“常识”的定罪、量刑,引发巨大争议,形成网络舆情。与此类似,吴英案中,看似经济活动的集资行为,与最为严苛的“死刑”形成巨大的反差;“大学生掏鸟案”[②]中,掏鸟 16 只被判 10 年半与某些腐败官员的量刑亦形成反差,同样造成网络舆情的关注。

此外,司法案件不仅仅是特殊的个案,很多是普通人都有的生活经验,有可能是每个人都会遇到的。在林森浩投毒案中,室友、矿泉水是每个有过求学经历的人都会遇到的,其中潜藏的风险当然让每个人不寒而栗,于是出现了“感谢室友不杀之恩”的戏

---

① 唐映红:《红会声誉并非毁于郭美美》,腾讯·大家,http://dajia.qq.com/blog/434309032872387,访问日期:2014 年 8 月 30 日。

② 叶竹盛:《掏鸟案中的舆情与法理》,《工人日报》2015 年 12 月 12 日;陈广江:《掏鸟 16 只被判 10 年半缘何被吐槽》,光明网,http://guancha.gmw.cn/2015－12/02/content_17934221.htm,访问日期 2015/12/22。

谑之语，由此还延伸出对事发多年的清华女生铊中毒案的关注，同样如此。2015 年末曝光的“家人冒用医保卡获刑”①，由于很多人在生活中都曾耳闻目睹，或者有过类似的行为，因此自然引发广泛的关注。也就是说，“人同此心、心同此理”是人们关注这类案件的重要原因。在媒体上，或在网络中，人们兴致盎然地谈论这些案件，与其说是在关注案件当事人，不如说是在关注其自身。

概而言之，当下中国社会处于转型期，人们对于道德滑坡、公义缺失存在着普遍的担忧，因而对公平正义表现出更多的关注，这成为涉案网络舆论的社会心理基础。同时，随着移动互联、新媒体技术的快速发展，信息传播发生了根本性变革，律师、法学家，甚至关注法治的普通人都可以通过“自媒体”相对自由地表达自己的意见，对各种案件做出评述，各种网络舆论聚集，从而形成具有强大影响力的网络舆情。

三、司法案件网络媒介传播舆情的社会影响

司法案件网络舆情一旦生成，就会在方方面面产生影响。这种影响，有的是正面的，有的则是负面的；有的是针对案件本身的，有的则会扩展开来，通过暗示、模仿与感染的力量，形成一种社会氛围，延及整个社会，并对人们的既有观念、行为预期产生长远的影响。

(一)网络舆情影响司法判断独立公正

中立、公正是现代法治的基本要求，这就需要司法机关排除各种外在压力，独立地依法作出司法判决。作为一种外部监督，网络舆论有其积极的意义，如微博全程直播庭审，翻转了侦审关系，打破公检法流水作业的一体化诉讼运作模式，让法院找到制裁侦查违法、规约侦查行为的勇气和底气，并解除其后顾之忧。② 涉案网络舆论，对于参与庭审的法官自身，也会产生积极效应，促使其公正审理。同时，针对个案的网络舆论，有时也成为推动个案正义的力量。2014 年末，包括呼格吉勒图、聂树斌在内的几起冤案的再审或复查，充分显示出涉案网络舆论在促进司法公正方面的积极作用，甚至可以说，没有法律界、新闻界富有正义感的人士在媒体上的反复呼吁，呼格吉勒图案的无罪再审、聂树斌案的复查几乎是不可能的。对于涉案网络舆论的正面作用，我们无疑应当充分肯定。

---

① 《“家人冒用医保卡获刑”警示了什么》，《北京青年报》2015 年 12 月 21 日。

② 周长军：《微博直播庭审对侦查法治化的可能意义》，《法学论坛》2014 年第 1 期。

然而,中国特有的人民司法、“司法为民”价值导向,也造成了网络舆情对司法的压力,常常使司法走向另一个极端。在中国,从“司法为民”到“舆论审判”的逻辑演进是:由于强调“司法为民”,就需要认真听取人民群众的意见,而网络舆论是反映人民群众意见的重要渠道,“司法为民”进而转化成司法自觉地“服从于”网络舆论的意见,进而导致了“网络舆论审判”。很显然,“为民”这一司法的价值取向,在上述逻辑演进中扮演了关键的角色,这也是为什么在奉行司法独立的欧美国家,网络舆论之于司法基本上不会成为一个问题,但在中国,这种紧张关系却屡屡呈现。在药家鑫案中,公众普遍对“官二代”等信息深信不疑,由此联想到的权钱交易、司法腐败,导致了“必须重判”的网络舆情,最终也在司法中得以实现。在许霆案中,社会公众关注的焦点之一就是法院的量刑问题,人们普遍认为广州中院在量刑上有失偏颇,这直接导致了“从无期到五年”的量刑变更。[①] 在复旦投毒案中,对被告人林森浩家庭背景的想象,以及复旦177名学生的联名求情信,同样激起了网络舆论的一次次热潮,它对司法的裁判无疑形成了外部的压力。

一般来说,强调司法为民具有积极价值,正常的媒体监督亦具有积极意义,但放置在涉案网络舆情这样一个背景下,就发生了诸多的扭曲、畸变。这是因为,尽管微博等新媒体便于公众获得更充分的信息,但信息的庞杂和“碎片化”亦导致其真假难辨,而民众又易于偏向接受自己想象的“真实”信息,进而导致网络舆论的极端情绪化。无论是彭宇案还是药家鑫案,网络热传的“救人说”“官二代”等信息,后来均被证伪,但在当时却被深信不疑。[②] 再如2015年“掏鸟案”,部分媒体传递给公众的信息是一件鸡毛蒜皮般的小事,然而事实的真相究竟如何呢?根据目前公开的事实不难知道,某些媒体在报道新闻时避重就轻,为了制造“热点”而进行选择性报道,加上很多人并不知道相关法律条文的量刑标准,一场舆论风波由此发生。例如,把国家二级保护动物燕隼简单称之为“鸟”,把“涉嫌犯非法收购、猎捕珍贵、濒危野生动物”故意轻描淡写说成“掏鸟”。[③] 司法迁就由错误信息而形成的网络舆情,必然影响正常的法律裁量,进而歪曲应有的正义。此外,网络及媒体大量披露当事人真实信息,不恰当报道案情,也极易侵犯当事人的隐私权和名誉权,给当事人甚至其家人造成二次伤害。这些,都显示出片面的、极端的网络舆情对司法公正的不利影响。

---

① 陈瑞华:《我们从许霆案中反思什么》,《南方周末》2008年4月2日。

② 韩伟:《警惕“微博司法”的负效应》,《人民法治》2015年第1期。

③ 袁博:《从所谓“掏鸟窝”看网络民意的心理特征》,《人民法院报》2016年1月1日。

(二)网络舆情可能损伤政府公信力

涉案网络舆情的发酵、放大,还可能影响政府及相关部门的公信力。诚然,如果对于可能构成网络舆情的社会事件,政府部门处理及时、得当,网络舆论有可能增加政府公信力。但是,若处置不当,则会起到负面作用,如湖北瓜农案,瓜贩之死,确与涉案城管的暴力执法密不可分,但网络舆论并未停留在现场暴力执法的城管本身,而是很快延伸到该县城管局局长违规兼职,以及县级干部严重"超编"问题上。类似地,同年发生的延安城管执法纠纷案,本是一起城管执法个案,但该案在微博等网络媒体传播以后,网友的目光很快延及延安城管执法局的"豪华"办公大楼、延安城管执法局党组书记的超标用车及"裙带关系"等问题。此外,近年来最为离奇的网络舆情事件,应算"郭美美"案件。郭美美在网上高调"晒"豪车、名包及奢华生活,其"中国红十字商会总经理"的头衔很快引发关注,进而发展成对中国红十字总会慈善资金流向的质疑,致使红十字会声誉一落千丈。2014 年 7 月,正在参与网络赌球的郭美美被警方抓获,次月经北京东城区检察院批准逮捕。然而,即便郭美美被捕后声称自己与红十字会没有任何关系,但仍然无法挽回红十字会在声誉上的巨大损失。这些事例均显示出,不断发展的涉及个案的网络舆情,不仅仅会波及案件当事人,亦会波及政府及相关部门,造成后者的公信力危机。

(三)网络舆情反映了转型社会心态的复杂性

涉案网络舆情的延伸,还反映出转型期社会心态复杂性,并与之形成互动影响。社会心理学的研究认为,社会心态是一定时期社会环境和文化影响下形成并不断发生变化的社会中多数成员或占一定比例的成员表现出的普遍的、一致的心理特点和行为模式,并构成一种氛围,"成为影响个体成员行为的模板"(王俊秀,2014:105)。社会心态产生于社会个体心理,又以整体的形态存在,进而影响每个社会成员的社会价值取向与行为方式,对国家、社会产生影响。转型期的中国,社会心态复杂而敏感,这些个案及其带来的网络舆论又影响甚至塑造着社会心态。彭宇案本是一起司法个案,该案法官所做的只是一个基于民事法律责任划分的判断,但经媒体报道、评论,很快发生转化。在司法中,事实认定取决于当事人举证的证据、法院在特定情形下依职权调取的证据和证据的采信规则,以及在证据不足时的司法推理和内心确认。就此来看,彭宇案本是一个普通的民事案件,开始阶段按正常程序进行,法院最终该如何认定事实、适用何种法律都不过是法院所处理的无数案件中的一个判决而已,不会成为一个标杆性的案子。但是，媒体的介入却使该案发生了急剧的、戏剧性的转变，而产生此种效应的真正原因就是媒体在报道该案时不是客观地报道案件，而是对案件的事实认定进行了“越俎代庖”式的推定，对案件事实发表评论，继而使得受众产生了一个一致的有关本案的事实判断：本案的原告是个“忘恩负义”的讹人者，是她自己跌倒在地上的，而被告是一个见义勇为的“好人”，现在却“英雄流血又流泪”。[①] 经过媒体加工处理的“做好事没好报”的司法认定，经过网络舆论的传播，继续改变着人们的社会认知，在一个价值原本已经紊乱的社会转型期，进而打碎了本已十分脆弱的普遍的道德信仰，产生了极其负面的影响。很长一段时间，老人倒地“扶不扶”，在一个有“助人为乐”传统的国家，竟成为一个社会热议的话题，并影响到人们的社会行为，不能不说是网络时代的反讽。

网络舆论与社会心态存在互动影响。来自网络及媒体上的“普遍”认知，转而又影响着现实社会的认知，导致某些现象趋向于“自我应验”，真实地影响人们的行为。在社会心理学中，有“丁蟹效应”[②]之说。“丁蟹效应”本无多少科学依据，但在“彭宇案现象”的形成、发展演变中，似乎同样有“丁蟹效应”似的“自我应验”趋势，网络舆论、新闻报道与社会心理形成微妙的互动，其中，新闻媒体作为社会公众的代言人，对于“好人难做”的社会心理的形成扮演着推波助澜的重要角色。在网络这样一个虚拟的空间中，“理性不发挥什么作用，像生命有了一往无前的激情，丧失掉一切省思的能力，极度轻信之外，再没有任何别的东西”(勒庞，2010：29)。一起事实本非如人们所想象的案件，在现实中真的产生了影响力，造成了极其负面的社会情绪。

这种波及广泛的社会认知，反映出转型期中国的社会心态变化。无论是彭宇案带来的“好人没好报”，还是黄洋案带出的熟人间不安全感，与其说是个案的作用，毋宁说是整个社会心态的一种反映。社会心态的形成，通过集体表征和个体认同的机制形成，具有突生性和当下性的社会表征，为认同提供了心理模板，而个体认同，又促进了心理群体的形成，随着社会分类的范畴化，个体会主动缩小与我群的差异，将自己的看法与我群成员的看法进行比较，从而改变或增强原有的看法，形成所谓的“共识”。共识的建立，增强了某人对其观点的信心。至此，一种能够支配集体行为的社会心态大

---

① 参见刘凯湘：《媒体与司法：如何建立良性互动》，《人民法院报》2014年7月25日。

② 它意指假想的自我实现。据说郑少秋从在《大时代》中饰演“丁蟹”开始，之后其主演的电视剧播出时，香港恒生指数几乎都有不同程度的下跌。又称“秋官效应”(Ting Hai Effect, Adam's Effect)。参见维基百科，http://zh.wikipedia.org/wiki/%E4%B8%81%E8%9F%B9%E6%95%88%E6%87%89，访问日期2015年4月25日。

致形成。[①] 这一机制,尤其体现在彭宇案中。该案前后反映出的社会心态,实际上是人们对当下社会道德水平降低的一种"共识"的反映,彭宇案的发生,不过是再次强化了人们的这一认识。

四、司法案件网络媒介传播舆情的治理路径

涉案网络媒介传播及舆情尽管存在这样那样的问题,但它对于促进司法公正、实现社会正义同样具有积极的意义。新闻报道可以为维护司法公正创造必要的条件。没有媒体对司法工作的介入和报道,司法工作要实现公开与公正的承诺和目标是不现实的。新闻评论是媒体表达观点、发表意见的重要形式,也是公众通过媒体发表对司法工作意见与建议的重要渠道。新闻评论及其由此形成的舆论对于维护司法公正意义重大。司法机关应认真对待新闻评论,依靠其所形成的社会舆论,规范司法工作,监督司法工作人员的行为。[②] 然而,从已有的一些案例来看,司法机关、新闻界,以及普通网民均有值得反思的地方,特别是需要在秉持法治的前提下,理性、审慎地参与案件讨论,发挥网络舆情的正面作用。

(一)以公正司法改善网络舆情社会环境

司法为民是当代中国司法的基本价值取向,问题在于如何"为民"? 简单地"服从"于喧嚣的网络"民意",并不是真正的司法为民。在"法治中国"的大背景下,只有依法"独立""公正"的司法,才是"为民"的终极追求。正如李普曼指出的,当公众舆论试图直接参政的时候,它无法摆脱失败或暴政的宿命。处理世界事务的重担,开拓、创造、执行的重担,维护正义、制定法律和道德准则的重担,掌握处理事务的外在技巧、内在本质的重担,应该由承担责任的相关者,以代理人的身份来承担。[③] 人类为何需要司法,那是因为在遇到纠纷冲突,无法通过自身解决时,需要依靠一个权威的第三方公平地作出裁决、判断,民众最终需要的,实际就是这样一个公正的判决,因此,司法实现了公正,就达到了"为民"的终极目的,如果司法不能"运送"正义,那司法为民的追求就无从依托。引言之,司法为民之"民",应该是诉讼中合法的"人民",有理的"人民",而不是因为其数量多,抑或是势力弱。依照司法的固有职能,司法只应该支持合法的一方,

① 周晓虹:《转型时代的社会心态与中国体验》,《社会学研究》2014 年第 4 期。

② 参见郑保卫、叶俊:《司法公信离不开传媒报道和舆论监督》,《法制日报》2014 年 8 月 4 日。

③ 〔美〕李普曼:《幻影公众》,复旦大学出版社 2013 年版,第 46—48 页。

有理的一方，这些都需要依照现行有效的法律作出判断，而不是不恰当地考虑其他外在因素。当然，作为一种外部监督，网络舆情所反映出的问题，需要在司法中予以重视，近期开展的“人民陪审”改革，实际上就是希望发挥陪审员“通民情、知民意、懂常理、接地气”的优势，“缩小法律真实与社会真实的差距，弥合司法逻辑与社会经验的隔阂”[1]。新陪审员制度，应该能很大程度地化解表现为网络舆论的社会疑虑，释放司法过程中的外部压力，促进司法公正。归根结底，只有发挥网络舆情的积极效用，以各种方式实现了司法公正，司法才是真正为民，司法在人民中的公信力才能愈来愈高。

（二）建立控权为核心的网络治理法律体系

十八届四中全会提出要加强重点领域立法，提高立法质量，以良法实现善治，网络治理的立法将成为重点之一，网络的法治化也将有助于消弭涉案网络舆论中的乱象。司法案件具有特殊性，独立、公正又是司法审判的基本要求，社会媒体可以对司法进行一定的监督，但这种监督必须具有合理的边界，不能影响到司法审判的独立性，更不应妨碍司法公正。为此，必须要完善网络治理法律体系，推进网络空间法治化，以法治引领和规范公民网络行为，为公民的言论自由与司法的审判独立建立法治保障。言论自由是宪法赋予人民的一项基本权利，因此在网络立法中，需要严格恪守宪法规定，依法保护人民的基本权利。这就要求网络管理者规范运用自身的权力，在限制网络言论方面遵循正当的法律程序，避免人为的恣意。[2] 在此方面，“非法删帖”是一个亟须规范的现象，随着互联网的发展，有偿删除网络负面信息已成为一个越来越庞大的灰色产业链，这一人为控制信息传播的“产业”，侵害了公民的表达自由权及知情权，恶化了网络媒体的声誉，加剧了不准确的倾向性网络舆论的形成，成为互联网的一大痼疾。为此，必须通过立法的方式，明确相关人员的“删帖权”，并建立严格的责任制度，规范删帖行为，提高违法成本。

同时，网络空间的法治化，也要求每一位参与网络讨论的公民明确自己的权利边界，依法使用自己的权利，并承担相应的责任。对此，一是要以立法严格保护网络上公民的个人信息，对于非法窃取、倒卖公民个人信息的行为加大打击力度。当然，与之相关的著作权、名誉权、隐私权等亦需要得到法律的保护。二是需要通过身份或内容界定的形式，明确公民网络表达自由的边界。如就身份而言，涉及司法个案的法官、律师

---

① 参见贺小荣：《让“人民陪审”沟通专业与公众》，《人民日报》2015年4月28日。

② 参见韩伟：《控制三种权力实现网络法治管理》，《中国社会科学报》2015年5月21日。

在享有一定的言论自由的同时，更需要恪守案件审理中应承担的法律义务，如对未成年人权利的保护，对当事人隐私权的保护，等等。就内容而言，什么样的信息可以发布、传播，对于网络信息的真实性是否有核实的义务，亦需要在立法中予以明确。最高人民法院 2014 年 10 月 9 日公布了《最高人民法院关于审理利用信息网络侵害人身权益民事纠纷案件适用法律若干问题的规定》，对上述部分问题作出了规范，但由于司法解释的法律位阶偏低，内容有限，还需要尽快完善国家层面立法，特别是要对网络信息服务、网络安全保护、网络社会管理三大方面进行立法构建。

(三)以积极社会心态培育良性网络舆论氛围

在新媒体的条件下，人人都是“记者”、评论人，既是信息的接收者，又是信息的传播者，因此，每一个公民都需要具有法律意识、责任意识。在郭美美闹剧中，部分媒体需要承担责任，但又有多少人冷静质疑传言的真实性？实际上，每一次戏谑的转发，每一个不假思量的点赞，都起到推波助澜的作用。网络虽然看不见、摸不着，但这并不意味着参与其中不需要明事理、知是非。相反，在一个充斥着太多“郭美美闹剧”的网络世界里，所有的旁观者更需要冷静、理性。[①] 通过网络等媒体参与法治事件的公众应该明白，一个公正有序的社会，于人于己都是可期待的，这就需要每个人付出努力，对于违法、违纪的丑恶现象应该勇于揭露、批评，但是，对于存在疑问，甚至虚假的信息，也需要提高辨别力，更理性地去看待或评论。在信息大爆炸的时代，实际上每个人获得的信息都是有限的，公众不可能是每个事件的亲历者，即使亲历，也不可能获得事件的全部信息，因此，必须审慎地对待各种信息，在行使“言论自由”权利时，也需要把握好权利的边界，坚守法治的底线，特别是不应随意臆测、评价正在审理中的案件，给独立、公正的司法裁判留下空间。正确地行使监督权，促进司法公正，不仅有助于创造良好的社会环境，更有利于保障每个公民的权利。

(四)以职业伦理和行业法律规范网络舆论生态

无论是新闻媒体，还是普通公众，积极关注司法案件，体现的是对社会公平正义的关心，从舆论监督的角度来看，其具有促进司法公正的客观效果，对此无疑需要加以肯定。然而，在舆论监督中，特别是可能形成网络舆情的“监督”中，需要恪守法治原则，理性、审慎地传播案件信息，参与评议讨论，成为促进社会公正的正能量。

---

① 张洋:《善恶总有报　惩治会有时》,《人民日报》2014 年 8 月 4 日。

尽管新媒体发展迅猛，但报纸、电视等传统媒体在传播中仍占据中坚地位，很多社会舆论的形成，是在网络新媒体中生成、发酵，经传统媒体传播后才得以放大的。因此，传统媒体的新闻人肩负更大的责任，急需恪守法治原则，遵循新闻伦理。司法案件是媒体监督的重点领域，也是传媒与司法产生矛盾的“重灾区”，明确边界十分重要。在新闻报道中，媒体应以事实为依据，坚持“用事实说话”，不能做片面报道，不能带有主观倾向性；要把关注的重点放在对事件真相的深入调查上，而不是放在对案件审判“主观或恣意的评论”①上；要关注个案审判前后是否存在人为干扰的因素，不要对审判环节指手画脚，更不要对法官的判案依据、推理等专业行为做不负责的评论。② 必须认识到，司法案件具有广泛的社会效应，新闻报道及评论同样需要顾及社会影响，固守新闻伦理与道德良知，不能因追求发行量或点击率，甚至为获取不正当利益，做片面的解读或倾向性报道，造成负面的社会效应。正当地、负责任地行使新闻权利，不仅是媒体的法定义务，更应该成为媒体的自觉责任。从国家法治的角度看，基于宪法“言论自由”的基本原则，也需要给新闻媒体充分的表达空间，恪守法律对“表达自由”最小限制的原则，③特别是在援用刑法规制中要审慎处理，将对新闻传播的规范更多地留给媒体行业自治，以及新闻伦理约束。唯此，才能在法治与网络媒体的积极互动中，促进国家治理的优化与社会制度的进步。

参考文献：

〔美〕迈克尔·塞勒：《移动浪潮：移动智能如何改变世界》，中信出版社 2013 年版。

韩伟：《涉腐网络舆论之蝴蝶效应：兴起、原因与因应》，《社会科学论坛》2014 年第 12 期。

李艳艳：《互联网“呲必中国”现象的由来与应对》，《红旗文稿》2015 年第 8 期。

陆宇峰：《网络公共领域的法律舆论：意义和限度》，《社会科学研究》2014 年第 1 期。

王俊秀：《社会心态：转型社会的社会心理研究》，《社会学研究》2014 年第 1 期。

① 对于热点案件，独立的新闻媒体可以进行适度报道，也可以进行分析评论，但这种报道评论的尺度如何，却值得商榷。例如 2016 年初的“快播案”，尚处于审理阶段，也就是说，当事人入罪与否，还有待主审法院最终判定，从法治的原则看，其他人没有资格对其是否有罪作出评判。然而，一些新闻媒体，尤其是享有高度话语权的“官方”、准官方媒体，在评论中动辄以“狡辩”“伶牙俐齿”“再怎么也不能证明怎么”这类道德评判或断然措辞，以一种不容置辩的审判者的姿态自居，不但严重违背了法治原则，更背离了基本的新闻伦理。

② 郑保卫、叶俊：《从彭宇案看传媒与司法的关系》，《人民法院报》2014 年 7 月 28 日。

③ 此处受益于中央人民广播电台法律顾问、中国政法大学兼职教授徐迅的观点，参见其 2015 年 11 月在西安“新媒体信息传播与法制建设高峰论坛”的发言《网络视频传播底线的若干问题》。亦参见徐迅：《中国媒体与司法关系现状评析》，《法学研究》2001 年第 6 期。

〔法〕古斯塔夫·勒庞:《乌合之众:大众心理学研究》,江西人民出版社 2010 年版。
〔丹〕克劳斯·布鲁恩·延森:《媒介融合》,复旦大学出版社 2012 年版。
〔德〕哈贝马斯:《在事实与规范之间》,三联书店 2011 年版。
〔美〕詹姆斯·卡伦:《媒体与权力》,清华大学出版社 2011 年版。

〔本文系作者主持的国家社科基金青年课题(批准号:15CSH001)资助成果〕

〔韩伟,博士,陕西省社会科学院政治与法律研究所副研究员,兼任西北大学政治传播研究所研究人员,主要研究法律社会学〕

后金融危机时代欧洲纸媒对中国报道的批判式分析

A Critical Analysis of how European Newspapers Report China in the Post Crisis Era

◎张 展

Zhang Zhan

摘要：金融危机，尤其是欧元债务危机之后的中欧关系在近些年对中国与欧洲，乃至全球经济与力量布局都带来了不小的影响。这篇论文通过对三家欧洲精英报纸(《泰晤士报》《费加罗报》和《南德意志报》)在后金融危机时代(2008—2014年)关于中国报道的内容分析来展现中国正在崛起的经济力量以及中国与欧盟，以英国、法国、德国为代表的欧洲国家之间的外交关系和日渐紧密的经贸往来是如何在欧洲媒体的语境下得以呈现的。作者通过对三家欧洲报纸基于Factiva数据库的全部数据分析考察了欧洲媒体对中国报道的总体趋势和新闻议题，并采用"两个自然周"的抽样方式对2008年、2010年和2012年进行随机抽样并根据抽样结果进行相应案例的框架解构分析，从而以批判式的角度来观察欧洲纸媒对中国的报道在宏观层面和微观层面的变化。

关键词：欧洲纸媒，后金融危机时代，中国，批判式内容分析

Abstract: The financial crisis, especially Sino-EU relations in the wake of the Euro-debt crisis, has impinged a significant influence on China, Europe and the global enconomy in recent years. This paper aims to delineate how deplomatic relations and trade exchanges between the rising economic force of China and the EU and prime European countries like UK, France and Germany are manifested by European media through a content analysis of media coverage about China in the post financial crisis era of Europe by three elite European newspapers: *The Times* in U. K., *Le Figaro* in France and *Süddeutsche Zeitung* in Germany (2008—2014). The paper analyses the general trend of the three newspapers in reporting about China during the selected years based on comprehensive data from Factiva in terms of the number of news articles, news subjects and keywords map. Further, a framing analysis is implemented towards a random sample of "two natural weeks" sourced from 2008, 2010 and 2012 in order to generate a critical understanding of the changes, both at the macro and micro levels, originated from how European newspapers cover China.

Keywords: European printing press, post financial crisis era, China, critical content analysis

前 言

2008 年的全球金融危机对国际贸易和全球治理造成了结构性的影响并带来了诸多的不确定性,而中国与欧洲自金融危机之后的高度依赖关系同样给全球经济与政治力量布局带来了新的变化。金融危机始于美国,却在 2008 年之后的这几年里几乎殃及所有国家,并于 2009 年触发了欧洲的主权债务危机,造成全球自 20 世纪 30 年代大萧条以来最严重的经济衰退。[①] 在采里谢夫(Tselichtchev,2012)的书中,他写道:"危机是西方资本主义结构性弱点的暴露,而中国经济的韧性根植于它的结构强度,于是它可以借此为跳板完成更长远的增长。"

作为中等收入的新兴市场之一,中国也受到"全球大衰退"的影响,严重缩水的出口贸易极大影响了中国年均 GDP 增长。从图 1 我们已经可以看到中国的 GDP 增长速度在 2008 年自 11.4 的高点降落至 9.6,并继续于 2012 年和 2013 年落至 7.7。按照雅克(Jacques,2009:163)的说法,"中国政府非常警惕低于 8%的经济增长速度,因为它有可能会给中国社会带来严重的威胁"。而事实上,2012 年的下降是为了适应中国政府做出的降低国内生产总值增长率为 7.5%的决定。这是中国的国家领导人自 2005 年以来第一次同意中国的经济增长速度低于 8%,其目的则是为了将中国的经济发展模式引向可持续和高效的道路并实现在更长的时间里更高质量的发展。据中国的人力资源和社会保障部称,由于全球金融危机的影响,2008 年中国有高达 10 万的农民工失去了工作。[②] 面对不断上升的失业人数和社会动荡,政府试图弥补出口贸易的急速缩减而大力鼓励拉动内需。同时政府还增加了在基础设施建设、教育和卫生等方面的投入。分别于 2008 年和 2009 年启动的增加教育投资和医疗保险制度建设工

---

① "Three Top Economists Agree 2009 Worst Financial Crisis Since Great Depression; Risks Increase if Right Steps are Not Taken." Feb 27, 2009 Reuters. http://www.reuters.com/article/2009/02/27/idUS193520+27-Feb-2009+BW20090227.

② "China: Economic Crisis Increases Risks for Migrant Workers", *Human Rights Watch*, January 23 2009, http://www.hrw.org/news/2009/01/23/china-economic-crisis-increases-risks-migrant-workers.

程正是对这一政策做出的战略回应。

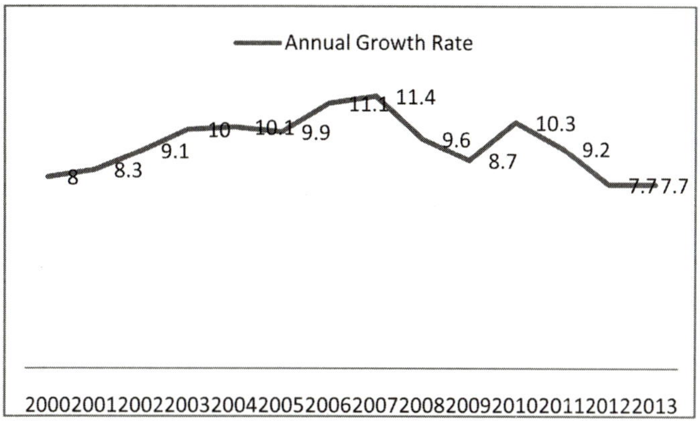

图1　2000—2013年中国GDP年度增长率①

2010年，中国的国内生产总值(GDP)超过日本，成为全世界第二大经济体，并在这之后继续保持增长。据《朝日新闻》消息称，中国的国内生产总值在2013年较日本国内生产总值已经翻了一番(根据当年的人民币—日元汇率来算)。② 新华社的新闻也同样记录了这一变化，"2012年，中国国内生产总值首次达到美国国内生产总值的一半以上，并在2013年超过了整个欧元区的总和"③。根据国际货币基金组织《世界经济展望》发表的最新数据，中国的国内生产总值在2014年已达到103550亿美元。④

全球金融危机之后的这些年，中欧关系在很多领域发生了很大的变化。随着一年一度欧盟—中国峰会的举行，自2007年定义为"全球伙伴关系"的中欧关系，⑤在2009年的峰会上被改述为"更深、更强的全球性、战略性、互利互惠的合作伙伴关系"⑥。2011年，"中欧高级别战略对话"作为一种新的对话机制诞生，通过这个平台，中国和欧洲最高领导人将在双方都关注的问题上"增进了解，加深互信，求同存异，并为促进

① "National Bureau of Statistics of the People's Republic of China", http://data.stats.gov.cn.

② "Japanese Media: China's GDP Doubled the Japanese." *Sohu News*, 21 January 2014, http://business.sohu.com/20140121/n393860707.shtml.

③ "China's GDP May Pass 10 Trillion Dollar in 2014." 5 March, 2014, http://news.xinhuanet.com/fortune/2014—03/05/c_119624704.htm.

④ "World GDP Ranking 2014", http://knoema.com/nwnfkne/world—gdp—ranking—2014—data—and—charts.

⑤ Press Release of the 10th EU—China Summit 27 November 2007, http://europa.eu/rapid/press—release_IP—07—1772_en.htm? locale=en.

⑥ Press Release of the 11th EU—China Summit. 20 May 2009, http://www.consilium.europa.eu/uedocs/cms_Data/docs/pressdata/en/er/107965.pdf.

中欧关系健康发展与维护世界和平与发展做出贡献”[①]。在 2013 年的第十六次中欧峰会上，双方签订了《中欧合作 2020 战略规划》，同意“将以年度领导人会晤为战略引领，以高级别战略对话、经贸高层对话、高级别人文交流对话机制等中欧合作三大支柱为依托，通过定期会晤和各领域广泛对话，全面落实规划的各项内容。包括和平与安全，繁荣（贸易与投资/工业和信息化/农业/交通运输和基础设施），可持续发展（科技创新/空间与航天/能源/城镇化/气候变化与环境保护/海洋/区域政策/社会进步/公共政策/全球发展/合作）和人文交流（文教和青年/便利人员往来）”。[②] 正像卡萨里尼(Casarini，2014)所说，“欧盟对于中国变得越来越重要，中国与欧盟的合作议程已经不再局限于经济领域，即便经贸合作仍然是他们继续保持这种关系的支柱”。

2014 年春中国国家领导人习近平主席访问了欧洲，尤其是他作为首位中国国家元首对布鲁塞尔欧盟总部的访问，被欧盟对外行动署(European External Action Service，EEAS)称为“中欧关系过去 40 多年中具有里程碑意义的一刻”。中欧双方随即发表了《关于深化互利共赢的中欧全面战略伙伴关系的联合声明》，并在双边投资贸易方面达成协定，表明了中国领导人高度重视与欧盟建立更紧密经贸关系的决心与信心。习近平主席回到北京之后不久，中国即发表了《深化互利共赢的中欧全面战略伙伴关系——中国对欧盟政策文件》，这是中国政府自 2003 年发表首份对欧盟政策文件以来制定的第二份对欧盟政策文件。其目的是“在总结过去十年中欧关系发展成就的基础上，结合国内外形势发展，昭示新时期对欧盟政策目标，规划今后五到十年合作蓝图，推动中欧关系实现更大发展”[③]。中欧关系的蜜月期正在继续。

一、理论综述

戈夫曼(Goffman)早在 1974 年就提出了“框架理论”的概念 (Framing)，并将其定义为个人(在西方社会)用来认知特殊社会事件时的“图式演绎”(schemata of interpretation)。卡内曼和特韦尔斯基(Kahneman & Tversky，1984)指出，框架涉及“在面对事实的时候选择并凸显某些特征而同时忽略另外一些特征”。吉特林(Gitlin，

---

① “EU High Representative/Commission Vice − President Catherine Ashton Visits China for First ‘Partnership’ Dialogue”, Europa Press release database, 30 August 2010，http://europa.eu/rapid/press−release_IP−10−1077_en.htm.

② 《第十六次中国欧盟领导人会晤　发表〈中欧合作 2020 战略规划〉》，《人民日报》2013 年 11 月 24 日，http://paper.people.com.cn/rmrb/html/2013−11/24/nw.D110000renmrb_20131124_1−03.htm。

③ 《深化互利共赢的中欧全面战略伙伴关系——中国对欧盟政策文件》(全文)，新华社 2014 年 4 月 2 日，http://news.xinhuanet.com/world/2014−04/02/c_1110054550.htm。

1980:7)则把框架定义为一种“持续的关于选择、强调以及排除的认知、解释和呈现模式”。赖克(Riker,1986)试图用政客们如何运用媒体进行相互竞争的实例来解释框架理论与议程设置的关系,格雷伯(Graber,1988:250)则试图观察个人如何获取信息并解释了“受众如何运用图式演绎在预设的情境下接受新闻消息”以及这个过程如何帮助受众把新的信息融合到其现有的认知结构中去。更详尽的关于“框架理论”的定义由恩特曼(Entman)于1993年提出,他借鉴了综上所述的概念并突出了“选择”和“凸显”在框架中的作用:“框架理论的本意就是选择认知事实的某些方面,把这些方面在传播的行文中凸显出来,以此给出对被描述对象的定义,因果解释,道德评判以及处理建议。”在恩特曼给出理论界定之后,关于框架理论的研究在20世纪90年代层出不穷,而“框架”一词也在理论概念研究与方法论研究两方面都得以蓬勃发展(Giles & Shaw, 2009)。

本文在恩特曼关于“框架建设”的社会学方法的基础上对不同的新闻故事进行“事件为核心的框架设置”的解构式分析,同时还对一些通用的或持续性的“框架”进行横向的跨语种(报纸)比较分析和纵向的跨时间分析。通过对三家欧洲报纸内容的比较研究,“选择”与“凸显”的新闻框架得以证实。同时,对这三家报纸的横向比较也对哈林和曼西尼(Hallin & Mancini,2004)提出的三个不同类型的欧洲媒介形态有所呼应。

随着中国在国际舞台上的经济实力和政治影响力不断增长,中国开始受到越来越多国际媒体的关注,相应的关于中国在国际媒体内容呈现方面的研究也随即展开(Peng, 2004; Wilke & Achatzi, 2011; Willnat & Luo, 2011)。但是这些研究大多集中于探究美国媒体如何报道中国(Chang, 1993; Li & Cyr, 1998; Goodman, 1999; Lee, 2002; Stone & Xiao, 2007; Zhang & Cameron, 2003),此外也有一些跨国比较分析,比如卢瑟和周(Luther & Zhou,2004)比较了2003年“非典”期间中国和美国的报纸,黄和梁(Huang & Leung,2005)比较了美国、加拿大和新加坡的三家英文报纸对中国和越南的报道,塞布和鲍尔斯(Seib & Powers,2010)新近发表了一个关于BBC World, CNN International和Deutsche Welle报道中国的比较式分析,威奈特和罗(Willnat & Luo,2011)通过对2008年15个国家电视新闻四周样本的取样分析,讨论全球电视媒介对于中国的报道。

然而,关于欧洲媒体如何呈现中国的研究却非常少见(Sparks, 2010; Wilke & Achatzi, 2011),跨越欧洲不同国家与语言的比较分析则更为稀有。Zhang(2011)曾经对欧洲媒体对中国的报道作了一个从1989年到2005年的综述,然而她选取的媒体样本却来自《金融时报》《经济学家》和《国际先驱导报》,这个研究只能说很好地展现了英国媒体和《纽约时报(国际版)》对中国的报道,而并没有涉及其他欧洲国家的媒体。

同时,在金融危机发生之后,在传播学领域,尤其是媒介内容分析领域,不同的研究也迅速跟进,讨论金融危机所造成的全球影响。然而这些研究几乎都以债权代理人为关注核心(如银行,Palmieri, 2009;企业家,Rigotti& Palmieri, 2010;欧盟,Alberti & Hollihan, 2014)。洛奇和威瑞奇(Lodge & Wegrich,2011)发表了一篇关于英国、德国和美国媒体如何报道金融危机的比较式分析,除此之外没有更多的研究从媒介内容的角度探讨金融危机带来的影响,尤其从中国与欧洲的角度去探讨其影响的更是少之又少。因此,本文旨在填补综上所述的研究空白,通过对欧洲三家国家精英报纸的比较分析,探讨金融危机之后以英国、法国、德国为代表的欧洲国家关于中国报道的潜在变化。本研究的核心问题将围绕:

(1)2008 年至 2014 年,所选取的三家欧洲报纸对中国的新闻报道有哪些主要的变化?

(2)三家欧洲报纸在后金融危机时代报道中国时所使用的新闻框架有哪些异同?这些新闻框架的运用又有什么变化?

(3)中国和欧洲(欧盟以及不同欧洲国家)在金融危机之后的外交关系以及经贸合作关系是否在某种程度上影响着这个国家报纸对于中国的报道?能否找到印证?

二、方法论

为了回答这些问题,本研究选取了三份精英报纸:英国的《泰晤士报》、法国的《费加罗报》和德国的《南德意志报》,进行以下两部分的比较分析:

(1)在第一部分中,笔者根据 Factiva 数据库中三家欧洲报纸关于中国的新闻报道的全部数据(计算机结果),分析了三大报纸新闻议题以及关键词变化趋势。

(2)在第二部分,笔者通过设计"两个自然周"的方式(随机组合而成)对 2008 年、2010 年、2012 年三家报纸对中国的报道进行抽样,并对抽样结果进行具体的新闻内容分析,继而根据抽样结果自主生成的案例(三家报纸同时报道的新闻故事)进行框架解构分析。

笔者希望通过对这三份欧洲精英报纸跨时间和跨语种的解读更好地了解中国正在崛起的经济力量以及中国在地区及国际事务中所扮演的越来越重要的角色是如何在欧洲媒体的语境下得以呈现的。通过对媒体内容的批判式分析,笔者主要借用政治传播学中关于外交关系与媒体的交互影响来阐释自 2008 年金融危机以来中国与欧盟及三个欧洲国家的外交关系是如何在其媒体上呈现的，并印证沃达克和迈耶(Wodak& Meyer，2009)所提出的关于批判式话语分析的核心任务，“通过跨学科的研究来更好地理解语言是如何在构建和传播知识，组织社会机构，以及行使权力等方面发挥功能的”。

三、研究发现与讨论

(一)欧洲媒体关于中国的报道数量比较

本文所选取的这三家欧洲报纸在金融危机之后对中国的报道数量都发生了显著的变化。《泰晤士报》对中国的报道明显增多，并于 2012 年达到这几年报道数量的顶点(2311 条新闻)；《费加罗报》对于中国的报道于 2008 年开始下降(相比 2007 年而言)，这种下降的趋势一直延续到 2014 年，2014 年是其六年内报道中国最少的一年(547 条，较 2007 年的 1473 条下降了 62%)；《南德意志报》在金融危机发生之前与《费加罗报》报道中国的数量大致相同，从 2008 年至 2010 年报道数量也在相应减少(减少幅度比《费加罗报》缓慢很多)，2010 年之后其对中国的报道数量开始增加，直至 2014 年。

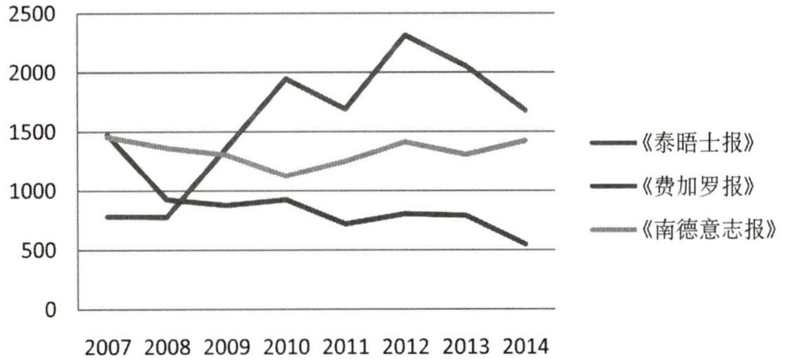

图 2 欧洲三家报纸关于中国的新闻报道数量

(二)欧洲媒体关于中国的报道议题比较

在 2008 年至 2014 年间，较《南德意志报》而言，《泰晤士报》和《费加罗报》中关于中国的新闻议题更加类似。关于中国的经济新闻是这两家报纸关注的首要重点，其次是政治新闻，而《南德意志报》对于中国政治新闻的关注程度远远超过经济及其他新闻议题。值得关注的是,《费加罗报》虽然在这几年中报道中国的整体数量递减幅度较大,但其对中国经济类新闻的报道却在增加(除 2014 年以外)。《南德意志报》在 2012 年之后政治新闻相应减少的情况下,对于中国经济新闻的报道逐年增多(虽然政治新闻仍然远远多于经济新闻)。三家报纸同时还关注中国的军事与国际关系,其中,《泰晤士报》和《南德意志报》对中国军事新闻的关注更多,而《费加罗报》则更关注国际关系(尤其中法关系)。《泰晤士报》和《南德意志报》同样对法治新闻感兴趣。《费加罗报》和《南德意志报》在这一时期还给予中国的文化新闻同样的关注,而一直关注中国文化的《泰晤士报》(根据作者对其自 20 世纪 90 年代关于中国的报道的统计)在金融危机之后的这七年里,排名前五的新闻议题里并没有文化新闻。

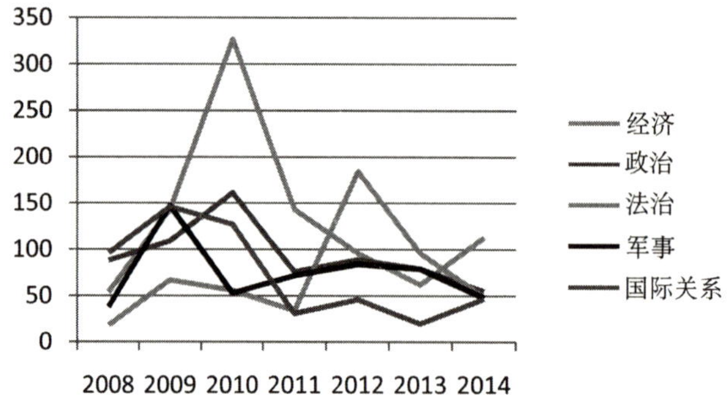

图 3 《泰晤士报》关于中国的新闻议题(前五位)

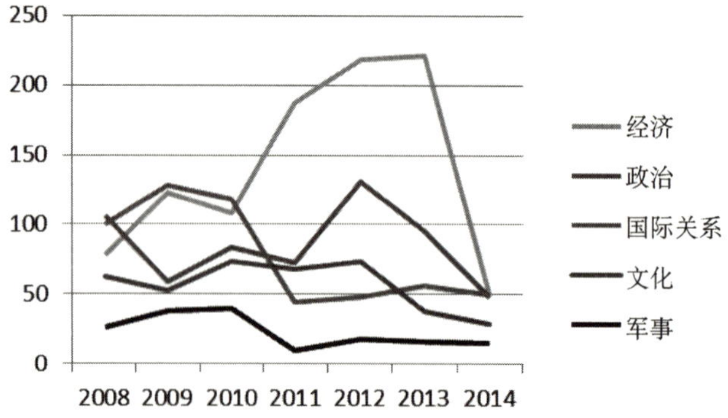

图 4 《费加罗报》关于中国的新闻议题(前五位)

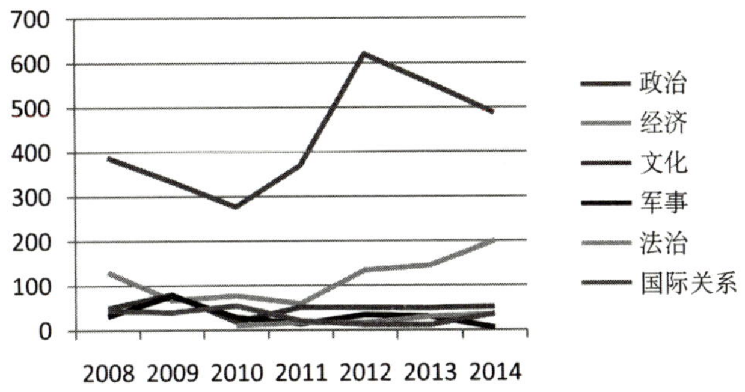

图 5 《南德意志报》关于中国的新闻议题(前六位)

(三)解构式框架分析

作者对 2008 年、2010 年和 2012 年三家欧洲报纸关于中国的报道分别进行了随机组合的“两个自然周”的抽样,并通过所取得样本自然生成三家报纸都报道的新闻事件,并围绕此新闻事件进行解构式的框架分析。

表 1 2008 年抽样自然周分布

	Monday	Tuesday	Wednesday	Thursday	Friday	Saturday	Sunday
2008	Jan. 14 Jul. 7	Feb. 26 Aug. 12	Mar. 19 Sept. 3	Apr. 17 Oct. 16	May. 23 Dec. 5	Jun. 21 Nov. 15	Jul. 13 Dec. 21

表 2 2010 年抽样自然周分布

	Monday	Tuesday	Wednesday	Thursday	Friday	Saturday	Sunday
2010	Jan. 11 Jul. 5	Feb. 23 Aug. 17	Mar. 17 Sept. 8	Apr. 22 Oct. 21	May. 28 Dec. 10	Jun. 26 Nov. 20	Jul. 18 Jan. 31

表 3 2012 年抽样自然周分布

	Monday	Tuesday	Wednesday	Thursday	Friday	Saturday	Sunday
2012	Jan. 16 Jul. 9	Feb. 28 Aug. 14	Mar. 21 Sept. 5	Apr. 19 Oct. 18	May. 25 Dec. 7	Jun. 23 Sept. 29	Jul. 15 Dec. 23

1. 案例:汶川地震(2008 年)

框架 1:关于个人的故事

《泰晤士报》和《南德意志报》同样用叙述个人故事的方式来报道发生在汶川的地震。《泰晤士报》引述了一位摄影家发表在网上的话来呈现地震发生那一刻的情形:"The ground started to shake. Our exit routes had already been blocked off, so we covered our heads and flung ourselves towards open space…I threw myself on to the ground, but held my camera aloft and continued to photograph the shaking earth and the trembling mountains. It was not done out of courage; it was done out of desperation, out of the belief that this was the end of the world."(地面开始摇晃。我们的出口通道已经被封锁了……我扑倒在地上,但高高举起我的相机,并继续拍摄剧烈晃动的地面和颤抖的山。这样做并不是因为勇气,而是因为绝望,因为我真的以为那就是世界末日)①《南德意志报》则讲述了一个村子里的小学老师作为幸存者的故事"alsplötzlichalleSchüler, Stühle und Tische von einemgewaltigenErdstoß in die Luftgeschleudertwerden. ' Erdbeben, raushier ', schreitjemand. Jiang schafftesnochvor die Tür. 'DannistvormeinenAugen die Schuleeingestürzt', erzählt der Lehrer."(所有的学生,椅子和桌子都被突如其来的地震抛在空中。我听见有人喊'地震,快离开这里!'然后整个学校就在我眼皮底下坍塌)②

框架 2:中国政府的反应以及中国媒体的表现

《泰晤士报》记录了中国政府为满足四川重建的巨大需求而做出的努力,"The Chinese government ordered one million temporary homes, schools and clinics to be built in the worst-hit region. They will be constructed from steel and wood, so that they can be quickly recycled when the concrete and cement start pouring again."(中国政府订购了重灾区需要重建的 100 万临时住房、学校以及诊所。它们将用钢材和木材建成,以方便在混凝土和水泥开始浇注的时候进行快速回收)③《费加罗报》则主要关注中国政府对外援的需求,以及政府"把受灾人群的需求放在党和国家的面子前面"④。虽然《费加罗报》以非常积极的口吻引述了中国政府领导人的原话:"Nous avons la détermination, la confiance et la capacitéqu'ilfaut pour surmontertoutes les

---

① "Moment That Doomed a Special Day 23 May 2008", *The Times*.

② "China: Folgtdem Erdbebenauchnochein Desasterfür die Umwelt?", 23 May 2008, *SüddeutscheZeitung*.

③ "Human cost of cut-price concrete is revealed in the rubble", 23 May 2008, *The Times*.

④ "Cinq millions de sinistrés chinois attendent tout de Pékin", 23 May 2008, *Le Figaro*.

difficultés et tous les obstacles"(我们有决心，信心和能力克服所有的困难和阻碍)，但它也强调"Il faudra plus que des slogans pour convaincre les armées de sans－abri"(政府需要做比喊口号更多的实事去说服那些失去家园的人)[①]。相对《泰晤士报》和《费加罗报》对中国政府的积极态度，《南德意志报》则显得消极许多。同样谈论外援，《南德意志报》批评中国政府行动太迟"die Entscheidung, dies zutun, istzuspätgefallen, und die Bürokratie hat ihreEinreise so langeverzögert, bis die Retterkaumnocheine Chance hatten, jemandenzuretten. Nur die russischen SuchtruppshabenbisjetzteineÜberlebendegefunden, am fünften Tag nachdemBeben."(决定来得太晚，官僚机构拖延了时间直到救援人员根本没有机会抢救任何人，只有俄罗斯救援队到目前为止救出了一位幸存者，在震后第五天)[②]

《费加罗报》和《南德意志报》非常消极地评论中国媒体如何报道地震。《费加罗报》说道，"La pressechinoise, presqueaffranchiedanssa couverture du tremblement de terre, vient de recevoir la ferme instruction d'offrir des reportages plus flatteurs pour le gouvernement?"(中国媒体明明可以自由地报道关于地震的大量事件，它们却因为收到来自政府的报道指令而忙于给政府拍马屁)[③]《南德意志报》的批评来得更为猛烈，"Chinas Medien so gut wienichtsdarüberberichtet"(中国媒体几乎没有报道环境的任何问题)，"Nur die China News Agencyhat den Besuch des Spitzengenossenknappgemeldet, ohnejedocheinWortüber die Umweltproblemezuverlieren. Die amtliche Nachrichtenagentur Xinhua hat die Visiteganzverschwiegen"(只有中国新闻社刚刚报道了这一访问，却只字不提任何关于环境的问题，而新华社则隐瞒了整个访问)"[④]。

框架3:地震遗留的问题

《泰晤士报》表达了对混凝土质量和施工过程的关注，因为"the massive devastation of the quake… had exposed the madness of building the country's economy with cheap, sub-standard materials"(地震造成的破坏……暴露了这个国家用廉价和不合标准的材料发展经济的疯狂速度)，此外，《泰晤士报》还看到"corruption, corner-cutting and haste are all reflected in the unhappy piles of wreckage that used to be towns and villages"(这些被地震摧毁的城镇与村庄的残骸

---

① "Cinq millions de sinistrés chinois attendent tout de Pékin", 23 May 2008, *Le Figaro*.

② Ibid.

③ "Cinq millions de sinistrés chinois attendent tout de Pékin", 23 May 2008, *Le Figaro*.

④ "China: Folgtdem Erdbebenauchnochein Desasterfür die Umwelt?", 23 May 2008, *SüddeutscheZeitung*.

所暴露出来的偷工减料和赶超速度的症结——腐败)[①]。《费加罗报》则转向观察地震对即将召开的北京奥运会可能造成的影响,"d'icisoixante－dix jours, la province sinistréedevraavoirpansésesplaies les plus visibles et offrir un visage rassurant aux téléspectateurs chinois comme aux camérasétrangères"(在70天内,这个满目疮痍的省份需要重新打扮妥当以在中外各国媒体面前塑造一个积极的形象)[②]。《南德意志报》对于环境的关注度大于另外两份报纸,在上述记录那位乡村老师作为地震幸存者解救被困学生的故事基础上,《南德意志报》着重讨论了氨气的问题,"Jiang gräbtweiter, dennersieht 'hiereine Hand, dorteinenFußaus den Trümmernragen'. Und dannkommt das Gas"(蒋老师继续挖着,在废墟的这边发现一只手,那一边看见一只脚,然后,氨气就来了)[③]。地震所造成的80吨氨气,"Wer das unverdünnteinatmet, stirbtsofort"(一旦未稀释被人体吸入,就能立即造成死亡)。不仅仅是氨气,《南德意志报》同样还看到盐酸和硫酸的问题,根据《南德意志报》转载的来自环境部门的数据,"Genaugesagtlagernnoch 6000 Tonnen Schwefelsäure und 7000 Tonnen Salzsäure in den Ruinen"(地震废墟附近差不多有近6000吨盐酸和7000吨硫酸),《南德意志报》认为这次灾难不仅仅是地震,而且还是一场"eineUmweltkatastrophe(环境的大灾难)"[④]。

2. 案例:全球第二大经济国(2010年)

框架1:中国的国民生产总值与人均生产总值对比

三家欧洲报纸对当年日本和中国的国民生产总值进行了报道并同时指出中国的人均生产总值仍然较低。《泰晤士报》说"the Japanese economy has been disappointing expectations for two decades(日本经济这20年来都很令人失望)"[⑤],但是"it was more sensible to look at per capita GDP rates, where Japan remains far ahead of China(观察人均生产总值会更敏感一些,因为日本仍然遥遥领先于中国)"[⑥],"Tokyo can also take some comfort in the fact that its per capita GDP of ＄39,731 is about ten times higher than China's (东京或许会觉得些许安慰,因为日本人均39731

① "Human Cost of Cut-price Concrete is Revealed in the Rubble", 23 May 2008, *The Times*.
② "Cinq millions de sinistrés chinois attendent tout de Pékin", 23 May 2008, *Le Figaro*.
③ "China: FolgtdemErdbebenauchnocheinDesasterfür die Umwelt?", 23 May 2008, *SüddeutscheZeitung*.
④ Ibid.
⑤ "Sun Sinking over Japan Casts a Deeper Shadow", 17 August 2010, *The Times*.
⑥ "Exhausted Old Giant Slips into Shadow as China's Sun Rises; Beijing Is All Lit up While Japan Slides into Economic Decline", 17 August 2010, *The Times*.

美元的 GDP 是中国的 10 倍以上)”[①],“China’s economic growth is phenomenal but its poor showing on these other measures suggests that not all of its population is sharing in the new prosperity(中国的经济增长是惊人的,但是在其他这些测量标准上不尽如人意的表现说明,并不是所有的中国人都在共享这新的繁荣)”[②]。《费加罗报》引述了一位网友在凤凰网上的留言“Quand est-ce que mon salaire dépassera celui d’un Japonais ?”(什么时候我的工资可以超过日本人?)继而引用专家的评论,“Car le revenu par habitant de la Chine reste dix fois moins élevé que celui de son rival. Un fossé qui ne sera pas comblé d’ici *à* quinze ans, même si le rythme de forte croissance se poursuit. ”(由于日本的人均收入比中国高 10 倍,即使中国经济继续保持增长,这个差距五年之内也无法填补)[③]《南德意志报》同样这样记录:“Andererseits übertrifft die Wirtschaftsleistung Japans pro Kopf gemessen jene Chinas noch immer um fast das Zehnfache. Die Kategorisierung sagt also ohnehin wenig aus. ”[然而日本的人均生产总值仍然超过中国的 10 倍以上,所以(之前关于国民生产总值的)分类意义并不大][④]

框架 2:中国何时超过美国?

《泰晤士报》和《费加罗报》问了同样的问题:中国什么时候成为世界最大的经济体?《泰晤士报》举例说明了中国已经领先于世界的几个领域,包括“中国拥有世界上最大的二氧化碳排放量(2007 年),是最大的黄金生产国(2008 年)、最大的汽车生产国(2010 年)和最大的能源消费国(2010 年)”[⑤]。《泰晤士报》还引述了高盛的首席经济学家吉姆·尼尔(Jim O’Neil)2009 年的预测:“It would happen in 2027, 14 years earlier than Goldman’s previous prediction made in 2003. More recently, PricewaterhouseCoopers has predicted that the US could be overhauled as soon as 2020. ”(在 2027 年,比之前 Goldman 在 2003 年作出的预期早 14 年,普华永道预测美国将在 2020 年被中国赶超)[⑥]《费加罗报》同样引用了这两个预测:“Après avoir doublé un *à* un les pays du G8, ravi la place de premier exportateur mondial *à*

① “Exhausted Old Giant Slips into Shadow as China’s Sun Rises; Beijing Is All Lit up While Japan Slides into Economic Decline”, 17 August 2010, *The Times*.

② “US is Next on the Target List”, 17 August 2010, *The Times*.

③ “Comment la Chine s’est imposée au monde en 30 ans”, 17 August 2010, *Le Figaro*.

④ “Haarspalterei; Japan steckt in der Klemme - da hilftkeineStatistik ”, 10 December 2010, *SüddeutscheZeitung*.

⑤ “US is Next on the Target List”, 17 August 2010, *The Times*.

⑥ Ibid.

l'Allemagne, Pékin a désormais les États-Unis en ligne de mire. Si le moteur continue *à* rugir sur le même rythme dans la prochaine décennie, le pays le plus peuplé du monde pourrait détrôner Washington durant les années 2020. "(逐一超过G8各国之后,并超过一直处于世界领先地位的日本,中国现在与美国十字线齐平。如果中国的发展引擎在未来十年继续咆哮前进,那么这个世界上人口最多的国家将在21世纪20年代超过美国)①

框架3:影响

《泰晤士报》考虑到通货膨胀的影响,"The grim news from Japan sent big country government bond prices up again. The yield on ten-year British government gilts hit 3.06 per cent, a level not seen since March last year…There are likely to be more inflation scares on the way, but the markets rightly see deflation as the bigger threat. "(日本的坏消息令诸多国家政府的债券价格止跌回升,英国政府的债券创下3.06 %的收益率,这是自3月份以来从未见过的水平……有可能还会有更严重的通货膨胀到来,而市场却并没看见通货紧缩其实是更大的威胁)②《费加罗报》和《南德意志报》则更多关注日本经济被中国赶超之后,亚洲其他国家对日本形成的挑战。《费加罗报》引用专家的话说,"Si on prolonge les tendances en cours et qu'il n'y a pas de guerre entre la Corée du Nord et celle du Sud, cette dernière dépassera le Japon dans environ dix ans. "(如果韩国保持目前的发展趋势,而且朝鲜与韩国之间不发生任何战争冲突的话,十年之内韩国将赶超日本)《南德意志报》同样说道:"Während der Nachbar Süd korea sich in den Freihandel stürzt, kann das Kabinett von Premier Naoto Kan sich noch nicht einmal auf eine Freihandelspolitik einigen. Stattdessen feiert es wirtschaftlich irrelevante Freihandelsabkommen, wie jenes mit Indien. "(邻国韩国已经敞开自由贸易,而日本的首相菅直人及其内阁却仍然无法在自由贸易的政策上达成一致)③

结　论

后金融危机时代的中欧关系越见紧密,新的政策文件的出台、不同级别的高层会

---

① "Comment la Chine s'est imposée au monde en 30 ans", 17 August 2010, *Le Figaro*.

② "Sun Sinking over Japan Casts a Deeper Shadow", 17 August 2010, *The Times*.

③ " Haarspalterei; Japan steckt in der Klemme - da hilftkeineStatistik ", 10 December 2010, *SüddeutscheZeitung*.

晤以及各个领域经贸合作的展开都为中欧关系的正常与健康发展奠定了积极而良好的基础。从三家欧洲精英报纸在金融危机之后对中国的报道综合来看，中国在欧洲媒体上所呈现的图景虽没有翻天覆地的变化，却仍然有一些细微的改变。《泰晤士报》和《费加罗报》在 2008 年之后对中国经济新闻的报道明显增多，对中国经济的发展速度与前景较《南德意志报》而言也更为认可。《南德意志报》则保持了其一贯的对政治新闻比较敏感的态度，即使是在后金融危机时代，即使经济新闻报道有所提升，但政治新闻仍然占据了其报道中国的绝大部分篇幅。值得注意的是，在报道经济新闻时，三家报纸都将重点放在新闻话题本身上。三家报纸在关注中国经济取得成就（如 GDP 超过日本）的同时也同样关注其自身存在的问题（如人均国民生产总值较低）。此外，三家报纸在 2012 年政治新闻的报道中逐渐倾向于引用中国官方媒体的报道和评论，这与之前 2008 年报道社会类新闻时对中国媒体的批判态度形成了强烈对比。《泰晤士报》和《费加罗报》相对积极地报道了中国政府 2008 年地震灾后重建的工作，《南德意志报》对此仍然持批判态度。总而言之，在后金融危机时代，三家欧洲精英报纸对中国的关注主题仍然集中于经济和政治，其中经济新闻报道变化的幅度较大，对中国社会、文化等其他层面的呈现仍然有很大局限。在对中国经济新闻的报道中，三家欧洲媒体在乐观地看待中国的发展速度的同时也在谨慎地观察着中国经济发展中的不足与问题。而在对中国政治新闻的报道中，三家欧洲媒体虽然有所保留但都没有明显地表达支持或反对，并逐渐倾向中立。日益加深的中欧之间的依存关系或多或少对欧洲媒体如何呈现中国发生着作用，而这个作用究竟有多大还需要更深层次的分析和解读，本文只是抛砖引玉的一次尝试。

参考文献：

Alberti, L. & Hollihan, T. A. (2014), "Market Panics and the Limits of National Power and Authority: An Argumentative Analysis of the 2011 Italian Debt Crisis". *International Journal of Communication* 8, 335－354.

Casarini, Nicola (2014), "Xi Jinping and the EU", *European Union Institute for Security Studies*, April 2014.

Chang, T. K. (1993), *The Press and China Policy: The Illusion of Sin-oAmerican Relations, 1950－1984*. Norwood: Ablex Publishing Corp.

Entman, R. (1993), "Framing: Toward Clarification of a Fractured Paradigm", *Journal of Communication*, 43(4), 51－58.

Giles, D. & Shaw, R. L. (2009), "The Psychology of News Influence and the Development of Media Framing Analysis", *Social and Personality Psychology Compass* 3/4, 375—393.

Gitlin, T. (1980), *The Whole World Is Watching: Mass Media in the Making & Unmaking of the New Left*. Berkeley: University of California Press.

Goodman, R. S. (1999), "Prestige Press Coverage of US—China Policy during the Cold War' Scollapse and Post-cold War Years", *International Communication Gazette*, 61(5), 391—410.

Graber, D. (1988), *Processing the News: How People Tame the Information Tide* (2nd edition), New York: Longman.

Goffman, E. (1974), *Frame Analysis: An Essay on the Organization of Experience*. Cambridge, MA: Harvard University Press.

Hallin, D. C. & Mancini, R. M. (2004), *Comparing Media Systems: Three Models of Media and Politics*. Cambridge University Press

Huang, Y. & Leung, C. C. M. (2005), "Western-led Press Coverage of Mainland China and Vietnam during the SARS Crisis: Reassessing the Concept of "Media Representation of the Other". *Asian Journal of Communication*, 15(3), 302—318.

Jacques, M. (2009), *When China Rules the World: The Rise of the Middle Kingdom and the End of the Western World*. Allen Lane Penguin Books. 165—166 & 399—401.

Kahneman, D., & Tversky, A. (1984), "Choices, Values, and Frames", *American Psychologist*, 39(4), 341 - 350.

Li, X., & Cyr, C. S. (1998), "Human Rights in China: A Pawn of Political Ggenda?" *Gazette*, 60(6), 531 - 547.

Lee, C. C. (2002), "Established Pluralism: US Elite Media Discourse about China Policy", *Journalism Studies*, 3(3), 343 - 357.

Lodge, M. & Wegrich, K. (2011), "Arguing about Financial Regulation: Comparing National Discourses on the Global Financial Crisis", *Political Science & Politics*, 44 (04), 726—730.

Luther, C. A., & Zhou, X. (2004), "Within the Boundaries of Politics: News Framing of SARS in China and the United States", *Journalism and Mass*

Communication Quarterly, 82(4), 857 - 872.

Palmieri, R. (2009),"Regaining Trust through Argumentation in the Context of the Current Financial-economic Crisis", *Studies in Communication Sciences* 9(2), 59—78.

Palmieri R., Rigotti E. (2010),"Analyzing and Evaluating Complex Argumentation in an Economic-financial Context", in Reed, C. &Tindale, C. W. (eds.) (2010). *Dialectics, Dialogue and Argumentation. an Examination of Douglas Walton's Theories of Reasoning and Argument*. London: College Publications, 85—99.

Peng, Z. J. (2004), "Representation of China: An Across Time Analysis of Coverage in the New York Times and Los Angeles Times",*Asian Journal of Communication*, 14(1), 53—67.

Riker, W. H. (1986),*The Art of Political Manipulation*, Yale University Press.

Seib, P., & Powers, S. (2010),"China in the News: A Comparative Analysis of the China Coverage of BBC World Service, CNN International, and Deutsche Welle",*USC Center on Public Diplomacy*.

Sparks, C. (2010),"Coverage of China in the UK National Press", *Chinese Journal of Communication*, 3(3), 347—365.

Stone, G. C., & Xiao, Z. (2007),"Anointing a New Enemy: The Rise of Anti-China Coverage after the USSR's Demise",*Gazette*, 69(1),91 - 108.

Tselichtchev, I. (2012), *China Versus the West: The Global Power Shift*, John Wiley & Sons Singapore Pte. Ltd.

Wilke, J. &Achatzi, J. (2011),"From Tian'anmen Square to the Global World Stage:Framing China in the German Press, 1986—2006", *Chinese Journal of Communication*, 4(3), 48—364.

Willnat, L. & Luo, Y. (2011),"Watching the Dragon:Global Television News about China",*Chinese Journal of Communication*, 4:3, pp. 255—273.

Wodak, R. & Meyer, M. (2008),*Critical Discourse Analysis: History, Agenda, Theory and Methodology*. Sage publication.

Zhang, J. & G. T. Cameron (2003),"China's Agenda Building and Image Polishing in the US: Assessing an International Public Relations Campaign", *Public*

Relations Review 29, pp. 13—28.

Zhang, L. (2011), *News Media and EU-China Relation*, Palgrave macmillan. New York.

〔张展，瑞士卢加诺大学中国传媒观察研究中心博士后、研究员〕

西方媒体情绪性话语建构下的中国环境形象

——以第21届联合国气候变化大会期间的德国涉华报道为例

China 's Environmental Image under the Construction of Emotional Discourse in Western Media

—Taking Germany 's China-rclated Report During the 21st United Nations Climate Change Conference as an Example

◎ 程素琴　邓惠琦

Cheng Suqin　Deng Huiqi

摘要：气候和环境问题不仅是各国政府、媒体、民间关注的焦点，而且也成为当下环境传播、国家形象和国际社会涉华舆论研究的重要议题。本文通过对德国三大主流大众媒体《明镜》周刊(*Der Spiegel*)、《南德意志报》(*Süddeutsche Zeitung*)、《时代》周报(*Die Zeit*)在第21届联合国气候变化大会期间的涉华报道的话语束进行梳理与提炼，以期探究西方媒体在关于气候变化大会的新闻文本中所使用的情绪性话语建构模式及其影响下中国环境形象的污名化、简单化、他者化的呈现。

关键词：德国媒体，中国，环境形象，新闻文本，话语束，情绪性话语建构

Abstract: Climate and environmental issues are not only the focus of governments, media and civil society, but also become the focus of current environmental communication, national image and international public opinion research. In this paper, the German mainstream media, *Der Spiegel*, *Süddeutsche Zeitung*, *Die Zeit* in the 21st session of the United Nations Climate Change Conference of China-related reports Discourse bundles to explore the Western media in the Climate Change Conference, the news text used in the emotional discourse of the construction of the model and its impact on China's environmental image stigma, simplification, the presentation of others.

Keywords: German media, China's environmental image, news tex, discourse bundle, emotional discourse construction

一、研究背景

2015 年 11 月 30 日至 12 月 11 日，第 21 届联合国气候变化大会在法国巴黎召开。此次巴黎气候大会是全球在应对气候变化问题上继 2009 年哥本哈根气候大会后的又一重大历史机遇，由于哥本哈根大会成果寥寥，因此这次巴黎大会受到了广泛关注，大会甚至被喻为拯救世界之举。德国媒体也热议了此话题，《明镜》周刊认为，无论是难民潮、恐怖袭击还是债务危机，目前都还局限在部分地区，而全球变暖是全人类共同面临的挑战，自然也关乎德国人自身的利益。近年来，中国的气候环境问题已经成为外国媒体最热衷的议题之一。本文通过对德国三大主流大众媒体——《明镜》周刊、《南德意志报》、《时代》周报在第 21 届联合国气候变化大会期间的涉华报道的话语束进行梳理与提炼，以期探究西方媒体在气候变化大会的新闻文本中所使用的情绪性话语建构模式，并试图探究在此情绪化的话语建构中，中国的国家形象与环境形象的呈现。

二、研究设计

对于新闻文本的话语束的分析，本文重点关注的是文本的选词、表达的情态(是确定还是怀疑，是摆事实还是情态描述)，并由此来探析在涉华环境报道的情绪性词汇及文本的建构过程中的“框限”“选择”以及“主观重组”，以帮助我们窥见德国主流媒体在新闻文本的编码和话语的构建中对“中国”之意义构造意图与策略(周海霞，王建斌，2011)。

我们以“气候(Klima)”“巴黎(Paris)”以及“中国(China)”为关键词，“2015 年 11 月 1 日至 2015 年 12 月 20 日”为时间区间，对第 21 届联合国气候变化大会期间，德国三大主流大众报刊《明镜》周刊、《南德意志报》、《时代》周报的所有涉华报道进行筛查，排除图片新闻、从其他媒介机构转载的新闻后，选择其中与中国及气候议题密切相关的文章，建立起一个包含 46 篇新闻文本的语料库，其中《明镜》周刊 6 篇、《南德意志报》24 篇、《时代》周报 16 篇，均为消息和评论。并从此语料库中，将所有涉华的话语片段(Diskursfragment，即涉及一个特定主题的文章或文章的一部分)，关于中国形象与环境形象的内容提炼出来，形成四大情绪性话语束(Diskursstrang，指包含同一主题的所有话语片段的集合)，分别是：中国形象的拟人化修辞、新霸权国度的批评、环境形象的极化表述，以及政府与民间的二元叙事等；这四大话语束分别反映了在气候环境议题下德媒对中国的主要观点，并试图在每一个话语束层面分析德国媒体如何设置新闻框架来进行报道和评论。

新闻文本中的情绪化话语建构，一向被认为与新闻专业主义是背道而驰的，但却在新闻史与新闻实务的发展中频频可见。它通过构建新闻中的情境，技巧性地带入主观化、个人化的情绪以影响新闻受众。学者从批判新闻报道中的情绪化事实出发，来探讨这一现象在市场化新闻操作中的不良影响。有学者认为，新闻文本中的情绪化呈现容易导致“煽情新闻”。虽然“镜子式客观反映理论与公众知情权理论”（王传宝、王金礼，2010），为新闻煽情主义提供了实践与道德辩护的主要依据（刘枫，2015），但新闻文本中的情绪化话语建构仍然体现了一种刻意扭曲的专业异化。

三、研究发现

(一)拟人化情绪修辞中的中国形象

1. 中国的国家标签之争

相较于《京都议定书》与哥本哈根气候大会时期而言，中国已经不再给自己贴“发展中国家”标签，愿意主动承担起作为新兴工业化国家在应对全球气候变化方面的责任，但仍呼吁要区分发达国家、新兴工业化国家与发展中国家。对于中国坚持的“国际社会不能忽视新兴工业化国家之发展诉求”的观点，这三家媒体呈现出集体反驳的趋同性特征，“队伍”“乐于”“喋喋不休”“躲藏”“老套”等词语的频繁使用，拟人化地暗讽中国过时的阵营意识。《明镜》周刊认为这种对国家的划分是“schematisch”（贬义词，意为“老套、死板的”）。《南德意志报》的报道指出，中国强调 G77，是为了“把自己藏在发展中国家的队伍里”，认为中国将自己视为发展中国家是在逃避责任。

2.“破坏者”“杀手”“坏榜样”等词汇被广泛引用

在提及中国时，“Klimasünder”或者是“Klimakiller”等词汇成为高频词屡屡出现，Klimasünder 意为刻意破坏环境之人，如“20 年前没有人能预料到中国会成为最大的环境破坏者”，而 Klımakiller 则是气候杀手，带有更为强烈的情感和道德批判色彩。在 2009 年哥本哈根气候大会以及 2014 年 APEC 会议期间，这两个词就为德国媒体所广泛借用以描述中国。在长期、负面的重复使用中，中国被置于拟人化、情绪化、主观化的评论话语中予以呈现，并在反生态和反社会的形象隐喻中被孤立为全世界的对立面。

(二)环境形象的极化表述

在所涉新闻文本中,三家媒体多次提及中国现在是“二氧化碳排放量最大的国家”,认为“中国的碳排放将显著决定地球变暖的强弱程度”,所以遏制全球变暖,“关键取决于中国”。但没有一家媒体指出中国人均碳排放远远低于发达国家。

在此次气候变化大会期间,恰巧中国国内空气严重污染,北京市首次发出红色预警,三家媒体更是密集报道“中国大气污染非常/极其/很严重”。

中国被描述为全世界“最大的污染者”,把雾霾笼罩下的北京形容成“消失在烟雾里”,把建筑物比作“乳白色的剪影”,《南德意志报》的一篇报道描述了一幅极度惊恐的景象:北京的市民不用看空气指数,光是通过头痛、流泪、咳嗽和呕吐就能知道空气有多糟。该文引用网友评论,认为北京是环境极端恶劣之城,是“灾难片”。文章以极为情绪化的词汇进行叙事:北京将在2016年底前拆除最后一个靠烧煤发电的电站,但全国范围内,平均一周就要新建四个这样的电站。

大量前缀为“最”的描述和情绪化的心理呈现充斥在极度惊悚的情境化的新闻文本中,三家媒体将中国置于西方“环境风险观”的绝对对立面,并将中国的经济腾飞与暴力化的比喻联系在一起。在环境风险观指导下,由于资本扩张时期的前车之鉴,西方国家对于环境保护的重视程度远远高于中国,在涉及环境问题的政策上也更为保守,故对于中国因发展而产生的污染问题(雾霾)持一种极为情绪化的、恶劣的批判态度。而将雾霾与巴黎气候大会这一国际重要事件联系起来,是为了加强这种批评的力度,加深新闻的舆论影响,唤起更多对中国环境问题的指责。德国媒体主动将空气污染(雾霾)与气候变化大会的相关新闻关联是有意为之,但这种联系是一种弱联系。联合国气候变化大会是为了应对全球变暖而不是为了治理空气污染,在所有文本中,只有《时代》周报的一篇文章说道,“中国致力于气候变化也是为了减轻国内的大气污染”。其他文本都是在没有任何解释的情况下,就把两者“愤怒地”联系起来,这种框架构建的自我矛盾性也体现在《南德意志报》的一篇报道里。文章提到,中国的环境灾难恰好是在联合国气候变化大会于巴黎商讨如何限制全球变暖之际到来。偏激、情绪化的报道语言呈现出一种非理性的蔓延。

(三)新霸权国度的恶意想象与批评

在新霸权国家的恶意想象中,中国被构建为富有却自私的国家。环境投资是本次巴黎大会一个争议点。中国是否出资帮助发展中国家应对全球变暖也为德国这三家媒体热议。三家媒体也多次提到了“富国”要出钱帮助“穷国”。由于德国已经承诺将出资，所以德国媒体对于“关于新兴工业化国家出资是否可以实行‘自愿制’的协商”表示不满，《南德意志报》讽刺地说，“这种谈判给了语言学家们足够的乐趣，但是德国经济可不买账”，希望中国多出钱。

德国媒体迫切希望中国出钱出力是有原因的。德国，或者说欧盟都面临着经济衰退、难民潮、恐怖主义等威胁，因此对于一力承担起保护环境的责任，德国必然会感到有些力不从心，而德国一直是推动全球应对气候问题的积极行动者，于是德国媒体瞄准了经济发展成果醒目的中国(也包括其他金砖国家)。德媒认为，中国已不再是发展中国家，《京都议定书》中将中国划分至不需要承担责任的发展中国家这一提法已经过时，要对中国一视同仁。

在有关该议题的新闻文本中，新闻人员通常的做法是引用诸如金砖国家领导人关于要注意新兴工业化国家发展权利的发言，然后对其进行批评，但极少援引这些国家参会者宣扬信心、宣读计划等正向的内容，有明显的素材取舍痕迹，这种框架设置容易造成舆论对这些国家的“差评”。总而言之，我们看出德国媒体在这个议题上明显的自身考量以及引导舆论把注意力转向中国及其他金砖国家的意图，在淡化自身责任的同时，又将中国建构为不承担世界责任的霸权强国形象。

有两篇新闻文本温和地提及了中国近年来在气候变化问题上的进步举措。在哥本哈根气候大会期间，中国还被认为是最大的环保责任“否认者”，现在，中国主动承诺将在 2030 年前达到碳排放峰值、减少对传统能源的依赖并加强对新能源的开发利用。全球煤炭消耗量减少将得益于中国减少了煤炭的使用量。

但对于这一环境治理目标，不信任的质疑被刻意地放大。其一是新闻文本对中国环境形象控制的有意放大，以极为感性化的新闻语言来突出中国在 2030 年的节点之前“想排放多少二氧化碳就排放多少”；其二则理性化地评估了中国在减排重任前兼顾增长的压力，中国因此“会因为发展经济和为使贫困人口脱贫而增加碳排放”“或为了获得大量的出口收入而出售煤”。更重要的是，“中国在环保方面的投资尚不足”。

《明镜》周刊、《南德意志报》、《时代》周报三家媒体都在 11 月 4 日发文，报道美国《纽约时报》援引中国统计局数据称“中国的煤使用量和碳排放量要比此前公布的数据多多了”这一事件，并将其与 11 月月底举行的巴黎气候大会联系在一起，将其描述为大会前的一个将会让谈判复杂化的“坏消息”。

德国这三家媒体在报道中国雾霾时，没有纯粹报道事件的文章，其在行文中质疑和批评政府的趋向性十分明显，对于政府的批评在下一个话语束层面将进行详细论述。

(四)政府与民间的二元叙事

三大媒体的报道均刻意塑造出一个不负责任、不敢于直面环境问题的中国政府形象,比如政府的气候目标之所以具体,是因为不敢公布具体的排放数据;政府在网上删去了柴静的纪录片《穹顶之下》;政府此前谎称那灰蒙蒙的一片是雾而非霾,等等。另外,《时代》周报的一篇评论认为,中国政府一直在找借口来避免发出红色预警,其目的是担心发布红色预警后必须采取的限号限行、关停工厂等措施将会停顿生产和交通,进而影响经济发展。而发布红色预警只是因为正值巴黎气候大会,不能有损中国环保积极者的形象,所以德媒认为,红色预警更多的是外交手段以及谈判策略,而非真的关心环境问题。在描写中国承诺将在气候问题上有所行动时,《时代》周报对"Taten(行为)"一词加了引号,以讽刺的方式质疑中国政府。"中国是最大的碳排放国"和"中国主张各国都要采取措施"被并置于新闻文本中。

而三大媒体对中国民众越来越强的环保意识表示了肯定,它们表扬越来越多的中国民众成为环保人士和环保积极分子,他们不会再视周边污染环境的行为而不见,越来越多的人开始驾驶电动车,也建立起更多研发新能源的公司,个体经济同样也开始投资大气保护领域。

《南德意志报》称,空气治理成功与否,不是看高喊的相关数据,而是"是否能真的看见蓝天";北京市民不需要市长王安顺"提头来见",他们只"需要干净的空气"。《南德意志报》表示公民仅有环保意识是不够的,还要拿起"言论"与"监督"这两样武器。

在对政府报道时采取批评框架,是因为德国记者对中国政府从根本上来说是持批判态度的。"德国记者对西方的政治制度有着高度的认同,认为这是通向自由、民主、法治和富裕的必由之路。相应的,他们倾向于将中国社会出现的问题都归咎于政治制度的弱点。对这些问题的揭露和批判有助于维持其既定的认知结构。"(孙进, 2014:38)

以意识形态画线,在环境问题框架下引入言论自由、媒体监督等议题,是西方媒体一贯的话语建构模式,在环境议题中也是如此。中国政府被塑造为虚伪的、冰冷的形象,而民众被刻画为自发的、激情的群体。在此二元对立模型中,无形中中国已被再度他者化为"前现代性"的国度。

结　语

本文分析了《明镜》周刊、《南德意志报》及《时代》周报这三家媒体在涉华环境报道中的话语束的形成，并由此探析新闻文本情绪化话语建构下的中国环境形象。德国这三家媒体的传播策略是极为传统和清晰的。它们以情绪化话语呼唤读者认同，以意识形态为旗帜树立批评标尺，嬉笑怒骂之间将负面的中国形象呈现于新闻之中。在此影响下，甚至出现了部分失实报道，如《时代》周报指责中国拒绝签署《京都议定书》。

在跨文化的传播语境中，新闻文本中的"媒介事实"以及他者"迷思"更为常见。现代性语境下的异化的中国民众、"他者化的中国形象"已经成为西方媒体报道中国的一种话语建构常态（郭小平，2010）。这种话语常态不仅勾连了19世纪殖民视野下中国孱弱的前现代性历史想象，更是发散向20世纪意识形态对抗中中国"野蛮"发展的非理性想象。这双重想象时而重叠时而分散，形成了西方媒体在涉华报道中极为常见的情绪化话语的内核。在本文所解读的德国三大主流媒体的报道与评论中，这一种话语建构常态也出现了，但是呈现出更为拟人化、情绪极化的特征。

在此情况下，我国在构建中国环境形象方面更要主动出击。德国媒体热衷于批判，是其新闻评论之习惯，我们应该"摆脱'中国威胁论'的自我安慰"（郭小平，2010），正视批评，更要认清其情绪化话语建构的德国式传统，在环境议题下意识形态的流动。另外，公共外交和环境外交应拓展全新的交叉领域，化被动为主动，争取话语权的重建。

参考文献：

郭小平：《西方媒体对中国的环境形象建构——以〈纽约时报〉"气候变化"风险报道（2000—2009）为例》，《新闻与传播研究》2010年第4期。

刘枫：《警惕新闻报道中的情绪性事实》，《中国广播电视学刊》2015年第5期。

孙进：《德国对中国的看法为何很负面》，《当代社科视野》2014年第8期。

王传宝、王金礼：《新闻煽情主义的伦理批判》，《新闻与传播》2010年第6期。

周海霞、王建斌：《经济危机时期德国媒体中的动态中国经济形象——以德国主流媒体〈明镜〉周刊和〈时代〉周报2009—2010年涉华报道为例》，《德国研究》2011年第1期。

〔程素琴，中国传媒大学新闻传播学部副教授；邓惠琦，中国传媒大学新闻传播学部国际新闻传播专业研究生〕

文化与批判

《山寨百家讲坛》：融合文化中的跨媒介仪式

Mountain Fastness Lecture Room：Cross-Media Ceremony of Fusion Culture

◎崔　玺

Cui Xi

摘要：既有的媒介仪式研究多基于"媒介事件"的理论基础，即使对日常内容的关注越来越多，多数研究也仍然聚焦于单个节目、单个节目类型，或者是单个媒介。基于对《山寨百家讲坛》的案例分析和相关访谈，本文认为，在媒介融合时代，不同媒介和不同类型的日常节目内容可以互动而形成一个跨媒介、跨节目类型的媒介仪式。从后涂尔干视角出发，作者认为，融合并饱和的媒介环境不再是把媒介消费者指向一个共同认同的神圣的社会信仰系统，而是将他们引向一种对媒介世界高于日常生活的认识体系。这一体系引导着人们的媒介使用，甚至是日常行为，从而成为当代社会一种新的治理方式。

关键词：媒介仪式，后涂尔干主义，跨媒介，融合文化

Abstract: The former researches on media ceremony are most based on the theoretical basis of "media events". Even though more and more attention is paid to daily content, most researches still focus on single programs, single program types or single media. Based on the case studiesand interviews of the lecture show "Cottage Lecture Room", the author argues that routine contents of different genres and media can interact to form a trans-genre and trans-media ritual in the area of media convergence. From the post-Durkheimian perspective, the saturated and convergent media environment orients people not toward a sacred society-widebelief, but rather toward the higher status of the media world against our ordinary life. The system guides people's use of medium and even daily behavior that becomes a new way of governance in our contemporary society.

Keywords: media ritual, Post-Durkheimian, transmedia, convergence

引 文

“山寨”一词最早见于香港，指 20 世纪六七十年代香港狮子山上的一些小商品作坊。21 世纪初大批廉价的国产手机开始在国内和许多其他国家大规模占领市场。这些手机大多数模仿畅销型号的外形和畅销品牌的视觉识别元素。手机商人称它们为“山寨版”。“山寨”一词由此与手机联系在一起，并从商人们的行业术语变成了社会广泛理解的通用词汇。随着整个手机产业链的成熟，一些山寨手机生产商开始根据市场需求研发一些创新功能。“山寨”一词的含义也开始慢慢从“廉价”“仿冒”向“草根”和“创新”转变。

大约从 2008 年开始，伴随着山寨手机的火爆，“山寨”一词开始逐渐被人们用于生活的方方面面，文化领域尤其明显。一些模仿知名电视节目的网络视频开始出现，并广泛传播。这些视频通常被称作所模仿节目的“山寨”版。一些山寨视频甚至引起了传统媒体的注意，并开始被报刊、广播和电视等传统媒体跟踪报道。关于山寨视频制作者和视频制作的报道铺天盖地，成为街头巷尾的热门话题。更重要的是，使得山寨发展为一个社会文化现象的是媒体，特别是传统媒体，它们赋予制作者们以名人身份，从而使他们具有对更广阔的社会话题发表评论的文化权威。甚至连党报和电视新闻节目都以专栏或社评的方式对这种草根文化实践给予了关注。对自发的民间文化行动给予肯定，这在国内的官方媒体上并不多见。

依托尼克·柯德瑞(Couldry, 2003)对媒介仪式的理论分析，本文从后涂尔干主义视角分析所谓的“山寨文化”现象。从主流电视节目到网络上的山寨戏仿，从山寨视频的“病毒传播”到主流传统媒体的报道，再到进一步衍生出来的、对山寨视频的山寨戏仿，作者认为，对山寨文化的分析不能只孤立地专注于某一种媒介和节目形态，而应该把山寨文化里包含的整个媒介链条看作一个跨节目类型、跨媒介的仪式性行为，因为其揭示的远不止是草根、创新、戏仿之类的局部的文化特征，而是整个社会对媒介作为社会文化权力中心的向往。这种文化取向植根于融合和饱和的媒介环境，但也依托着关于“山寨”的叙事在不同内容样式、不同媒介中的流动(Jenkins, 2006)。这个叙事既反映了，也再生产着作为一个整体的媒介空间所拥有的符号权力(Bourdieu, 1991)。

在下文中，笔者将首先综述媒介研究的仪式观，把将新闻、真人秀和网络参与作为媒介仪式进行的分析分别加以综述。这将作为本文对山寨文化分析的理论框架。然后，笔者将以《山寨百家讲坛》为案例，详细分析人们在媒介融合的环境中与媒介相关的仪式性行为。笔者将论证，这种实践所表达的是某些群体，而非是整个社会，所信仰的某种“神圣的”社会意义。同时，囿于他们的社会文化权力，对这种社会意义的追求又几乎只能以特定的媒介实践方式展开。在此过程中，被塑造成为“媒体人”(Couldry，2003)的山寨视频制作者们成为更宏观的媒介仪式的一部分，再生产着一种符号性的社会秩序以及媒介的权力。最后，本文希望提供一种对媒介世界与日常世界之间的等级关系，及其对社会生活方式的影响的批判视角。

一、媒介仪式：媒介世界与日常世界

关于仪式的研究最早始于人类学家的著述。他们分析了较为简单的部族社会中和极其复杂的工业城镇社会中的各种仪式行为(例如 Baumann，1992；Durkheim，1995；Turner，1995)。通常认为，这些仪式性行为的作用之一是维系着社会普遍认可的一些信念和价值体系，从而使社会凝聚在一起。仪式作为形式化的、反复出现的行为实质上是符号性的，传播、交流并确认和维系着某些信念和价值观的文化重要性。从传播的角度看，仪式是“一种对有的放矢的模式化行为的自发表演，用以符号性地生成或参与庄严的生活”(Rothenbuhler，1998：ix)。

媒介研究中的仪式观将某些媒介中的符号性再现和受众的模式化行为看作具有社会属性的仪式。于是媒介不单单在空间中传输讯息，更重要的是，它通过“再现共同认可的理念”(Carey，2009：15)在时间流中维系社会秩序和认同。戴扬和卡茨的《媒介事件》可以算是媒介仪式研究的开山之作(Dayan & Katz，1992)。他们将电视直播的重要事件看作表达和强化社会价值观的社会仪式。与戴扬和卡茨对特殊事件的关注不同，西尔弗斯通基于对日常生活的分析提供了一个相类似的观点(Silverstone，1994)。但是，柯德瑞将这种专注于仪式在维系社会信念和秩序上的作用的论述称为新涂尔干主义观。这种观点认为，在现代社会中，媒介中的某些内容替代了传统的宗教甚至是国家政治仪式，起到了强化社会忠诚、增强社会凝聚力的作用。

然而，柯德瑞的后涂尔干主义与早先媒介研究中的新涂尔干主义视角有着重要区别。柯德瑞认为，处于我们社会中心的并不一定是所有人公认的“神圣的”信仰。事实上，媒介仪式或媒介所再现的日常生活是多意的，而且这些意义是开放的和可争论的(Cottle，2006)。在我们生活的当代社会中，处于中心地位的恰恰是媒体本身，人们将其看作具有更高重要性的空间，并且在其中寻找对自己来说有意义的生活。更重要的是，在后涂尔干视角下，媒介的这种中心性是建构的，隐含着媒介定义和治理日常生活的权力。

但作者认为，即使是柯德瑞，在《媒介仪式》一书中对媒介仪式维度的分析也是被不同的节目类型和媒介所分割的，例如脱口秀、真人秀、热门电视节目的"粉丝"网站等。当然，他的总体论点是媒介是一个整体的"仪式性空间"，但他并没有提供一个节目类型和媒介互相联动的模型或具体案例。为了把柯德瑞的后涂尔干视角引向深入，笔者将首先从仪式角度对新闻、真人秀和互联网参与进行简要综述。然后笔者将试图把围绕同一个主题的跨媒介叙事联系起来，用以展示媒介而非具体媒体的内容形式是如何把人们引向对媒介地位的特殊认识，并在一定程度上规定着人们的日常生活行为的。

让我们从最古老、最基本的大众媒介类型——新闻入手。总体而言，新闻这种类型"不应该被理解为依据媒介文本而定义的类别，而应该理解为一个分类过程，这个过程跨越整个媒介工业、受众、政策、批评以及历史语境的文化领域"(Mittell, 2004)。所以，新闻作为一种事实性内容形态不仅仅植根于镜头、引语或写作结构所带来的真实性，更植根于人们，特别是制作者和受众将其看作接触社会现实的唯一通道这种仪式性的观念。

我们对新闻重要性的认识一方面来自于新闻生产过程中的"客观性"。Westerståhl(1983)区分了客观性的两个层面：事实和中立。客观性已经被新闻从业者内化成为一种职业迷思和仪式(Berkowitz，1997；Karlsson，2010；Schudson，1995)。这种客观性植根于长久以来形成的新闻实践传统以及层出不穷的各种技术进步。同时，它们也为这种客观性提供了保证。新闻的客观性也通过新闻写作结构、直接引语、音频和视频素材等传递给了受众。这样，对受众来说，被报道的内容常常被不假思索地认定为需要了解的内容。另一方面，新闻作为一种媒介内容类型的重要性也来自于我们对媒介整体的仪式性信念。即使一条新闻能被受众从不同角度解读，我们对新闻"里"的事物的关注也总是高于那些没被报道的事物。柯德瑞把这种媒介世界与日常世界的区隔归咎于媒介组织建构起的自己与普通人之间的很难逾越的边界(Couldry, 2000, 2003)。而真人秀的兴起"仿佛"打破了这一界限，使得"普通人"有机会进入从前戒备森严的媒体世界。

受众把真人秀看作"与现实的对话"，并且"通过这种观念，它们'真人秀'制造着关于现实到底是什么的知识"(Biressi&Nunn, 2005:4)。从后涂尔干主义角度看，这恰恰源于媒介"里"的世界与日常生活之间的等级区别的自然化。人们下意识接受这种等级区别，但却往往根本意识不到它的存在。真人秀节目不过是通过给予普通人上电视的机会而进一步隐藏了这种区别。这些媒介中"普通"人为实现自己的目标，为实现自己的人生意义而拼搏、奋斗。他们看上去是和观众一样的普通人，但他们却有着质的不同，因为他们其实是媒体人。

同时，在这些节目中，现实看上去又是自发的，没有剧本的。很多学者都指出，真人秀没有剧本并不代表剧中的行为不是表演。事实上，剧中参与者在摄像机前的表现通常严格遵循（或故意违反）某种社会文化或亚文化规范，而远非是自发或随机的(Corner, 2002; Hills, 2005;Ouellette & Hay ,2008)。在后涂尔干观点中，人们通过媒体表达的不再是一个共有的、统一的信念（新涂尔干主义观），而是人们依照个人的身份认同表达/表演甚至可能是互相冲突的意义。这些表达/表演对于参与者和观众来说都有高于日常生活的重要意义，因为他们出现在媒体"里"。

将对新闻和真人秀的仪式分析结合起来，笔者想在这里做一个大胆的理论推理。针对某个新闻事件一系列的报道以及牵涉其中的新闻当事人可以被看作是现实生活和实时发生的一个真人秀。主人公的成功、失败，他们的艰辛、幸福都在新闻媒体对事件发展的报道中得以逐步展现。当事件的新闻性与作为普通人的新闻主人公碰撞在一起时，一系列的新闻故事就会在人们对社会意义的感知中变得更加重要。这些媒介化了的故事不是要教人们去拥有一模一样的梦想，不是试图灌输给读者某一种固定的意义，而是暗示了进入媒介世界对于实现他们的梦想或目标的重要性。奥莱特和海(Ouellette & Hay,2008)把真人秀作为一种新的治理方式进行了理论探讨。从后涂尔干角度看，这种新的治理模式基于人们对媒介本身的总体理解，一种仪式性的信念，而非对具体媒介内容的理解。笔者将会在后面的案例分析中以具体证据来支持这一论点。

然而，跨越边界进入媒体世界，即使是真人秀，也并非易事。在目前的媒体环境中，恐怕只有互联网是跨越这种边界的最便捷的途径了。互联网参与还没有被作为媒介仪式加以足够论证，然而，有一些学者零星地提到了万维网和对媒体的仪式性使用(Couldry, 2003; Hartley, 2008)。柯德瑞论证道："正是互联网，作为一个具象的、自然化的社会协作空间……最有可能生成一些仪式形式，尽管，我认为，这些形式要稳定下来还需要一些时间。"(2003:129—30)

就像真人秀节目一样，互联网为普通人提供了参与到媒介世界中的机会，只是更加容易。要通过互联网接触到过去戒备森严的媒介世界有两种途径。第一，最简单的方式是参与网络投票。许多电视真人秀节目都允许观众通过投票参与节目(Hill,

2005；Huff，2006)。通过在浏览器中点击或通过手机发送短消息，观众感受到了某种决定媒介世界中的事情走向的权力。当然，这使得媒介本身拥有的权力自然化。第二种途径则是通过互联网来获得大众媒体的注意力，从而穿越传统大众媒体的边界。这条路径相对困难很多。人们通过网络向真人秀节目发送海选音视频，甚至制作内容希望引发某种“病毒传播”(Cheong&Gong，2010)。这种通过互联网成名的案例与安德烈耶维奇(Andrejevic，2004)所说的真人秀中的“彩票式名人”一样，掩盖了媒介世界与日常世界之间的界限，从而自然化媒介的权力。于是，媒介便不再是指单个媒体或节目类型，而是所有媒介相互融合而成的媒介空间。

无论始于哪个媒体，当媒介叙事跨越多个媒介平台进行传播时，我想我们应该将媒介仪式的分析对象扩展到整个媒介融合空间。叙事的跨媒介传播，或者说协同的媒介世界的形成，并不仅限于互联网与电视。编辑、记者、专栏作家、出版商都承认他们时常引用知名博客里的文章(Drezner&Farrell，2004)。新闻媒体也不停地对真人秀进行广泛报道，从“新闻杂志报道大众对一夜成名的人的追捧”(Andrejevic，2004:4)到没完没了的八卦新闻。通过这种融合的媒介报道，普通人可以通过互联网被自然地转化为媒体人。同时，在各个媒体中，他们仍然以“普通人”身份出现，进一步掩盖了媒介所赋予他们的不普通的社会文化地位。更重要的是，基于迷文化的媒介融合常常超越最初的单一媒介文本，延伸到整个媒介融合的叙事过程中去。“粉丝”们常常在衍生文本中偷猎属于他们自己的意义(Jenkins，1992)。“粉丝”为更广阔的媒介空间添砖加瓦，丰富内容，更重要的是，通过那些做法，他们强化了媒介空间，使其文化权力合法化。詹金斯(2006)将这种跨媒介的文本和对文本意义的争夺过程称为“融合文化”。

从仪式角度看，“众多信息流聚集在一个‘超级媒介’中只会强化这个超级媒介潜在的框架能力”(Couldry，2000:189)。普通人在跨媒介的“宣传”下早就超越了最初的平台，特别是在新闻媒体这个强大的事实性类型介入之后。各种媒体的“协作”使得媒介作为一个整体呈现，其实是建构，现实的能力自然化了。如柯德瑞所指出的“与其说媒介表达了秩序，不如说它将秩序自然化了”(Couldry，2003:27)。

二、山寨:通向“神圣”的旅程[①]

(一)中央电视台的《百家讲坛》栏目

中央电视台科教频道的《百家讲坛》节目本质上是一个学术脱口秀,它邀请学者就各自领域的话题进行科普性的讲授,题目多集中于中国文学、历史、文化等。这个节目开播于 2001 年 7 月 9 日,每天中午播出一集,每一集大约 30 分钟。按照其官方的定义,节目的主旨是“建构时代常识,享受智慧人生”(Wan,2007)。节目开播初期,受邀的多是知名学者,话题也较为广泛,而节目形式则更倾向于严肃的讲授模式。这些学者中包括诺贝尔奖得主杨振宁、李政道、丁肇中、史蒂芬·霍金,古典文学学者叶嘉莹,红学家周汝昌等。这些早期节目每一集独自成篇,而不像后来的节目大多是多集连续,有贯穿始终的叙事主线。早期的节目曲高和寡,收视率成绩也差强人意。

2004 年《百家讲坛》开始了一个新的系列讲座《清十二帝疑案》,主讲阎崇年是北京社会科学院研究满族、清朝和北京历史的专家。从那时起,节目开始调整目标受众,面向教育程度低至中学文化水平的观众,并将题目范围逐渐缩小到中国传统文化和历史上。同时,多数讲授者都具有良好的语言表达能力,但却并不为大众所熟知。从那时起,话题涉及经典小说、孔子著作等的各种系列讲座为节目赢得了大批观众和骄人的收视成绩。

从这时起,《百家讲坛》节目就不仅是一档广受欢迎的文教节目,而且越发被人们看作是一个捧红学术明星的舞台。节目不仅为这些学者提供了一个传播学术主张的平台,还将系列讲座以作者命名,例如《易中天品三国》《马未都说家具收藏》《于丹论语心得》等。很多之前完全不为人知的学者,包括大学教授、博物馆研究人员,甚至是中学历史老师,都通过这个节目收获了极高的知名度,以“普通人”的身份成为媒体“里”的一员。

然而,《百家讲坛》热远没有这么简单。与其说这些学者的明星地位源于在中央电视台主持节目,不如将其看作整个媒介环境协同构建了一个关于他们和节目的叙事的结果。2006 年 8 月 7 日,《人民日报》刊登了一篇社论《如何看待“时尚”读史》,罕见地对一档热门电视节目和它所引发的历史热进行了评论。这个节目的明星学者们频繁

---

① 此处“神圣”一词的用法指本案例中山寨文化作者的严肃的信念。笔者将在下文中详细论述这种信仰。这个词并不是像经典的涂尔干论述中那样意味着我们的社会中存在着一种单一的、所有人都认可的信念。

见诸各种新闻甚至是娱乐媒体。《广州日报》《三联生活周刊》《中国新闻周刊》等媒体都对这一文化现象做了长篇解读。

除了媒体之间的联动外,学者们也纷纷以自己讲座的题目出版图书,很多都登上了畅销书榜(彭霞,2009)。2004 年 10 月,阎崇年的《正说清朝十二帝》行销 30 万册,2006 年《易中天品三国》上市数周销售了 65 万册。《于丹论语心得》在一个月内销售过百万册。其他《百家讲坛》系列的衍生图书也大多获得了很好的市场业绩。不仅讲座学者的书,包括其他评价和批判讲座学者观点的图书也获得了很好的市场业绩(闵良臣,2007;徐晋如、杨昊鸥,2007)。

有时,这些学术争论甚至演变成戏剧性的新闻事件,吸引更多的媒体注意力。阎崇年对清朝历史的解读受到了一些网友的诟病。有人认为他的观点过于偏袒满族统治者。2008 年 10 月 5 日,一位对阎崇年观点不满的读者在阎的无锡签售会上掌掴了这位知名学者。此事不仅得到了媒体的广泛报道,也成为下文中《山寨百家讲坛》在网络走红的导火索。

当然,对于构建这些学者的明星地位,互联网也功不可没。数据显示,2006 年 7 月,在《百家讲坛》节目的鼎盛时期,其网页的日访问量达到了二十余万,超过中央电视台所有其他节目。一些主讲学者的博客也十分热门。孔庆东博客的累计访问量超过了 4900 万人次,阎崇年的达到 2900 万,那时刚刚起步的袁腾飞也有 400 万人次。从媒介仪式的角度看,这些访问可以看作是读者的媒介"朝觐之旅"(Couldry,2003),反映了媒介所拥有的文化权力;另一方面这些访问本身也建构、肯定、强化了媒介权力。

电视节目本身、衍生书籍、网络争论、新闻报道,所有具体的媒介文本开始互相融合,每天持续呈现着一个真切但又戏剧性的社会现实。首先,这个跨媒介的真人秀无所不在,充斥着人们日常生活的整个社会空间。不同媒介文本互相支撑,互相印证,使得整个关于节目和其明星学者的叙事自然而真实。其次,这个跨媒介的真人秀每天通过不同媒体向人们提供着信息更新。换句话说,整个叙事发展是以直播的形式呈现出来的。最后,人们的参与,从参加图书签售活动到"朝觐式"地访问主讲人的网站、博客,在行动上确认了媒体"里"的人的社会重要性。也就是说,人们的参与是仪式性的,强化着媒介仪式所带来的媒体"里"与日常生活之间的社会类别的区隔。

然而,尽管这个跨媒介的仪式为我们提供着关于"真实"生活的令人确信的、自然而然的叙事,但却以很多方式掩盖着媒介凌驾于日常生活之上的权力。在笔者对《百家讲坛》参与者的采访中,很多迹象都表明这个普通学者变成社会名人的跨媒介"真人秀"充满着精心安排的表演。首先,跨越媒介边界并非自然和随机发生的。一位深度参与节目制作的受访者(匿名,2010 年 7 月 11 日,采访)承认节目曾收到来自各方的成百上千个试镜推荐和申请。然而,节目有个不成文的约定,即主讲人必须拥有某种官方身份或官方认可的头衔,或者是学术的,或者是行政的。在试镜之前,节目组都要对主讲人进行详细的背景调查,以保证其工作生活上没有重大污点。尽管这样的做法在媒体中非常常见,但在理论上讲,绝大多数民间学者就已经被排除在了机制化的媒介边界之外。其次,主讲人的观点尽管是以通俗易懂的方式呈现出来的,但这些观点都经过了该领域专家的评价。不能有任何观点"有悖于官方视角"或"有可能破坏社会稳定"(匿名,2010 年 7 月 11 日,采访)。最后,匿名受访人也承认,节目组对主讲人的镜头前表达都进行了系统的培训。但所有这些都不会在媒介报道中涉及,恰恰相反,这些主讲人被塑造为最"普普通通的人"。只有从这些非自然选择中幸存下来的"普通人"才有可能转变为名人。

(二)韩江雪的《山寨百家讲坛》

看到节目中那么多"普通"学者通过这个电视平台使自己的历史知识和见解被大众接受,从普通人变成了明星,韩江雪,一个普普通通的北京年轻人坚定地认为每一个普通人,只要他有丰富的历史知识和独到的解读,就能够进入这档热门的电视节目,走上学术成名之路。通过一位熟人,他向剧组毛遂自荐,但很快被告知他不符合剧组的要求,因为他没有官方头衔。韩江雪并没有放弃,在自己致电剧组并再次被拒绝后,他自己出资请朋友拍摄了一套讲座视频,制作成 DVD 发给了节目组。之后,他第三次被拒绝。

被普通世界与媒介世界之间坚固的界限惊醒后,韩江雪决定转向互联网,对他来说,那里能给予每个人平等的机会。直到这时,即使他已经在一定程度上认识到了电视的媒介边界的建构属性,他对于互联网的使用也仍然是基于一种仪式性态度的,即那个媒介世界对于实现自己所追求的目标至关重要。他选择了 2008 年 9 月 18 日,纪念抗战爆发 71 周年之日,上传了他解读岳飞的视频内容,用以呼应岳飞作为爱国名将的文化意义。由此可见,普通人通过媒介平等表达自己的思想见地,使自己的目标得以实现,使自己得到认可这种通过《百家讲坛》跨媒介仪式建构起来的神圣意义仍然指引着韩的具体媒介行为。

通过上传山寨讲座视频,韩江雪希望视频出现的时机和其中的爱国情绪能够引起网民的注意,从而使普通人的声音能够在媒介中得以传播。然而,他自己也承认,之后几天的点击量低得可怜。

希望进入神圣的媒体世界的尝试并没有就此停止。在下一部分中，笔者会展示韩江雪和他的山寨视频是如何真正进入媒体世界，成为跨媒体仪式的一部分，并成了其他追随者心中的神圣物的。

(三)山寨走向神圣

一个偶然的机会，三种途径同时把韩江雪送上了媒体“里”的人的位置，但这三种途径又同时掩盖了融合文化中媒介权力的建构过程。

首先，韩江雪的《山寨百家讲坛》偶然地受到了主流媒体的注意，他自己也在这个过程中被赋予了名人的地位。在被央视《百家讲坛》拒绝后，韩江雪在 2008 年 9 月 18 日将视频上传到了某知名的门户网站。此后，点击量一直不尽如人意。直到 10 月 5 日，发生了阎崇年在无锡签售时被读者掌掴的新闻。该门户网站遂将韩江雪的视频链接到主页，以配合阎崇年新闻，并将视频链接命名为“草根挑战文化霸权”。韩江雪后来坦诚，从那一天起，他的视频点击量暴增，他也开始接到无数媒体的采访要求：

> 题目是“草根挑战文化霸权”。他们网站起的名字。我爸问我人家怎么文化霸权了。媒体喜欢挑点事，让双方打一架。后来《成都商报》管我叫“山寨”。一开始山寨有点假冒伪劣的意思，后来其实就指老百姓。所以我觉得，无所谓，随便你媒体怎么说。(韩江雪采访，2010 年 5 月 31 日)。

被众多媒体报道，再加上自己的视频在网上走红，韩江雪正式进入了一个跨媒介的真人秀，他扮演着他自己，一个挑战权威的普通年轻人。如苏珊·柯林斯(Sue Collins，2008)所说的“即时轰动”，韩江雪每天开始面对许多媒体。同时，他也被邀请参加其他电视和网络脱口秀节目。在那里他结识了许多通过央视《百家讲坛》成名的明星学者。媒体请韩江雪就他熟悉的话题之外更广阔的社会文化问题给予评论，从山寨文化到文化创新，再到当代中国社会的话语权力结构等。韩江雪所获得的名人地位使他被赋予了足够的权威来评论更广阔的社会问题，甚至是批评那些权威。然而，他自始至终都被媒体塑造为一个“普通人”。媒介世界和普通世界之间的边界一次次被巧妙地掩盖起来。同时被掩盖的，还有媒介维系这种边界的特权。

其次，媒介人的神圣地位不仅通过媒介报道得以建构和确认，韩江雪自己也依照他“被期待的”行为脚本进行着“表演”。他在此后发表了几篇博客，均以草根挑战文化霸权为题。2008 年 10 月 10 日，他发表了“什么是文化霸权”的博客。很显然，他把自己塞进媒体叙事的框架之中，站在了掌掴阎崇年的读者一侧，虽然不支持暴力行为，但支持他对文化权威的挑战。

> "什么是文化霸权？就是只许你说，而我不能……站在那位读者的立场上，我觉得他掌掴的不是阎崇年，而是文化霸权，是为了找到一条表达观点的途径。"（韩江雪，2008）

尽管韩江雪承认他在上传视频时并没有考虑"挑战文化霸权"这一层意思，但在他被媒体追捧为草根英雄后，他的博文显然将这层意思说成了制作视频的初衷。就这样，韩江雪不自觉地以自愿标榜草根身份来掩盖了媒介在这个过程中的角色和权力。

最后，除了媒介和韩江雪的所言所为，韩作为媒介人高于普通人的地位也通过其他人的"排序"行为得以确认和显现（Couldry，2000）。柯德瑞将人们对共享的社会经验与个人日常生活进行的等级区分称为"排序"，媒介世界作为共享的社会经验通常被优先"排序"。媒介的权力通过人们这种"仪式化"的观念得以强化，但这种观念又通常体现在最细微的日常谈话和对媒体的态度上。这一点与上面两点不同是因为前两点主要来自于山寨制作者在媒体中的表现。而这一点的证据大多基于其他普通观众对山寨名人高于他们自身日常生活的排序。

在《山寨百家讲坛》成名后，又有很多模仿其他热门电视节目的尝试，例如《山寨春晚》《山寨红楼梦》等。至少有三类话语上的证据能说明早先山寨作品作为跨媒介仪式对后来者的影响。第一，许多后续业余视频作品都在模仿热门电视节目，并主动将自己命名为原作的"山寨版"。第二，后续山寨作者时常在博客中与韩江雪的《山寨百家讲坛》进行对比（蒋方舟，2008）。第三，很多走红的后续作品都被网友冠以"山寨"加以传播。

需要注意的是，笔者并不希望在理论上线性地将后续的山寨作品单纯地归因于早先成功的山寨作品上。事实上，山寨作者和他们的网络作品在进入媒介世界后，便自动整合成了既有跨媒介仪式的一部分。其他模仿者只是生活在这样一个充斥着类似故事的媒介环境中。随着山寨制作者的不断加入，跨媒介仪式只是变得越发令人信服和印象深刻，或者说，从受众的角度讲，越发"真实"了。

结　论

如奥莱特和海（2008）所说，将媒介看作一种治理方式（Foucault，1991）能帮助我们理解媒介与社会之间的关系。《山寨百家讲坛》及围绕它的融合文化表明媒介通过跨媒体、跨内容类型构建起来的现实向人们潜移默化地灌输着关于普通人人生的无尽可能性这一信念。这种信念,在《山寨百家讲坛》的案例中特别强调了公平的机会,民主、平等的社会流动性,以及个人奋斗等新自由主义价值观。媒介宣扬的通过辛勤工作,自我提高,依靠自我而实现个人目标的思维模式恰恰掩盖了一些客观存在的结构性不平等,跨越媒介边界的可能性便是其中之一。融合的媒介通过"普通人"仪式化(即模式化)的媒介使用展现了他们自我实现的"真实故事"。这些示范性的明星学者、山寨制作人,总是被媒体塑造为挑战既有权力的"草根"英雄,为大众提供着一种完全不具代表性的关于强大的"普通人"的故事,而事实上绝大多数真正的草根人群却生活在社会边缘,留给他们的只有媒介建构给他们的对可能性的想象。

从媒介世界与日常世界之间的权力关系看,媒介仪式大概可以被看作福柯的所谓规训(Foucault,1979),即通过媒介追求个人目标的特定路径。人们可以赋予遵循特定路径的、模式化的媒介使用以不同的意义,但任何个人目标的成功实现都至少在一定程度上依赖于进入媒介"里"的世界。跨媒介仪式所展现的普通人享有的自由和平等"不是控制的对立面,而是一个关于人们如何控制自己来通过各种技术以及自我管理的规则而'正确'实践这种自由的问题"(Ouellette& Hay,2008:15)。

本文试图对媒介仪式视角从两个方面加以拓展。第一,在探讨单个媒介中的再现问题之外,笔者希望建立一种对融合的媒介和内容形式的权力的批判分析。第二,在已有深入研究的重要仪式和灾难报道之外(Blondheim&Liebes,2002;Dayan&Katz,1992;Pantti&Sumiala2009),笔者讨论了日常媒介再现的仪式维度。通过它,笔者希望说明,媒介不但在重要的社会时刻引导人们的行为,宣称某种社会价值观,人们在日常生活中也遵循着跨媒介仪式中具有"神圣"意义的仪式化(模式化)的媒介使用行为。这种仪式化态度是媒介在融合文化下的日常叙事中潜移默化地建构起来的,它既掩盖又强化着媒介高于普通生活的地位和权力。本文所使用的案例——山寨文化正是多媒体、多内容类型协同下媒介仪式的一个范例。被建构起来的媒介世界相对于普通世界的优越地位指引着普通人试图进入媒介世界的行为方式,而这恰恰是一种规训,一种对人的社会生活的治理方式。

参考文献:

韩江雪:《什么是文化霸权》,2008 年 10 月 10 日,http://blog.sina.com.cn/s/blog_5b01c6160100al2p.html。

蒋方舟:《我的“山寨”经历》,2008 年 11 月 20 日,http://blog.sina.com.cn/s/blog_3e89803f0100bnlt.html。

闵良臣:《于丹为什么这么红》,湖南人民出版社 2007 年版。

彭霞:《〈百家讲坛〉系列图书畅销现象研究》,湖南师范大学 2009 年硕士论文。

《如何看待“时尚”读史》,《人民日报》2006 年 8 月 14 日,http://culture.people.com.cn/GB/27296/4697743.html。

徐春柳:《阎崇年无锡签收时遭掌掴》,《新京报》2008 年 10 月 7 日,http://news.163.com/08/1007/02/4NKBOKHQ00011229.html。

徐晋如、杨昊鸥:《解“毒”于丹》,北京物资出版社 2007 年版。

杨丽艳:《央视〈百家讲坛〉大众化传播研究》,华东师范大学 2007 年硕士论文。

Andrejevic, M. (2004), *Reality TV: The Work of Being Watched*, Lanham, MD: Rowman& Littlefield.

Baumann, G. (1992), “Ritual Implicates Others: Rereading Durkheim in a Plural Society”, In D. De Coppe (Ed.), *Understanding Rituals* (pp. 99—117), New York Routledge.

Berkowitz, D. (1997), *Social Meanings of News: A Text-reader*, Thousand Oaks: Sage Publications, Inc.

Biressi, A., & Nunn, H. (2005), *Reality TV: Realism and Revelation*, New York, NY: Wallflower Press.

Blondheim, M., &Liebes, T. (2002), “Live Television's Disaster Marathon of September 11 and Its Subversive Potential”, *Prometheus*, 20(3), 271—276.

Bourdieu, P. (1991), *Langauage and Symbolic Power*, Cambridge, Polity.

Carey, J. W. (2009), *Communication as Culture : Essays on Media and Society* (Rev. ed.), New York: Routledge.

Cheong, P. H., Gong, J. (2010), “Cyber Vigilantism, Transmedia Collective Intelligence, and Civic Participation”, *Chinese Journal of Communication*, 3 (4), 471—487.

Corner, J. (2002), “Performing the Real: Documentary Diversions”, *Television & New Media*, 2002(3), 255—269.

Cottle, S. (2006), “Mediatized Rituals: Beyond Manufacturing Consent”, *Media Culture Society*, 28 (3)411—432.

Couldry, N. (2000), *The Place of Media Power: Pilgrims and Witnesses of the Media Age*, New York, NY: Routledge.

Couldry, N. (2003), *Media Rituals: A Critical Approach*, New York: Routledge.

Dayan, D., & Katz, E. (1992), *Media Events: The Live Broadcasting of History*, Cambridge, Mass.: Harvard University Press.

Drezner, D., & Farrell, H. (2004), "Web of Influence", *Foreign Policy*, 32—41.

Durkheim, E. (1995), *The Elementary Forms of Religious Life* (K. Fields, Trans.), Free Press.

Foucault, M. (1979), *Discipline and Punish: The Birth of the Prison* (A. Sheridan, Trans.), New York: Vintage Books.

Foucault, M. (1991), Governmentality, In G. Burchell & C. Gordon (Eds.), *The Foucault Effect: Studies in Governmentality; with Two Lectures by and an Interview with Michel Foucault* (pp. 87—104), Chicago, IL: University of Chicago Press.

Hartley, J. (2008), *Television Truths*, Malden, MA: Wiley—Blackwell.

Hill, A. (2005), *Reality TV: Audiences and Popular Factual Television*, London: Psychology Press.

Huff, R. (2006), *Reality Television*, Westport, CT: Praeger Publishers.

Jenkins, H. (1992), *Textual Poachers: Television Fans & Participatory Culture*, New York: Routledge.

Jenkins, H. (2006), *Convergence Culture: Where Old and New Media Collide*, New York: New York University Press.

Karlsson, Michael (2010), "Rituals of Transparency", *Journalism Studies*, 11(4), 535—545.

Mittell, J. (2004), *Genre and Television: From Cop Shows to Cartoons in American Culture*, New York, NY: Routledge.

Ouellette, L., & Hay, J. (2008), *Better Living Through Reality TV: Television and Post-welfare Citizenship*, Malden, MA: Wiley—Blackwell.

Pantti, M., & Sumiala, J. (2009), "Till Death Do Us Join: Media, Mourning Rituals and the Sacred Centre of the Society", *Media, Culture and Society*, 31(1), 119—135.

Rothenbuhler, E. (1998), *Ritual Communication: From Everyday Conversation to Mediated Ceremony*, Thousand Oaks, CA: Sage publications.

Schudson, M. (1995), *The Power of News*, Cambridge, MA: Harvard University Press.

Silverstone, S. (1994), *Television and Everyday Life*, London: Routledge.

Turner, V. (1995), *The Ritual Process: Structure and Anti-structure*, Piscataway, New Jersey: Aldine.

Westerståhl, J. (1983), "Objective News Reporting", *Communication Research*, 10 (3), 403.

〔崔玺，美国迪克西州立大学博士〕

中国女性集体赋权：互联网的角色与模式

Communication for the Empowerment of Women in China: Group Actors, the Internet's Communicative Affordances and Collective Civic Action

◎ 韩 霄

Han Xiao

摘要：本文以国内颇具代表性的女性组织及其网站为研究对象，深刻探讨了互联网在女性集体赋权过程中所扮演的角色。研究表明，女性组织目前主要利用互联网来提升知名度、动员更多的个体参与和维持相关组织间的沟通与交流。但是，这些女性组织并没有充分利用互联网的潜在机会来加强集体意识。作为一个跨学科的关于女性赋权的探讨，本研究为互联网在实现性别平等中的角色扮演提供了新视角。

关键词：女性赋权，互联网，女性组织，组织行动者

Abstract: Selecting some representative female organizations and websites as the research object, this article aims at exploring the relationship between the Internet and women's empowerment in China. The findings demonstrate that women's groups mainly use the Internet to increase their visibility, to mobilise individual participation and to maintain inter-organisational relationships, though they do not fully realise the Internet's potential to consolidate the collective. As an interdisciplinary study of women's empowerment, this study provides a new perspective for the role-playing of the Internet in achieving gender equality.

Keywords: empowerment of women, Internet, women's group, group actors

一、集体赋权及中国女性组织

1995年9月4日至15日在北京召开的联合国第四次妇女问题世界会议(以下简称95世妇会)将女性赋权(women's empowerment)这一新概念引入中国。女性赋权的引进为中国女性组织对社会性别及女性权益问题的解读提供了新的视角。在中国，一直以来，女性组织作为维护女性权利的主要群体，俨然构成了从群体层面理解女性

集体赋权的一个重要观察位置。自 1949 年新中国成立至今，中华全国妇女联合会(以下简称全国妇联)代表及联合全国各民族女性，为积极争取女性发展权益做出了不懈努力(Howell, 2003:191—215;Tan and Wang, 2012:42—55)，并且开展了自上而下的中国式妇女解放运动。除此之外，95 世妇会又为女性非政府组织形式(NGOs)在中国的出现提供了有利机会和空间。因此，一大批自下而上且具有良好组织运营规模的女性民间组织在 20 世纪 90 年代蓬勃发展，比如农家女、北京反对家庭暴力中心、红枫妇女心理咨询中心、北京众泽妇女法律咨询中心等。这些民间组织的共同特点是运用创新的内部组织实践模式和自己对于女性问题的独特见解来促进性别平等在中国的实现(Milwertz, 2002)。

然而，1998 年由中华人民共和国民政部颁布的《社会团体管理条例》结束了女性民间组织的黄金时代。此条例明确规定："成立社会团体，应当经其业务主管单位审查同意，并依照本条例的规定进行登记。"并且在组织规模、名称、场所、资金及人员专职能力方面做出了严格规定。对于女性民间组织，这一方面意味着要想成为合法的社会团体，就必须在体制内寻求正式机构作为自己的业务主管单位，并且接受业务主管单位的监督与管理(Howell, 2003:191—215)。但这又与女性民间组织最初的 NGO 理念背道而驰。因此，为了保持其独立自主的合法运营权，许多女性民间组织选择了"工商注册"，即把自己注册为"企业"，但这一"工商企业"身份又限制了女性民间组织接受国际组织资金赞助的数额。另一方面，许多民间组织由于不具备民政部规定的成立登记条件而无法注册，成了"非法经营"。所以，就现阶段而言，中国女性民间组织仍然面临一些困难。但是，这并不意味着女性民间组织和官办组织(如全国妇联)处于完全敌对状态。相反，两者在女性集体赋权过程中适时合作，共同扮演了组织行动者的角色(Milwertz, 2002)。

值得庆幸的是，互联网时代的到来为艰难维持的中国女性民间组织带来一线曙光，许多组织将视线投向了低成本且传播效果惊人的互联网平台，自 2000 年以来纷纷成立了自己的网站。对于这些组织而言，互联网并不仅仅是一个提高组织知名度、有效传播知识以及与其他组织形成网络结构的平台(Ferree, 2004:576—606; van Doorn and van Zoonen, 2009:261—274; Yang, 2011:437—453)，更是组织管理不可或缺的一部分(Curran, 2012:3—33)。此外，互联网的便捷性及传播范围的广泛性也使女性官方组织意识到要积极拥抱这一宣传渠道(受访者，2012 年 3 月 14 日)。同时，互联网也激励了新型女性组织模式的产生，即网络社群组织(比如女权在线)。一些高校女性研究中心也成立了在线论坛，旨在向公众传播关于性别的知识、信息及理念(比如中山大学性别教育论坛)。

因此,在中国,基于互联网的女性多元组织形态(organisational dynamics)正在形成,并且进一步在改变社会性别不平等过程中扮演着重要的角色。虽有部分学者观察到了这一现象,但其研究重心只放到了"实体组织"上,并没有从互联网的角度来分析女性组织行动者在集体赋权过程中所起到的作用(Milwertz, 2002; Howell, 2003: 191—215; Milwertz, 2003: 630—654; Milwertz and Bu, 2007: 131—149; Wesoky, 2007: 339—358); Zhang, 2009: 227—239; Tan and Wang, 2012: 42—55)。此外,从群体层面解析女性赋权依旧缺乏系统的理论研究。该怎样理解女性集体赋权?组织行动者究竟是如何利用互联网来推动女性集体赋权的?

二、女性集体赋权和互联网的传播属性

关于女性赋权系统化的研究兴起于20世纪70年代的发展学领域(the field of development studies),主要受到了当时涉及全球,特别是第三世界国家的女性运动及与其相关联的理论讨论的影响。但是,正如发展学学者巴里瓦拉(Batliwala, 2007: 557—565)所指出的,随着各界(比如联合国及其他国际或多边发展组织)对于女性赋权就形式、定义、方法及策略展开各式各样化的研究后,如今女性赋权也由最初的严肃性政治概念转化成了一个"流行词"(buzzword)。这其实是对女性赋权原有概念的一种破坏,因为这样趋于流行化的解析与定位使女性赋权脱离了特定的政治和历史语境,逐渐演变成了一种"主流化"的全球公式(Batliwala, 2007: 557—565)。

此外,互联网的社会性和政治性影响也波及了发展学女性赋权领域,并加剧了其"流行词"的趋势。虽然关于互联网在女性赋权过程中所扮演的角色成为一个不断被提及的研究课题,但是发展学实践性研究学者(Marcell, 2002; Gurumurthy, 2004; Sreberny, 2005: 285—300; Gurumurthy2006: 611—616;)对于互联网总体上采取的是"技术决定论"的路线,认为信息技术能全方位推进及促进女性赋权在全社会的实现。这样,由此衍生的关于互联网和女性赋权关系的研究则由测量方法占主导地位,但这又进一步忽视了对于女性赋权所蕴含的概念价值的分析。

因此,本研究首先要做的就是从理论层面对女性赋权做出分析。虽然女性赋权这一概念无法从过去的文献中提炼出准确的定义,但是发展学研究者普遍接受女性赋权是一个改变女性从属地位、构建社会性别平等以及挑战男性占主导地位的权力、权益关系的多元化过程(Batliwala, 1994: 127—138; Stromquist, 1995: 13—22;

Rowlands，1997;Carr，2003:8－20)。要想实现性别权势关系不平等的转变，女性除了自我意识的觉醒之外，更重要的是，要联合组织起来，形成一定的规模。因为只有通过集体行为(collective action)，人们才能实现自己想要完成的目标并对社会变迁产生一定规模的影响(Bimber et al.，2012)。女性赋权研究者虽然强调了集体行为的重要性，但是并没有明确指出该怎样组织女性个体形成群体，进而实现社会性别不平等的转变。对此，本文尝试将集体行为的研究与女性赋权相结合，以此来弥补这一理论命题的不足。

新近几年，在西方社会学范畴中，发掘集体行为的传播本质已成为一种研究趋势(Flanagin et al.，2006:29－54；Kavada，2011，2012，2014)。正如西方社会运动学者弗拉纳金(Flanagin)、斯托尔(Stohl)和宾博(Bimber)共同指出的，“集体行为就本质而言是一种传播现象”(Flanagin et al.，2006：32)。因为“只有通过传播交流，人们才能意识到互相间的共同意愿、计划行动，采取决定、动员他人参与、左右公众观念及形成同盟”(Kavada，2014：1)。这种观点也为本研究中的女性集体赋权提供了洞见。如上文所述，女性组织在中国已经构成了从群体层面理解女性集体赋权的一个重要观察位置。那么要想使女性赋权成为一种集体行为，女性组织就既要动员对社会性别有共同认知的个体参与者，并且与之保持集体认同感，又要与其他女性组织搭建互动关系，形成一定规模。这些行为都离不开传播交流。正如传播学者凯里(Carey，1989/2009：19)所言，“人类的所有行为都由传播形成，比如交谈、给出指示、寻求和传递知识、分享想法以及娱乐”。因此，在集体行为中，“传播过程也在不断地创造或重新创造组织模式”(Kavada，2014：2)。

互联网的出现也使得集体行为中的传播特征更加明显。首先，互联网就本身的开放式、网络式结构而言是一个去中心化的传播系统(Burnett and Marshall，2003)。它固有的传播属性(communicative affordances)以及人们就社会需求所开发出的传播行为正在不断地重新塑造人们的社会行为(Gitelman，2006；Hutchby，2001:441－456；Lievrouw，2011)；集体行为也不例外(Earl and Kimport，2011)。另外，西方最新的研究也表明，互联网所包含的传播行为已经嵌入到了集体行为的组织过程中，并且正在重新诠释集体行为中的动员、集体认同的建构以及组织间的网络关系(Bimber et al.，2012；Kavada，2012:28－48;Bennett and Segerberg，2013)。那么，在中国的互联网环境下，女性赋权的集体行为又将呈现出哪些特征呢？

下文将以国内具有代表性的女性组织为观察对象，意在展示不同类型的组织行动者是如何利用互联网固有的传播属性来实现集体赋权的，以此来探讨互联网与中国女性集体赋权的密切关系。

三、研究对象选取及方法说明

为研究上述问题,笔者首先需要确定的是选取哪些女性组织作为研究对象。因为本研究着眼于互联网平台,所以笔者的选取标准为是否有有效网站。就此,笔者于2011 年 11 月开始利用搜索引擎来寻找由女性组织、中心或小组建立的网站。但是,结果却不尽如人意,笔者只发现了两个网站:一个由全国妇联所建;另一个由中山大学性别教育论坛所建。这样有限的数目促使笔者将目光转向现有的与本文相关的经验研究(empirical research)。就这一方面,Liu 在 2008 年所做的关于比较内地与香港女性网络政治斗争的研究提供了有益的帮助(Liu, 2008:95—116),因为 Liu 的研究为笔者提供了 8 个新的女性组织网站。接下来,通过已确定的女性组织网站的外部网站链接,笔者又发现了 7 个女性组织的网站。

因此,本文的研究样本由这 17 个女性组织及其网站构成,通过这些女性组织对于其网站的设计及使用来探索互联网在女性赋权的集体行为中所扮演的角色。此外,笔者通过仔细阅读这 17 个女性组织网站上的"关于我们"部分,根据其所陈述的目标、宗旨、理念及身份特征将其划分为四种类型,即官方组织/中心、公民组织、高校研究中心和网络社群(详情见表 1)。

在研究方法上,笔者首先采用特征分析法(features analysis)来对所选取的 17 个女性组织的网站进行定性分析。本文所采取的特征分析法是由美国社会学运动学者富特(Foot)和施耐德(Schneider)就网站在美国总统大选时所起的作用而研发的,着重于记录网页或是网站的详细特征或明显特点(Foot and Schneider, 2006),比如网页或网站上的信息类别、链接类别、交互选择等(Kavada, 2012)。与此同时,笔者还采用了社会网络分析方法,通过对各个女性组织的网站链接来观察所选取的 17 个女性组织在网络空间中的社会关系形态。另外,笔者还采用半结构式深度访谈的方式对来自 12 个女性组织(表 1 中不带 * 的组织)的 22 名关键成员进行了访谈,意在获知她们对于中国女性赋权问题的理解,以及互联网在女性赋权的集体行为中所扮演的角色。

四、组织行动者、互联网和女性集体赋权

虽然笔者所选取的 17 个女性组织由于组织类别、属性的不同,所呈现的关于女性赋权的认知角度也有所不同,但是它们都是以实现性别平等、促进社会改变为共同目标

表 1　17 个女性组织的类别及网站

	成立年份[实体组织/网站(网站名称)]	地点	概况	网站
官方组织/中心				
中华全国妇女联合会(全国妇联)	1949/2000 (中国妇女网 ACWF)	北京	是全国各族各界妇女为争取进一步解放与发展而联合起来的群众组织。其基本职能是代表和维护妇女权益,促进男女平等	http://www. women. org. cn/index. shtml
全国妇女研究所	1991/2003 (中国妇女研究网 WSIC)	北京	是由中华全国妇女联合会主管、具有综合研究职能的国家级妇女研究机构	http://www. wsic. ac. cn
公民组织				
反对家庭暴力网络	2000/2003 (ADVN)	北京	是由一批活跃在北京关注妇女人权的专家、学者、妇女活动家,以及若干妇女 NGO 组织共同发起创立的非政府组织。旨在消除基于性别的暴力,推进社会性别主流化,促进性别平等,推动社会进步	http://www. stopdv—china. org: 801/stop-dv/
社会性别与发展在中国	1999/2000 (GAD)	北京	是一个信息发布和分享机制。其主要职能是收集、存储和传播大量与社会性别与发展主题相关的信息资源,既为该领域内的研究者和行动者提供信息支持,也向全社会传播社会性别与发展理念,推动社会性别意识提升	http://www. china —gad. org/Index. html
妇女传媒监测网络	1996/2003 (女声网 GWWV)	北京	致力于倡导媒体对于女性形象的正确塑造	http://www. gender-watch. cn:801
红枫妇女心理咨询中心	1988/2004 (MWPCC)	北京	是中国第一个女性 NGO。其主要职能是为城乡的妇女、儿童与家庭提供心理咨询与社会服务,开展社会性别和以人为本的研究与政策倡导,推动和谐社会的建设	http://www. maple. org. cn

续表

	成立年份[实体组织/网站(网站名称)]	地点	概况	网站
妇女/社会性别学学科发展网*	2006/2010 (NWGS)	杭州	由来自全国高校、科研机构、党校、妇联以及其他民间组织的教师、研究人员等组成的非正式组织，旨在促进性别学研究	http://www.china-gender.org/sky/index.php
农家女	1993/2003 (RW)	北京	是一个以促进中国农村妇女发展为目标的社会公益组织	http://www.nong-jianv.org
陕西省妇女理论婚姻家庭研究会*(陕西妇女研究会)	1986/2002 (西部女性网 WW)	西安	非营利性民间妇女组织。透过不同领域和方式关注社会转型期的妇女问题和妇女地位的改善	http://www.west-women.org
北京众泽妇女法律咨询服务中心(北京众泽)	1992/2002 (WLA)	北京	是中国第一家专门从事妇女法律援助及研究的公益性民间组织。以妇女这一特殊的弱势群体为服务对象，以提供法律援助为救济途径，致力于中国贫弱妇女的维权事业	http://www.woman-legalaid.org.cn
妇女观察	1996/2003 (WWC)	北京	是由北京众泽发展的一个独立中心。其主要职能是通过法律的角度来关注中国妇女的发展状况	http://www.women-watch-china.org
高校研究中心				
中山大学性别教育论坛	2003/2003 (SGEF-SYSU)	广州	下设于中文系比较文学教研室。通过建立网站、开展课程、开设讲座、组织校园活动来传播关于社会性别的知识、信息及理念	http://genders.sysu.edu.cn

续表

	成立年份[实体组织/网站（网站名称）]	地点	概况	网站
湖南商学院女性研究中心*	2002/2003（麓山枫 WSC－HBC）	长沙	致力于不断探索社会性别的本土化，探索女性学学科建设与生态环保、公民社会建设的有机结合	http://www.38hn.com
中国传媒大学联合国教科文组织媒介与女性教席	2004/2004（UNESCO－MG－CUC）	北京	隶属于媒介与女性研究中心	http://mgi.cuc.edu.cn/
网络社群				
两性视野*	2004（AES）	—	是杂志《两性视野》的在线公众平台。由性别研究学者自发组织，并借由此平台阐述自己对于性别关系的观点	http://www.alleye-shot.com/
女权在线	2005（FCN）	—	是一个以女权主义为宗旨的网络在线组织	http://feminist.cn/mos/index.php
社会性别与公共政策*	2004（GPPC）	—	由高校学者自发组织。致力于建造一个分析及传播社会性别与公共政策的开放式网络论坛	http://www.xingbie.org/index.asp

的。就此，本研究发现，互联网在实现这一共同目标的过程中起到了三方面的作用：动员积极分子、巩固集体意识和联络其他相关组织。

(一)动员积极分子

通过访谈，笔者得知，在以改变男权社会体系为共同目标的集体赋权过程中，女性组织对动员更多的个体女性参与有强烈的意愿。就此，西方社会运动学研究也发现互联网在动员个体方面起到了催化剂的作用(Kavada，2011)。此外，基于互联网属性所发展出来的多种传播行为也为个体的参与活动提供了更多可能(Kavada，2011；dellaPorta and Matonni，2013：171－182)。在本研究中，笔者发现女性组织主要采取四种策略，利用互联网来动员积极分子：组织自我展示、新闻资讯整合、个人与组织间的关系建立以及个体参与。

1.组织自我展示

此策略指的是女性组织通过制作一系列的在线特征来向外界展示“我们是谁，我们在做什么”，以此来吸引公众的关注，尤其是与这些女性组织持相同理念的个体。这些特征包括：关于我们、图片存档、我们的项目、组织标语、其他语言显示网站内容、领导讲话和文章、组织声明和标签(tag)。

所有的组织网站都建有“关于我们”部分，并在其中陈述组织的目标、功能和任务。大部分的网站都包含有“图片存档”特征，以此来向外界生动展示组织内部的各种活动。

同时，部分网站还包含“我们的项目”和“组织标语”特征。前者提供了关于组织所做的重点项目的详细描述，而后者则反映出该组织所持有的理念和观点。

笔者还发现全部“官方组织/中心”、3个“公民组织”(红枫、农家女和妇女观察)以及1个“高校研究中心”(中国传媒大学联合国教科文组织媒介与女性教席)的网站建有英文版简易网页，意在帮助国外研究者了解中国的性别问题。

此外，在全国妇联、红枫和西部女性网的网站上出现了“领导人讲话和文章”。这一在线特征的出现可以理解为组织者在拉近与个体间的距离，并使人们产生“谁正在讲话”的感觉，而不是一个具有抽象感的组织名称。

值得注意的是，在红枫和北京众泽的网站上出现了“组织声明”。两者的声明都旨在强调自己组织的核心观念和独立自主的身份。对于红枫来说，它所强调的是作为中国第一家女性NGO的自豪感。北京众泽过去由北京大学监管，但是由于某些原因，北京众泽于2010年从北京大学分离出来形成一个独立的非政府组织。因此在《别了，北大!》的声明中，北京众泽格外强调自己的独立身份。

最后，在GAD和女声网的网站上，笔者发现了“标签”这一特征。网站在这里不时地更新组织最近在探讨的议题。(见图1)

GAD标签　　　　女声网标签

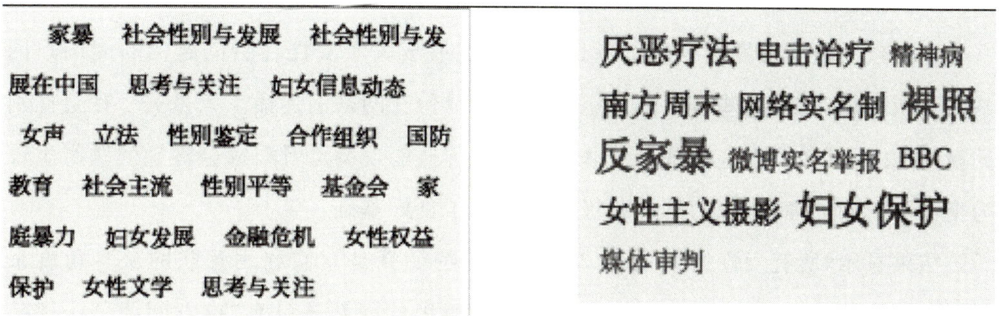

图1　GAD和女声网的标签示例

结果总体表明，相对而言，“公民组织”对于利用互联网来做自我展示的意愿较强烈。正如有受访者提到互联网对于提高组织知名度有很大帮助，因为在中国绝大部分人都不知道这些女性组织的存在：

> 建立网站的目的也是想扩大宣传……而且网站相当于我们中心的一个窗口，让外界了解我们。(受访者，2012年3月23日)

虽然说“官方组织/中心”的网站也提供了丰富的信息，但互联网对于它们来说更多的是一个宣传渠道，并没有对中国现存的社会性别问题做出实质性的回应：

> 妇女组织还有妇联组织，官办的网站和妇联各地的组织都有自己的网站，但是你看它的网站就跟是一个简报、简讯一样，就是做了什么事儿，都是正面的歌颂，比较少的谈个案，比较少的像社会呼吁，让关注某一个话题，这几乎没有，它们可能更多的是社会主流的，跟报纸上的一些东西是差不多的，它只是变成了网上的东西。其实没有网的时候，它的这些东西也是通过文字形式、纸文的形式发下来，有了网站，它把这些搬到了网站上。(受访者，2012

年 3 月 14 日)

与“公民组织”和“官方组织/中心”不同,“高校研究中心”和“网络社群”对于利用互联网来展现自我并没有呈现较大的积极性。这可能与它们的学术本质有关:利用知识传播来实现女性赋权。

2. 新闻资讯整合

此策略反映出女性组织想把各自的网站发展成关于女性社会问题的新闻门户网站的强烈愿望,因为这些组织以“专业人士”的身份在网站上传播了大量关于社会性别的新闻、文章及文档。这样基于互联网的知识传播能使浏览者对社会性别问题产生较为全面和正确的理解,也为动员积极分子打下了良好基础。

结果显示,所有女性组织的网站最明显的特征就是它们利用互联网从多角度来“传播关于社会性别的新闻”。此外,一些女性组织的网站还设有“推荐阅读”“法律条例及解读”,并允许读者“下载相关文件资料”,以此来使感兴趣的个体对社会性别问题有更全面的了解。

少许网站上还设置了“站内搜索”“加入收藏栏”和“与别人分享此网站”等功能,反映出这些组织想把自己的网站发展成门户网站的意愿。比如农家女的创始者谢丽华女士就明确表示道:

> 我们自己的网站也特别希望增加互动性,就是把它变成一个门户网站,而不是一个公众网站,让农村女或是流动的妇女群体如果想上网,第一选择的不是商业网站,而是农家女。她们从农家女网站里面应该能获得各种信息,包括就业的信息、维权的信息、农业产品的交流…… 我们非常希望能做到这一点。(受访者:谢丽华,2012 年 3 月 14 日)

3. 个人与组织间的关系建立

互联网的出现也为女性组织培养支持者提供了较为便利的渠道,因为与网站浏览者相比,支持者显示出与女性组织更为紧密的关系,因为她们更愿意参与到女性组织的活动中来。此策略意在展示女性组织是如何利用网站鼓励支持者与自己建立相关联系的。

研究发现,所有的女性组织在网站上都公布了自己的“官方邮箱”。

另一显著特征是8个“公民组织”、2个“高校研究中心”和1个“网络社群”在网站上设有“志愿者招募”，即详细说明了如何通过网站登记成为该组织的志愿者。虽然说招募志愿者能反映出组织希望与个体建立关系的强烈愿望，但是互联网在这方面的作用并不是对所有组织都奏效的，比如属于网络社群的女权在线：

报名的人不多。志愿者一方面是她的兴趣比较容易衰减，因为有一些来做了一段时间之后她可能就走了。还有一个是来的人可能不太明白我们的网站是怎么回事儿。她可能希望我们的网站对她有更大的帮助。当她了解到我们的网站只是民间的一个网站，而且我们也没有什么实际性的项目在做的话，这部分人就可能不来了。因为很多人不是单纯对女权这个问题有兴趣，她也是有实际需求的……（受访者：陈亚亚，2012年3月2日）

另外，有8个女性组织在网站上公布了自己的“官方社交网站账号”，但是他们的初衷并不是扩大自己的影响力，而是为了与真正对社会性别感兴趣的支持者进行有效交流。正如GAD网络和女声网的共同负责人吕频解释道：

我们做妇女组织的，不能指望跟主流的团体取得相同的影响力，这是不现实的，大众传播中我们这些小众观念的处境就是小众的，这不会因为你采用了哪层的变化就带来变化，这是不会的。在社交媒体上，我们仍然只是聚焦在一个圈子，我们所能做的就是有一些人有这样的渴望，她希望能够了解这样的一种信息，我们就找到她们，并且把她们聚集在一起。所以在社交媒体上，我们不会追求让很多人看到。被很多人看到不是一件好事儿，它会带来大量的攻击，你会觉得这样的传播是无效的…… 我们只能影响那些愿意被我们影响的人，只能跟那些愿意跟我们在一起的人交流……（受访者：吕频，2012年3月13日）

同时，一些女性组织还设有“邮件组”或“电子报”，定时向订阅成员发布组织最近在做的事情和相关新闻。在这里值得注意的是，与志愿者相比，订阅成员所呈现的是与组织较为宽松及随意的一种关系。

4. 个体参与

最后，女性组织还利用网站鼓励个体积极参与各种线上及线下活动，但是此特征并不明显。

研究表明,几乎所有的“公民组织”都利用网站发布了近期的“线下活动计划”,包括摄影/绘画竞赛、社区服务和培训活动等。对于“高校研究中心”来说(比如中山大学性别教育论坛和麓山枫),它们的线下活动更倾向于讲座和公共论坛。此外,中山大学性别教育论坛会经常组织学生参与一些关于社会性别问题的校园活动。

同时,一些女性组织还设有“在线调查”和鼓励支持者进行“募捐”。少许组织(比如反家暴、女声网和北京众泽)会开展“在线署名”这样的线上支持活动。

(二)巩固集体意识

如前文所述,集体意识感的巩固离不开组织与其个体参与者之间社会纽带关系的加强;这样的过程又与个体与集体组织的交互建立、发展和维持息息相关。因为,正如弗拉纳金(2006:29—54)指出的,交互过程不仅能够帮助组织将它们的理念传达给个体并指导他们的相关行动,同时还允许组织与个体参与者协商与交换意见。因此,互联网的传播属性与集体意识的巩固存在契合点。

通过研究调查,本文发现女性组织利用互联网巩固个体参与者的集体意识的传播机制主要有在线评论,提供招聘信息、咨询服务,给我们写信(e-mail)及在线论坛。

虽然有 8 个女性组织允许注册用户对某篇文章“在线评论”或是直接在网站首页留言,但是,除了女权在线组织,至今还没有浏览者在其他 7 个组织的网站上评论或留言。这样的结果并不意外,因为作为一个“网络社群”,女权在线自然会收到比其他组织更多的回馈。而其他组织网站上的“零评论”也从侧面反映出人们不愿意在组织的公共网络空间中与组织行动者进行交流。

尽管笔者在 7 个组织的网站上发现了“招聘信息”,但是除了中国妇女研究网之外,其余网站上(全部属于“公民组织”)的招聘信息都是一或两年前的内容。这也同时表明人们普遍对于在非政府组织工作的积极性不高。

此外,3 个“公民组织”(红枫、北京众泽和西部女性)在其网站上公布了详细的关于“提供咨询服务”的信息(包括心理或法律方面的咨询服务)。根据受访结果,咨询服务可以被看作是提升女性受害者(比如说受家暴女性)的性别自主意识最直接、最有效的方法。为了方便更多的弱势女性寻求帮助,女性组织会利用网站来传播信息,因为传统的“口耳相传”的传播效果十分有限(受访者,2012 年 3 月 19 日)。

笔者还发现,红枫、中国传媒大学联合国教科文组织媒介与女性教席及女权在线这 3 个组织还允许公众直接给管理员“写信(e-mail)”,就某一问题进行更深入的交流。

最后，虽然麓山枫和女权在线的网站上开设有“在线论坛”版块，但是活跃程度非常低。

结果总体表明，“官方组织/中心”并没有积极主动地利用互联网来与个体参与者开展交互活动。相反，虽然“公民组织”“高校研究中心”和“网络社群”有意识地利用网站加强与公众的交流，但是却受到了一些局限性。其中，受访结果表明，最大的限制是这些组织（尤其是“公民组织”）缺乏资金，或是缺乏既懂专业知识又具备专业 IT 技能的人员来开发网站的互动功能。

> 受人数限制。我们一直想把互动这方面做起来，可是我们需要专业人才，还有工资问题…… 我们的经费不够，数量就在那里。（受访者，2012 年 3 月 23 日）

另外一个原因是互联网具有的独特的传播属性其实并不适用于某些组织，因为本研究中选取的女性组织在传播性别知识方面都扮演着“专家”的角色，它们的言论不得有失。

> 因为要做网站互动的话，你必须要有一个很专业的人，专门来回复，来发布一些信息。如果由一个不是很专业的其他人员来做的话，就很有可能那个话说出来不到位，或者说错了，那可能造成的影响会更坏……（受访者，2012 年 3 月 23 日）

（三）联络其他相关组织

虽然中国的女性组织目前规模还不突出，但是相关受访者依然希望女性组织能联合起来，以此来推动社会性别平等。就目前而言，“互联网看上去是最理想的平台……因为我们可以与别的组织链接成合作网站”（受访者，2012 年 3 月 2 日）。

通过社会网络分析（social network analysis），笔者发现所选取的女性组织通过网站链接已经形成了虚拟网络关系（见图 2）。不管是处于较为核心地带的还是较为边缘地带的组织都可以通过链接与其他组织直接或间接地联系在一起。但是，这样的虚拟关系的形成多少带有一些无奈：“只要有网站的，我们好像都放入了（网站链接）。我

相信至少从我们来说,没有选择性。"(受访者,2012 年 3 月 13 日)

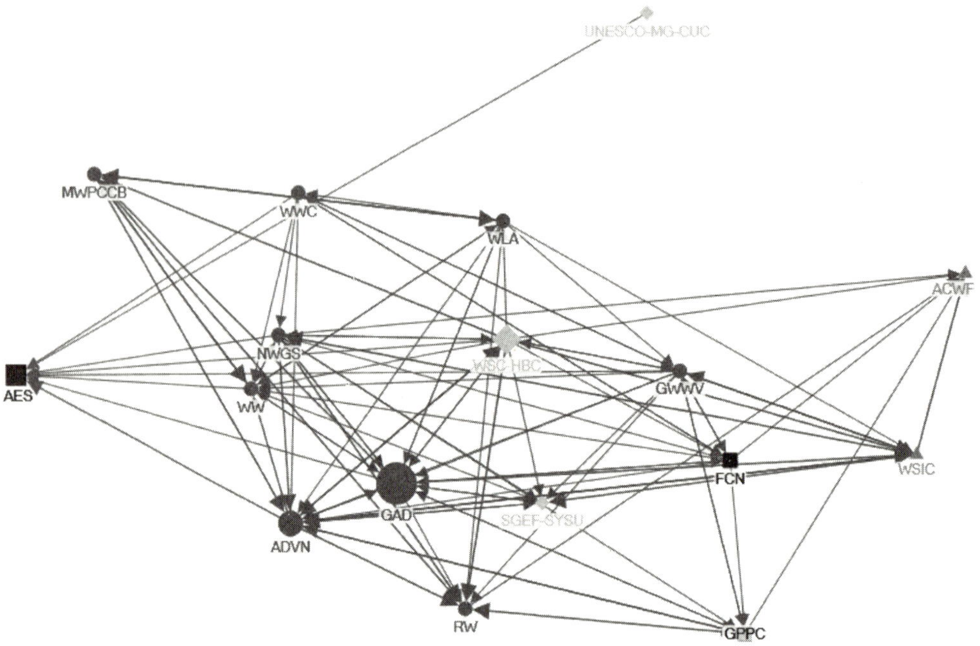

图 2　女性组织的虚拟网络形态

同时,值得注意的是,相关"公民组织"的受访者表示,它们之间更多是在线下有各种各样非正式的项目合作关系。这也说明了"面对面"传播模式(face-to-face communication)的不可取代性。

讨论及结论:互联网在中国女性集体赋权进程中的角色扮演

本研究以国内女性组织为对象,展示了女性组织行动者是如何利用互联网动员积极分子、巩固集体意识和联络其他相关组织的,以及这些活动对于实现以性别平等为社会共同目标的作用。研究表明,女性组织目前主要利用互联网来提升知名度,动员更多的个体参与和维持相关组织间的沟通与交流。但是,这些女性组织并没有充分利用互联网的潜在机会来加强集体意识。

在动员积极分子的过程中,互联网首先与女性组织自我展示的行为紧密相连,因为这些女性组织行动者能有效利用互联网的属性,通过设置一系列的网站功能来向公众展示它们的身份及任务目标。其次,总体上讲,女性组织已经意识到了互联网平台的低成本、便捷的传播属性,并且有效地利用其网站来进行关于性别知识的传播。此外,互联网的使用还有利于女性组织和个体参与者之间各种关系的建立,比如能展现紧密支持关系的志愿者机制,宽松、灵活的邮件组订阅成员关系。但是,在个体参与方面,女性组织则只开发了有限的网上功能来动员个体参与组织活动。

就巩固集体意识方面,虽然说互联网存在增强女性组织与个体间社会纽带关系的潜力,但是迫于资金短缺及专业人士的缺乏,互联网的交互属性并没有被女性组织有效地开发出来。并且个体参与者与女性组织之间的交流活跃度非常低,大部分组织与个体之间完全没有交流。这些都不利于集体意识的巩固。

虽然女性组织利用互联网链接能很好地联络其他相关组织,并形成具有一定规模的网络虚拟社会形态,但是这样的虚拟关系并不能真实地反映出女性组织在现实中的合作或对抗关系。因此,"面对面"传播方式的作用,以及其与互联网相辅相成的关系在将来的研究中会成为一个重要议题。

参考文献:

Batliwala, S. (1994),"The Meaning of Women's Empowerment: New Concepts from Action",In G. Sen, A. Germain, & L. C. Chen (Eds.), *Population Policies Reconsidered: Health, Empowerment and Rights*. 127—138. Boston and Massachusetts: Harvard Centre for Population and Development Studies.

Batliwala, S. (2007),"Taking the Power out of Empowerment — An Experiential Account",*Development in Practice*. 17(4—5): 557—565.

Bennett, W. L., Segerberg, A. (2013), *The Logic of Connective Action: Digital Media and the Personalization of Contentious Politics*, New York: Cambridge University Press.

Bimber, B., Flanagin, A., Stohl, C. (2012),*Collective Action in Organizations: Interaction and Engagement in an Era of Technological Change*, New York: Cambridge University Press.

Burnett, R., & Marshall, P. D. (2003),*Web Theory: An Introduction*, London and New York: Routledge.

Carey, J. W. (1989/2009), *Communication as Culture: Essays on Media and Society* (Rev. ed.),New York and London: Routledge.

Carr, E. S. (2003),Rethinking Empowerment Theory Using a Feminist Lens: The Importance of Process,*Affili*,18(1): 8—20.

Curran, J. (2012),"Reinterpreting the Internet", In J. Curran, N. Fenton, & D. Freedman (Eds.), *Misunderstanding the Internet*, London and New York: Routledge.

Della Porta, D., & Mattoni, A. (2013), "Cultures of Participation in Social Movements", In A. Delwiche & J. J. Henderson (Eds.), *The Participatory Cultures Handbook*, New York and London: Routledge.

Earl, J., & Kimport, K. (2011). *Digitally Enabled Social Change: Activism in the Internet Age*. Cambridge, Massachusetts and London: The MIT Press.

Flanagin, A. J., Stohl, C., & Bimber, B. (2006), "Modeling the Structure of Collective Action", *Communication Monographs*. 73(1): 29—54.

Ferree, M. M., & Mueller, C. (2004),"Feminism and the Women's Movement: A Global Perspective", In D. A. Snow, S. A. Soule, & H. Kriesi (Eds.), *The Blackwell Companion to Social Movements*, Malden, MA, Oxford and Calton: Blackwell Publishing.

Foot, K., & Schneider, S. M. (2006), *Web Campaigning*, Cambridge, Massachusetts and London: The MIT Press.

Gitelman, L. (2006), *Always Already New: Media, History, and the Data of Culture*, Cambridge, Massachusetts and London: The MIT Press.

Gurumurthy, A. (2004), "Challenging Gender Inequalities in the Information Society", *Bridge Bulletin*, (15). Retrieved Jan. 15, 2015, from http://www.bridge.ids.ac.uk/docs/in%20brief%20no.15.pdf

Gurumurthy, A. (2006),"Promoting Gender Equality? Some Development-Related Uses of ICTs by Women", *Development in Practice*. 16(6): 611—616.

Howell, J. (2003),"Women's Organizations and Civil Society in China: Making a Difference", *International Feminist Journal of Politics*. 5(2): 191—215.

Hutchby, I. (2001), Technologies, Texts and Affordances, *Sociology*, 35(2): 441—456.

Kavada, A. (2011), *Developing a Communication Theory of Collective Action*, Paper presented at the General Conference of the European Consortium for Political Research, Reykjavik.

Kavada, A. (2012),"Engagement, Bonding, and Identity across Multiple Platforms:

Avaaz on Facebook, YouTube, and MySpace", *MedieKultur*. 52:28—48.

Kavada, A. (2014), *The Communicative Constitution of Collective Action*. Cambridge, Massachusetts and London: The MIT Press.

Lee, T. L., & Regan, F. (2009), "Why Develop and Support Women's Organizations in Providing Legal Aid in China? Women's Rights, Women's Organizations and Legal Aid in China", *Journal of Contemporary China*. 18 (61): 541—565.

Lievrouw, L. A. (2011), *An Alternative and Activist New Media*, Cambridge and Malden, MA: Polity.

Liu, T. (2008), "Cyberactivism in the Women's Movement", In K. E. Kuah—Pearce (Ed.), *Chinese Women and the Cyberspace* (pp. 95—116), Amsterdam: Amsterdam University Press.

Marcell, G. M. (2002), *Information and Communication Technologies (ICT) and Their Impact on and Use as an Instrument for the Advancement and Empowerment of Women*, Paper presented at the United Nations Divison for the Advancement of Women, Geneva.

Milwertz, C. (2002), *Beijing Women Organizing for Change: A New Wave of the Chinese Women's Movement*, Copenhagen: Nias Press.

Milwertz, C. (2003), "Activism against Domestic Violence in the People's Republic of China", *Violence Against Women*, 9(6): 630—654.

Milwertz, C., & Bu, W. (2007), "Non-Governmental Organising for Gender Equality in China: Joining a Global Emancipatory Epistemic Community", *The International Journal of Human Rights*, 11(1—2): 31—149.

Rowlands, J. (1997), *Questioning Empowerment: Working with Women in Honduras*, UK and Ireland: Oxfam.

Sreberny, A. (2005), "Gender, Empowerment, and Communication: Looking Backwards and Forwards", *International Social Science Journal*, 57(184): 285—300.

Stromquist, N. (1995), "The Theoretical and Practical Bases for Empowerment", In C. Medel-Añonuevo (Ed.), *Women, Education, and Empowerment: Pathways towards Autonomy*, Hamburg: UNESCO Institute for Education.

Tan, H., & Wang, L. (2012), "The Policy Influence of Women's Organizations in

China",*Women's Policy Journal of Harvard*. 9: 42—55.

vanDoorn, N. , & van Zoonen, L. (2009),"Theorizing Gender and the Internet: Past, Present, and Future", In A. Chadwick & P. N. Howard (Eds.), *Routledge Handbook of Internet Politics*,Abingdon and New York: Sage.

Wesoky, S. R. (2007),"Rural Women Knowing All: Globalization and Rural Women's Organizing in China",*International Feminist Journal of Politics*, 9 (3), 339—358.

Yang, G. (2011),"Internet and Civil Society",In W. S. Tay& A. Y. So (Eds.), *Handbook of Contemporary China*,World Scientific.

Zhang, L. (2009), "Domestic Violence Network in China: Translating the Transnational Concept of Violence against Women into Local Action",*Women's Studies International Forum*. 32(3): 227—239.

〔韩霄,中国传媒大学互联网信息研究院移动互联与社会化媒体研究中心助理研究员,英国威斯敏斯特大学大众传播与新闻学博士,SAGE 期刊 *Global Media and China* 责任编辑〕

生态女性主义的起源与本土化发展

Research on the Origin of Ecofeminism and Its Localization in China

◎ 别君华　曹晚红

Bie Junhua　Cao Wanhong

摘要:本文通过对生态女性主义理论起源的追溯,回顾了该思潮产生的背景、过程和理论内涵。通过对其在中国的本土化过程进行梳理,分析了生态女性主义在中国的独具特色的发展过程。中国传统文化中的思想精髓与西方生态女性主义理念不谋而合,少数民族女性群体和广大农村地区的女性在环境传播与生态保护中的重要作用也应给予更多重视。生态女性主义在中国的推进,使我们发现了女性在环境传播方面的特殊力量,尤其是面对当今中国环境污染严重的社会现实,生态女性主义在中国的发展更具现实意义。

关键词:生态女性主义,环境传播,本土化

Abstract: In this paper, we reviewed the historic background, the process of development as well as the key connotation of ecofeminism by examining how it originated. Moreover, we analyzed the unique development of ecofeminism in China by combing its localization in China. We found that the western key concepts of ecofeminism are consistent with the core values of Chinese traditional culture. Furthermore, the importance of women from ethnic groups and rural areas in environmental communication and ecological protection should be valued. With the advancing of ecofeminism in China, we found that women have played an indispensable and special role in environmental communication. As environmental pollution has become an urgent social problem in China, this research on China's ecofeminism carries with it much significance.

Keywords: Ecofeminism, environmental communication, localization

2015 年 2 月,央视前知名记者柴静通过新媒体视频平台发布深度调查纪录片《穹顶之下》,引发了公众和政府对雾霾和空气质量的关注,这使我们得以关注女性在传播环境和生态议题时独特的感召力。一方面,女性独具的生理构造、孕育功能与自然养

育万物的特性一致，所以两者之间有种天然的亲近；另一方面，女性在家庭生活中的角色多与照顾家庭、养育孩子、食物制作相关，自然环境的好坏直接决定了女性作为家庭主妇工作的质量，所以女性对于环境恶化的状况十分敏感；此外，女性感性思维发达，表述情感充沛的特点也使女性在传播环境议题时具有更好的效果。因而，女性在传播环境议题时具有独特的魅力，能够在短时间内促使人们关注司空见惯的环境问题。

女性与自然之间的独特联系，让人们不断审视环境传播中的女性力量，出现于 20 世纪 70 年代的生态女性主义思潮进一步建构了女性和自然生态联系的合理性，为我们提供了解决环境问题的新视角。

一、生态女性主义的源起与发展

生态女性主义有生态学的女性主义(the feminism of ecology)和女性主义的生态学(the ecology of feminism)两种不同的提法，两种提法均以“女性”和“生态”为中心。

从不同历史时期看两者之间的关系，在原始社会，人类依靠自然而生存，那是一个崇尚母性的时期，男性女性都敬畏自然，人与自然和谐共处；到农业社会，随着人类开始征服自然，男性的体力优势使之在生产劳作中的作用越来越大，在家庭中男性逐步取代女性，成为主导；工业社会的来临，使大规模的生产成为可能，人类对自然的掌控能力随科技力量的进步达到最高水平，对自然资源无节制的利用使工业文明的恶果开始侵犯人们的生活。对男性逻辑理性的推崇使女性与自然一样，处于边缘的和被统治的地位。

以 20 世纪 60 年代为转折点，环境保护运动中的女性力量开始强化，到 70 年代，女性主义的第三次浪潮中正式出现生态女性主义的流派，这标志着女性与生态作为两股抗争力量结合在一起。

(一)环境传播中的女性角色

环境传播的概念最早是由德国社会学家尼可拉斯·卢曼在其著作《环境传播》中提出的，他认为环境传播是旨在改变社会传播结构与话语系统的任何一种有关环境议题表达的传播实践与方式。在此基础上，罗伯特·考克斯进一步延伸了环境传播的内涵，在其著作《环境传播与公共领域》中，考克斯从实用和建构两个角度对环境传播进行考察。从实用角度来说，环境传播能够帮助人们了解环境信息、启蒙环境意识和进行环境教育，是一种实用性的传播手段；从建构的角度来说，环境传播通过话语和修辞建构起更深层的政治、哲学和文化内涵。就考克斯的第二个角度，我国学者刘涛在《环境传播的九大研究领域》一文中通过“关键词建构”理论搭建了环境传播领域的网状框架，划分了环境传播九大研究领域，覆盖了政治、哲学和文化的不同层面（刘涛，2009：97－104）：(1)环境传播的话语与权力(2)环境传播的修辞与叙述(3)媒介与环境新闻(4)环境政治与社会公平(5)社会动员与环境话语营销(6)环境危机传播与管理(7)流行文化中的环境表征(8)环境与国际政治外交转型(9)环境哲学与生态批评。

其实早在环境传播的概念提出之前，女性就已经介入环境传播领域。19世纪末，随着工业化的到来，环境污染加剧，女性就从与家庭生活息息相关的领域出发自觉展开对环境的保护活动，从对家庭食用肉类来源的屠宰场环境的考察，到对城市垃圾处理问题的关注，一系列由女性推动的环境保护活动都是从女性个人出发的，通过调查、演讲等方式获得政府部门关注，推动社会对于环境问题的关注，从而提高了人们的环境保护意识，为20世纪60年代大规模环境运动的到来奠定了基础。

1962年，美国女生物学家雷切尔·卡森的《寂静的春天》问世，书中关于杀虫剂对人类生存环境危害的大胆预言引起了人们的广泛关注。在这本书的影响下，包括中国在内的许多国家开始禁用农业杀虫剂DDT，人们第一次意识到环境污染与人类生存之间的必然联系。随后，在此书的影响下，联合国于1972年6月在斯德哥尔摩召开了“人类环境大会”，并由各国签署了“人类环境宣言”。在大会的影响下，各国纷纷设立环境组织。

《寂静的春天》成为女性揭示环境问题的里程碑作品，60年代之前，女性对于环境问题的关注多局限于私人领域，保护环境的行动多以个体的形式发起，所涉及的领域包括空气、水、工业排放物等与家庭生活息息相关的领域，其目的在于保护家庭的健康，行动的动力来源于母性对家庭的责任和身为女性的本能。这种私人性、情感性的行动受到了父权文化的讽刺，认为女性的环保行动仅仅是出于女性的本体力量，正是女性作为家庭生活照料者角色的写照，强化了女性与私人领域的关联，并不具备科学理性。

60年代后，女性对于自然的关注走出了环境污染的狭小视野，开始关注整个生态系统，强调人与自然界的多元主体共存和不同主体之间的动态和谐。并且，女性开始意识到男性对于女性环保行动的嘲讽的根源在于女性的边缘地位，同自然一样，女性是科技理性和父权制度的统治对象和牺牲品。所以，女性需要联合少数族裔、低收入阶层等弱势群体，共同抗争父权制二元对立模式的压迫。只有通过大规模的行动和反叛，才能够确立女性的主体地位，从根本上解决整个生态系统的不平衡。

(二)女权运动中的生态视角

与之呼应,20 世纪 70 年代后,在女权主义运动的第三次浪潮(20 世纪 70 年代至 90 年代)中,女权主义与生态运动结合,形成生态女性主义流派。第三次女性主义浪潮除了生态女性主义之外,还包括女同性恋女性主义、后现代女性主义两个流派。相比前两次浪潮,女性主义第三次浪潮的内涵更加多元,更加强调反叛。

1974 年,法国女性主义者弗朗西斯娃·德·奥波妮在《女性主义·毁灭》中提出生态女性主义的概念,她积极倡导女性参与到生态保护活动中去,明确女性在环保行动中的责任,通过积极的行动确立女性的主体地位。"生态女性主义"(ecofeminism)这一术语的提出标志着西方生态女性主义理论研究的开端。

生态女性主义者一方面继承了部分女性主义的基本理论,依然坚持为女性寻求平等、追求权利;另一方面她们又开拓了新的领域,她们不再追求建立统一的理论,而是开始关注具体问题。作为由女性解放运动和生态保护运动相结合的生态女性主义和第三次浪潮的生力军,她们将大规模的社会运动作为自己的主阵地。1978 年美国的拉夫河运动唤起了世界对化学废弃物的认识;1973 年保护喜马拉雅山区原始森林的"抱树运动"得到了政府在 15 年内禁止伐木的承诺;1977 年,肯尼亚的"绿带运动"以农村妇女为主,培育了农村妇女的环境运动意识。罗斯玛丽·卢瑟指出:"妇女们必须看到,在一个以支配模式为基本的相互关系的社会里,不可能有自由存在,也不存在解决生态危机的办法。她们必须将妇女运动与生态运动联系起来,以展望一个崭新的根本的社会经济关系及其相应的价值观。"(戴斯·贾丁斯,2002:226)

二、生态女性主义进入中国及其影响

生态女性主义作为一种思潮,在诞生之初,就覆盖了法国、德国、荷兰、美国等西方国家,在发展的过程中,生态女性主义逐步与地方性的女权运动和环境运动相关联。由于生态女性主义的出现与经济快速发展、科技革命、环境污染、人口爆炸紧密相连,所以女性生态主义运动也和全球化一道,成为连接世界不同地区环境问题的纽带。

随着生态女性主义运动全球化进程的推进,1995 年中国女性以联合国第四次世界妇女大会为契机,开始积极了解并学习国外生态女性主义运动的相关理论。1996 年,学者关春玲在国内学术界发表了第一篇关于西方生态女权主义研究的综述性文章《西方生态女权主义研究综述》,该文提出"生态女性主义倡导多样性,不排斥差异的存在，摒弃传统的等级观念和统治观念，反对构建大一统的哲学理论。生态女权主义思想本身是多元的，它在生态价值观和认识论上的独到之处正是得益于这种包容性”。（关春玲，1996，25—30）随后，国内越来越多学者开始深入生态女性主义领域进行理论研究。

随着理论学习的深入，越来越多旨在保护环境的妇女 NGO 组织开始出现，同时，已有的妇女组织也将生态问题纳入关注范围，通过组织活动、开展培训、深入社区宣传环保知识，生态女性主义者在传播环保知识、提高人们的环保意识方面起到了不可替代的作用。例如，北京地球村环境教育中心由热衷于环保事业的女性创建，是一个以传播乐和理念、建设生态文明为宗旨的民间组织。该组织通过报纸、杂志、电视等大众媒介宣传其生态环保理念，并以网站、微博、微信公共号“乐和云家”等新媒体形式对其活动动态和出版刊物等进行宣传。“地球村”组织还积极参加各种国际国内环保会议，在国际上具有重要的地位。此外，旨在提高全社会，特别是妇女、儿童的环境保护意识的“妇女环境小组”也通过积极组织活动来传播环保观念。

随着微博、微信等多样化传播方式的运用，普通民众的环保意识不断提高，他们借助新媒体工具关注、参与环保议题，并参与反对 PX 项目等关注生态环保的社会运动。

在这样的环境下，女性在环境传播领域的重要地位应得到进一步重视。但需要强调的是，生态女性主义走进中国 20 年，其主体主要是女性政府官员、作家、艺术家等知识分子群体，而广大边远地区的少数民族妇女群体和广大农村妇女群体较少参与到生态保护行动中。生态女性主义作为一种多元开放的理念，在中国，更应把居于弱势地位的少数民族和农村女性纳入到行动主体中，发挥其潜在的行动力量。在西方，生态女性主义的公共正义体现在对人种、性别、阶级的关注上，在中国，生态女性主义的公共性应体现在对城市与乡村、发达地区与边远地区、汉族与少数民族的关注上。

三、生态女性主义在中国的本土化发展

（一）中国生态女性主义的价值认同

中国的生态女性主义一方面继承了其西方来源的理论价值，不仅关注与妇女家庭生活息息相关的环境领域，而且关切整个自然、社会生态圈的整体动态和谐。中国的生态女性主义者通过积极的实践，吸收本土内容，继承传统中国哲学中的有利思想，发展出关注农村、少数民族妇女与环境的生态女性主义的本土特色。

1.认同价值:从环境到生态

19 世纪末开始的环境保护运动中,女性出于与自然的天然亲近以及出于对家庭的保护意识,关注空气、使用水、城市生活垃圾等与生活息息相关的环境问题,通过环保行动来对抗人类对自然环境的摧毁性关系。

但是,从生态女性主义运动开始,女性便以一种动态的、演化的视角关注更加广泛的生态领域。女性思维作为一种感性的、整体性的思维模式,强调整个生态系统的总体平衡。生态系统不仅包括自然界中不同元素的相互联系,而且还包括人与自然之间的和谐共存。男性、女性、自然界的空气、水、动物,我们共同生活在一个生态链中,通过女性的整体性观念,链条上的每个环节才能和谐共生。关注对象的改变,使生态女性主义者完成了从环境主义者到生态主义者的转变。

2.对立面:父权制社会结构和二元对立的思维模式

生态女性主义认为女性在社会生活中所处的弱势地位与自然生态在与人类关系中的弱势地位是一致的,两者都是被统治和被压迫的对象。女性的压迫来源于家庭生活和社会生活中男性对女性的支配,自然的压迫来自于男性代表的理性思维和科技进步对自然资源的榨取和生态环境的破坏。而且,生态女性主义认为,不仅女性和自然是父权社会制度的压迫对象,并且少数族群、低收入阶层等弱势群体也是二元对立思维的牺牲品。

父权制度是当代社会的基础结构,其特征是在家庭单位中制度性地强化男性对女性与孩童的权威。为了实践权威,父权制度必须渗透到社会的整体组织,从生产、消费,到政治、法律、文化。女性生态主义的出现,归根结底是对 19 世纪末期从欧洲和美国产生的科学的反叛,中国的生态女性主义是对二元价值对立引发的社会严重不平等与利益分配失衡的反抗。生态女性主义认为,女性和自然受压迫的处境是父权制二元对立思维的产物。男性凭借二元对立的社会结构不断强化他们的优势地位,使女性的从属地位更加自然化。凭借不同的社会化过程,女性被定义为家庭的照料者、家务的承担者,主要负责家庭内部的事务,不断远离公共领域;而男性作为家庭经济来源的角色定位使男权的强势地位更加合理化,与科学技术之间的亲密关联在不断征服自然、提高生产力的同时也贬低了女性的价值,使两者不断呼应。

在父权社会秩序中,女性的身体被重新诠释,女性的经历被重新诠释,女性只有通过与自然的结合,才能够反叛父权制的权威,使自然和女性同时获得解放。

(二)在中国的本土化发展

由于中国特殊的社会环境、多民族国家的构成特点，发源于西方的生态女性主义传播到中国之后便开始了本土化适应的过程。首先，中国传统思想中一脉相承的天人合一的观念使中国女性表现出对生态女性主义整体多元生态观的天然接受。其次，中国是一个多民族国家，少数民族群体是中华民族的重要组成部分，少数民族女性的加入使中国生态女性主义的主体更加多元，少数民族女性对于自然的观念和行动具有重要的研究价值。再次，农村妇女作为中国妇女的重要组成部分，在传播生态女性主义观念和通过自身行动改善生态环境方面有重要的意义。

1. 中国传统文化中的思想渊源

女性与自然的关系在我国传统文化中早有表述，老子说过“谷神不死，是谓玄牝，玄牝之门，是谓天地根”。自然中的山谷就像女性，山谷在地上向天空敞开，像是天地的子宫，女性通过子宫孕育生命，就像山谷孕育自然万物。在中国传统观念中，女性和自然就有一种天然的亲近。“阴阳相生”的传统观念也强调了男女平等，两性之间应相辅相成，而非强调一方对另一方的统治。

此外，孟子“天人合一”的思想提倡人与自然的整体观，将人与自然看作一个整体，两者相辅相生。孟子在《孟子·尽心上》中说：“尽其心者，知其性也。知其性，则知天矣。存其心，养其性，所以事天也。”孔子也有“知者乐水，仁者乐山”(《论语·雍也》)“钓而不纲，弋不射宿”(《论语·述而》)“国君春田不围泽，大夫不掩群，士不取卵”(《礼记·曲礼》)的说法。道家也有相关的表述，认为“道”是宇宙万物之根本，“人法地，地法天，天法道，道法自然”。可见，生态女性主义强调的人与自然共生的整体观在中国古代传统思想中早有表述，所以中国女性对生态女性主义思想的接受具有天然的优势。在具体的实践过程中，我国古代传统思想的智慧也为中国的生态女性主义者提供了更本土化的思想依据，使生态保护行动更具有号召力。例如 2015 年 6 月，“地球村”廖晓义主任参加第九届国际生态文明论坛时作了《用孔子智慧建设乐和家园》的主题发言，为人们展现了中国式环保与生态文明如何在社区自治基础上挖掘传统文化与乡土智慧，构建和而不同的共生社会的理念。对于中国传统思想的运用使生态女性主义的本土化过程更加顺利，也使中国的生态女性主义运动在国际上独树一帜。

2. 少数民族女性观念中的生态主义

中国作为独特的多民族国家，不同民族的社会生活状况和历史发展进程各具差异。我国的少数民族多分布在边远地区，与自然之间的关系更加密切。特殊的生活环境使之在与山川草木的接触中形成了对自然的崇拜。爱德华·泰勒在《艺术的起源》中提出的“万物有灵”的思想普遍存在于当今少数民族之中，正是这种古老的智慧使少数民族群体形成尊重自然、敬畏自然的观念。此外，弗雷泽在《金枝》中提出了“交感巫术”的概念，强调人与自然的沟通，人作为自然界中的一员具有和自然交感的灵性。由于少数民族女性在家庭和部落中承担着特殊使命，所以相较于男性来说，女性与自然形成了更加亲近的关系。

杨国才在《社会性别视野下少数民族妇女与生态环境保护》中通过社会文化视角、社会性别视角和生态保护视角三者的结合，强调“妇女尤其是处于边缘的少数民族妇女的生存和发展，她们在民族传统文化建构和传承中的作用，及她们在生态环境保护中的功能，应引起人们的关注”(杨国才，2007：10－15)。由于少数民族妇女在家庭中承担了教育者的工作，所以少数民族中敬畏自然和保护自然的意识通过家训得以世代传承。此外，女性通过宗教组织活动、乡规乡约等不同的形式，传承着对于生态环境的保护观念。所以，我国少数民族女性的生态保护观念相较于汉族独具特色，对于我国少数民族女性生态保护的研究具有重要价值。

3. 农村女性对于生态保护的重要作用

随着城市化进程的加快和农村产业结构的调整，过去农村“男耕女织”的生活方式已向“男工女耕”变化，农村妇女不仅需要承担过去在家庭生活中养儿育女、收拾家务等责任，而且还作为重要的劳动力参与到农活中。

在农村，我国妇女已成为农业生产发展的主力军，农村妇女创造的产值占农业总产值的 50％－60％。农业劳作中对水源的使用、农药的使用、耕地的使用使作为劳动力的妇女在与自然的关系中更加亲近。可以说，农村妇女的环保意识决定了广大农村地区的生态环境质量，广大妇女群体在保护环境、节约能源方面发挥着特殊而积极的作用。

但是，由于农村地区的妇女文化水平较低，环保意识不强，所以加大对农村妇女环保意识的普及就显得尤为重要。对于环境恶化给自身及子孙后代带来的伤害和不利影响，在家庭生产劳动中扮演重要角色的妇女有着更为深刻的体会。

结　语

综上，西方生态女性主义在理论上取得了丰富的成果，并且与全球化浪潮一道，在世界各地与地方性行动相连，普及了生态理念，提高了人们的环保意识。生态女性主义产生于工业化的背景之中，暗含反对科技理性的逻辑，并且，将女性的从属地位与自然环境遭到的破坏以及有色人种等群体的弱势地位均视为父权制社会二元对立思维的产物。

生态女性主义在中国本土化的过程中，继承了西方的理念内核，强调多元共生的生态理念。同时，中国的生态女性也具备自身特色，传统人与自然和谐的文化源远流长，为生态女性主义理念的接受提供了先天优势和理论补充。

在未来的发展中，生态女性主义更应该深入挖掘中华传统文化的理念价值，关注少数民族女性和农村女性在环境传播方面的特殊作用，这是开展生态女性主义研究的重要方向，也是对西方生态女性主义理论内涵的补充。源于西方的生态主义理念只有与中国具体国情相结合，才能焕发持久的生命力。

参考文献：

戴斯·贾丁斯：《环境伦理学：环境哲学导论》，北京大学出版社2002年版。

关春玲：《西方生态女权主义研究综述》，《国外社会科学》1996年第2期。

刘涛：《环境传播的九大研究领域(1938—2007)：话语、权力与政治的解读视角》，《新闻大学》2009年第4期。

杨国才：《社会性别视野下少数民族妇女与生态环境保护》，《云南民族大学学报(哲学社会科学版)》2007年第3期。

〔别君华，中国传媒大学传播研究院博士生；曹晚红，中国传媒大学新闻传播学部电视学院副教授〕

新媒介环境下的影像化叙事模式研究

——荒诞派戏剧再探

The Re-exploration of the Image Narration Mode of the Absurd Drama in the New Media Environment

◎曹　琦　张书铭

Cao Qi　Zhang Shuming

摘要:荒诞派戏剧曾在20世纪五六十年代的西方舞台上风行一时,旨在让人们正视现实,从不断的幻想和失望中解脱出来。本文以传统的荒诞派戏剧叙事模式为基础,结合当下媒介环境下新的技术手段,探索综合影视叙事模式架构,试图在影像叙事与传播多元化的当前环境中,找到荒诞派戏剧影像化的一条新的创作道路。

关键词:荒诞派戏剧,主题性,影像化,叙事模式,新媒介环境

Abstract: Absurd Drama was very popular in the West in the fifties and the sixties of the 20th century. It aims to make people face up to reality, free from the continuous illusions and disappointments. Based on the traditional narrative mode of the absurd drama, combined with the new technology in the media environment, this paper is exploring the integrated film and television narrative mode structure and trying to get to the theatre of the absurd image of a new creative path in the current environment of the image narrative and spreading diversified.

Keywords: Absurd Drama, theme, imaging, narrative pattern, new media environment

2015年5月,一部入围罗马国际电影节主竞赛单元,并获得该电影节最高奖项"马可·奥列留"奖的国产电影,终于在国内院线登陆。这部叫作《十二公民》的电影获得业内外赞誉无数,并开启了一种在国内比较少见的形式——戏剧电影。戏剧美学与电影美学在根本上的不同是老生常谈了,但这种将戏剧形式搬到大荧幕上的尝试,却已不是第一次。无论是前些年的《暗恋桃花源》还是最近的《穿裘皮的维纳斯》,戏剧与

电影的结合总会产生不一样的化学反应，使得两种美学体系得到共赢的结合。可以说，在电影技术不断发展的今天，很多戏剧形式的表演在大荧幕上可以得到无限放大，蒙太奇与场面调度是戏剧舞台所没有的巨大优势，所以在叙事上，戏剧电影又带有普通类型片所没有的表演张力。

虽然戏剧影像化模式由来已久，可以说如今的影像化叙事，无论是各类影视剧还是网络视频短片，或多或少都受到戏剧的影响。但是作为戏剧海洋中的一座璀璨独岛，荒诞派戏剧在影像化表达上一直都是步履维艰。荒诞派无论在文学还是戏剧史上，皆处于举足轻重的地位，但在影像化表达中，这一表现形式却遇到前所未有的挑战，即荒诞派的思辨与断点式逻辑几乎很难用影像的连续性思维来表达。影像的表达模式是一种利用人的视听幻觉来表现一个虚拟却无比真实的世界，在平面的基础上通过运动来塑造一个又一个形象，讲述一段又一段故事，但是这种幻觉如果作用于荒诞派戏剧当中，便会产生一个难以回避的问题：行为非传统逻辑性。戏剧的核心在于台词，观众在一个固定的环境内观赏戏剧时，戏剧所表达的状态是固定在所有人眼前的，视距不发生变化，人物在固定的环境内以台词为主、动作为辅，以舞台灯光和音乐音效为渲染的形式，来进行表演。所以，戏剧的“能指”是声音，荒诞派戏剧更是如此，因为荒诞派戏剧的表达更加需要情境，荒诞派戏剧的核心表达更加抽象，“能指”便愈发重要。

荒诞派戏剧最大特点是以舞台戏剧的形式去表现一个荒诞而简单的故事，集体无意识一般是其所表达的主要核心观点。在一处封闭空间内让演员以戏剧的形式去表演，然后以影像化叙事的外衣去包装和传达这样一段故事。将戏剧用影像的方式来表达并不少见，像前文提到过的，早在 1992 年赖声川导演就将其经典话剧《暗恋桃花源》翻拍成电影，以电影的方式去讲述原来话剧的内容。另外，在 2013 年，法国著名导演罗曼·波兰斯基又带来了独具个人风格的《穿裘皮的维纳斯》，以戏中戏的形式表现了同一场景中两个人物的灵魂碰撞与角色转换。虽然话剧形式影像化叙事并非宛如新生儿般令人兴奋与好奇，但是我们在其中主要尝试以荒诞派戏剧去支撑这种表达形式。如前所言，这种表达形式有个共通性的原则，就是故事要具有足够的张力，也就是说戏剧化情节内容要饱满，剧本的叙事元素基本满足原有的叙事学基本原理，故事起承转合一气呵成。《暗恋桃花源》的剧中剧结构其实也是一种实验性的尝试，其核心还在于其理性与幽默的主体叙事线索。而很多荒诞派戏剧必须摒弃结构、语言、情节的逻辑性与连贯性，来表现人这一个体之于集体的意义和作用，探讨所谓的集体主义在当下的环境当中究竟是否存在。

荒诞派诞生于20世纪50年代,荒诞(absurd)一词,由拉丁文的sardus(耳聋)演变而来,其核心基础在于存在主义哲学。存在主义哲学的主要观点是怀疑人存在的意义,认为人与人之间是不能沟通的,世界对于人类是残酷的、难以理解的。该戏剧学派对于人类与人类以及人类与世界之间的联系彻底失望,20世纪后半叶,由于工业革命所带来的前所未有的资源掠夺,爆发了两次世界大战,人类前所未有地自相残杀,手段之凶残、行为之恶劣让人类自身都产生了难以磨灭的负罪感与阴影,正如马克·吐温在他的《该死的人类》中所说的:"人类不是进化了而是退化了。人穿上了自己发明的衣服,体现了文明和进步;人也正是用自己发明的衣服伪装了人比动物还不如的退化了的本性:人的精神空虚、颓废;人的本性自私、肮脏、残忍;人创造的一切没有使人比动物更高级,反而更加野蛮,更加具有毁灭性。"(江宝庭,2006:77—80)

在那样极端的社会思潮下,学界产生了无数以"后"为架构的学派:后现代主义、后殖民主义、后解构主义等。这些以"后"为语境的主义和学派,并不以继承或者推翻之前的学派理论为己任,而是将目标定位另辟蹊径,走与传统学派完全不一样的道路,来反思人类发展进程当中的种种哲学议题。总结其基本的观点就是从根本上反对物质与精神、主体与客体的对立统一关系,反对本质主义、基础主义、理性主义,宣扬不确定、不可通、易碎性、零散性。其中,荒诞派戏剧便是其中非常有代表性的一种。荒诞派戏剧之于后语境下的理论特色主要通过两方面来佐证,其一是萨特的存在主义哲学思想,即人类存在于一个无可奈何的世界,一方面面临的困惑是"不得不生",而另一个方面是更加绝望的结局——"不得不死",在这样的一个无法掌控而且无奈的人生当中,存在的意义受到了极大的怀疑。当然在真正的萨特存在主义中也有积极的一面,那便是在不得不生和不得不死之中,还有选择方向的余地,但荒诞派戏剧将这个还算积极的解释理解为:这种选择的余地仿佛是一艘开往远方的殖民者商船上的奴隶,虽然可以选择在甲板上向着东方爬行,却无奈船驶向的是西方。其二则是为了表现其对于存在意义的荒诞性阐释,象征性的使用便成为荒诞派戏剧的主要表达手段。荒诞派戏剧与象征主义同时也是难以分割的,因为荒诞派的表达强调的是无意义与无衔接,通过难以理解以及没有意义的片段、人物、动作、情节,去结构整部戏剧,那其中所有要表现的事物的象征意义,就变得尤为重要和不可忽视了。

传统戏剧无论使用哪种表达形式,最终要达到的目的都是解释人生意义,探寻人生真谛,概括人生目的,但在荒诞派戏剧反其道而行之的道路上,需做到的核心表象便是"先破后立",破掉传统戏剧中的核心骨架,再破掉骨架中的内脏与血管,最后是无意义的四肢与五官。破掉的这些东西的组成部分用什么代替?任何东西,因为象征性的表达要比这些原本存在的东西来得更有力量。

在生存与死亡之间，对于自由的向往与追求，是荒诞派戏剧的核心追求与表达。人类的荒诞与无奈在正常的戏剧表达中，难以得到完全的释放和诠释，因为传统意义上的叙事讲的就是起承转合，以人物为核心，以故事为主干，用台词的方式去娓娓道来或悲伤或快乐的一段故事。在荒诞派戏剧中，甚至人也只是荒诞的一种符号，所以故事的完整性与逻辑变得不是那么重要。在舞台表演中，这种尝试也是经过了人们的好奇、质疑最后才得到认可的，但如果将荒诞派戏剧搬上大荧幕，以电影的方式去讲述时，面临的就不仅仅是普通的戏剧电影那么简单的挑战了。

美国戏剧家约翰·霍华德·劳逊曾提出："电影在其发展过程当中，曾在戏剧和小说作品当中得到了很大的益处。V. 尼尔逊将电影史分为两个时期：戏剧的影像处于统治地位的早期，和文学方面的形式得到发展的时期。"（约翰，1978：462）影像化的感官刺激已经融入了现代人类生活的点点滴滴，近年来的个体影像化传播更是迎来了新的时代，随着新一代高清设备的普及以及网络资源的更新与加速，影像表达与传递来到了一个新的纪元，但是对于影像叙事的创新与尝试，却远远没有跟上变革的速度与脚步。

我们先来总结戏剧与影像化表达的影视媒介的共通之处：第一，二者都是集导演、演员、美术、灯光、舞蹈、布景等于一体的综合性艺术形式，通过作用于观者视听感官来讲述故事或者表达观点；第二，二者都是以可知可控的时空转换，通过演员的肢体语言、动作表情等来再现故事；第三，更重要的是，影视化的传播媒介更多借鉴传统戏剧的叙事模式，讲究起承转合的叙事连续性、因果性、合理性，讲究因果矛盾与冲突纠葛，动作即人物的事件性。但剥离了传统戏剧的现代主义戏剧，代表着打破、重组、注重内心活动等，打破传统审美与叙事中的完整性，要使用影像化的表达，确实是一个不小的挑战。

影像叙事的优势之于传统戏剧便是蒙太奇的运用，传统戏剧与影像的传播表达虽然都是诉诸视觉、听觉的，但是空间感的因素却使得其与直接感知完全不同。舞台上的时间与现实的时间是等同的，戏剧人物的表演不可能做到影像化叙事中的升降格、蒙太奇剪切重组，舞台表演的一次性正是戏剧艺术的美学特点之一，这也就使得戏剧的影像表达意义受到最强烈也是最严峻的质疑：分切镜头以蒙太奇的剪接形式表达出的戏剧是不是失去了戏剧美学中最有魅力和最具独特性的"不确定"美感？关于这个问题，赖声川导演曾在其电影作品《暗恋桃花源》中，给出了他对此的理解和美学诠释。《暗恋桃花源》并不是第一部以电影来表现戏剧的作品，它的特殊点在于以一个戏中戏的模式，通过影视画面语言的蒙太奇特性来讲述故事。到了影片最后，电影中的戏剧还是戏剧中的电影已经不是核心的重要议题，给观众带来的美的体验和故事的完整性使其最终成为一次成功的尝试。所以，用影视语言来系统表现舞台的“一次性”表演，有着其独有的综合性优势。前提是我们要舍弃一些并得到另一些。这其中的取舍，是一种特殊的艺术形式诞生过程中必须伴生的并发症。

但是影视化符号特点在表达传统戏剧与后现代主义戏剧时，是否可以做到锦上添花或者相辅相成？现代主义戏剧中的叙事碎片化以及主题的意向化，使得影视语言的表意能力受到一定的阻隔与障碍，历史上的尝试也基本上无疾而终。贝克特的第一部电影剧本《电影》完成于 1964 年，这部作品片长只有 24 分钟，而且与《等待戈多》截然不同，没有对话。这部影片基本上是独角戏，勃斯特·基顿在阿兰·施奈德的导演下进行表演，影片的拍摄地点是纽约布鲁克林大桥曼哈顿桥头下面的珍珠街。虽然导演努力做到去舞台化，但是这个地点的选取却有着极其舞台化的特点，因为所有角度的选取和表达，无不体现着表演者的孤独感，仿佛这个世界只剩下他、一座桥和一条无人的街道。这部电影上映后反响平平，影评人认为其为简单到不能再简单的电影，贝克特反击之理由是这是不尊重严肃艺术。《电影》的所有情节已经在贝克特风格上做了大量的妥协与改变，以往《等待戈多》中，用哑剧化的表演体现内心的形式已经大量缩减，但对于大众艺术的电影来说，这依然是一个不大不小的灾难。荒诞派与电影的“联姻”并没有想象中的顺利，究其核心问题，还是在于观众对于传统影视叙事和逻辑理解上的习惯与认同感。荒诞派戏剧中所带有的浓厚的叙事逻辑错乱性与人物和人物之间的荒诞关系与认知，是观者理解连贯性故事情节的最大障碍。

在后期的剪辑与编排上也是如此，一般的戏剧或者电影都要以正常的时空顺序，来讲述和表现一段故事的起承转合，传统戏剧或者电影电视化的叙事中，以人物为核心的建制阶段，会传达人物的生存状态与价值观。而在荒诞派戏剧当中，人物的真相必须游离于真实和更加真实之间。所谓真实便是指在影片中人物的台词与表演，这与常规意义上的戏剧或者戏剧电影并无他样。但是荒诞派戏剧独有的自我反省以及质问存在的功能，使得更加真实的存在有很重要的意义，这种更加真实便是人物的内心表演。在舞台上，荒诞派戏剧是无法将人物内心表达给观众的，观者只能根据他们看到的东西去体会，所以会出现“一百个人心中有一百个哈姆雷特”这样的现象，虽然这才是戏剧的魅力，但却往往会偏离作者创作的初心。当荒诞派戏剧和影视画面相结合的时候，我们便发现，有一种很好的方式，可以将所谓的“更真实”表达得淋漓尽致，那就是独白。《心理学家托尔斯泰》的作者斯特拉霍夫是这样给内心独白下定义的：“内心独白就是在各种困难的和严重的情况下——即在危急关头，在内心进行斗争、情绪非常激昂和精神高度紧张的时刻，在对自己和周围的事物深表不满的时刻产生的，这种内心独白同时也反映思想上的紧张和精神上的探索，反映遐想、思考以及在严重的转折关头做出的重要决定，并且能把整个精神机器开动起来。”（袁秀凤，1997：63－65）

内心独白属于每个独特人物，他们的人生经历在内心独白中得到完善与升华。这种方式可以实现戏剧的完整性与合理性，也是在传统荒诞派戏剧难以进入大众审美层次的当下，做出的一次实验性改变。在荒诞的戏剧之下，人物对于本我及他人的认识，是便于观者更加深刻理解事件的一个注解，也是另一种渠道。

在视觉上，荒诞派戏剧的表现过程经常会出现混乱的人物对话以及场景，但在舞台上，这种混乱往往没有办法表达得足够清晰。但是如果我们以影视的手法去还原、加工荒诞派戏剧，那么在艺术的表达方式以及视听语言的手法上，会有很多种创新与表现形式。用影视化语言来表达除了在分镜头上可以满足对所有细节的描述，越轴更加可以体现演员背后的视角，这种视角除了表现了一般观众看不到的新鲜的视野，同时也展现了混乱状态下轴线另一侧的视觉死角。正常情况的越轴会产生感官的违和感，但舞台越轴的效果要远远好于纯屏幕影视化传达，仿佛穿梭于所有表演者之间，时而是观众，时而是整部戏剧背后的一双眼睛。

对于荒诞派戏剧而言，象征意义决定了整部影片的核心价值观表达。无论是《等待戈多》中，对于戈多这一虚幻缥缈的所谓人物的等待，还是《动物园的故事》里动物的故事以及最后的杀人事件，其核心都是通过种种碎片化的戏剧特写来象征和指代现实生活和这个世界。戈多其实就是希望，没有希望人类将难以生存，在无数的具有象征性的等待过后，戈多还是没有出现，二人想到了绝望与死亡，但是却没有死成，所以戈多带给人们的是不死的希望，绝望中等待戈多，也许有一天，他会出现在你的生命中。而在《动物园的故事》中，无论是狗的故事还是动物园中其它动物的故事，都象征着当时美国社会中人与人之间的绝望与冷淡，彼此之间的隔阂仿佛永远难以消除。剧中椅子所象征的则是精神领地的归属权，彼得可以忍受杰里的一切言语，因为在当时的社会中，这种外来的声音对于自我封闭的美国人，已经习以为常，接受不等于理解，完全是你说你的，我做我的。但是对于椅子这一自己所占有的空间或者领地，如果强行侵犯，则象征了对于自己私生活的彻底侵犯，这才导致了二人由争执变成了动手，最终杰里扔给彼得刀子，自己扑向彼得而死。刀子这种极端的杀人工具其实就象征着杰里的死亡，他愿意用死亡来换取和彼得的那一点点交融，打破这种人与人之间的隔阂可以用刀，当然伴随着的是生命的代价。由此可见，象征性几乎是荒诞派戏剧中最核心的表现形式。

在影视作品中，象征性的表达将得到最大化的凸显，因为特写等镜头的表现力要远远大于舞台艺术的表现力，能够更加直观且准确地表达作者想表达的主题。而且当镜头与镜头之间的组合形成画面序列时，其象征意义便实现了一加一大于二的效果。

当下，一些有想法的导演也在进行着荒诞派戏剧的影视化试验，姜文导演的《一步之遥》在类型片的面具下，其中很多元素都与荒诞派的戏剧结构与叙事不谋而合。影片表面架构在大上海，实则是指代一个并不存在的虚幻的世界。影片开始对于教父的模仿，就是在告诉大家，我们这个世界是一个戏中的戏，是一个并不存在的“现实世界”，影片中华丽的舞台、开车奔月、疯狂的出逃，其实都是在诠释着在这样一个虚幻华丽的世界中，人这一符号的生存与毁灭。《一步之遥》的口碑褒贬不一，这一次的荒诞派尝试是非常具有勇气的，在中国恐怕也只有姜文这样的另类导演，才敢进行这种组合的尝试，虽然他也很隐晦地披上了叙事类型片的外衣。

姜文的试水可以说是为自己而试的，因为他有这个资本和基础，虽然还是要披上一层外衣，但根据当前市场来说，这是一次勇敢的尝试。在其他媒介中，荒诞派戏剧的影视化表达其实仍陷在泥潭之中，举步维艰，究其原因，主要有以下几点：

第一，市场的不认可。市场是检验商品价值的最直接体现，当一部电影或者电视剧面世的时候，检验其价值的最简单方法就是票房和收视率。在网络化时代，我们可能还要考虑网站点击率和站外分享率的一些数据，但无论如何去评价，终极的检验还是人们对于这类题材作品的欢迎程度，影片的商业价值得到了什么样的体现。艺术创作与市场经济完全挂钩是一种投机的不健康状态，虽然主流市场对于价值的判断是根据大众消费市场来核准的，但艺术作为一门人类精神世界的瑰宝，如此的生存状态着实令人担忧。

第二，人们的欣赏水平尚不能与荒诞派戏剧所表达的对于生命的思考产生共鸣。人们对于艺术形式以及内容的欣赏水平和态度，是一个国家文化软实力的体现，也是最真实的再现。在当下飞速发展的中国，经济水平的发展速度可以用奇迹来形容，但随之而来的精神世界的空虚与荒芜，却是一直被人们所忽视的。这是一个时代问题，也是经济快速发展所带来的综合征，相信在不远的将来，在中国梦、强国梦的核心思想下，文化产业的发展也成为重要的议题，这是一种好的预兆。

第三，在文化教育行业，我们对于多样性艺术种类的培养与教学，往往做得很不到位。在国内的艺术教育中，以商业化为目标，好莱坞以及大众市场的审美情趣教育成为主流。艺术教育是一种引导与熏陶，将电视、电影以及戏剧等艺术形式推向市场化教学，实际上是一种心态上的急于求成。艺术的培养应该是启发式的，相对于过于商业化的教条，一些对于世界的思考以及多种艺术形式的尝试，对于未来的文化市场将是一种无法估量的财富。

21世纪以来，网络在人们生活中的占有率越来越高，对人们生活的影响也越来越大。当下新媒介飞速发展，大型综合视频网站与用户自媒体双管齐下，使得网络视频空前纷杂，同时也带来了很多的机遇和可能性。荒诞派戏剧的影像化表达可能短期内无法在电视和电影中蓬勃发展，但网络的自主选择性和扩散性使得荒诞派戏剧的影视化表达变得前所未有地便捷。在当前的社会文化环境中，总要先满足一些人的需求与爱好，在没有全民接受和理解荒诞派戏剧的时候，总要有一些人先行去研究、探讨和尝试，从而带动整个社会的关注。

荒诞派戏剧在经过短暂而辉煌的发展之后，如今已经进入了一个比较尴尬的境地，在物质主义与消费主义盛行的当下，人们对于思辨的重要性嗤之以鼻，对于难以理解的和不能理解的，干脆丢到岁月的碎纸机中。于是，对于荒诞派戏剧这种严肃艺术形式，肯为之捧场乃至于钻研的普通大众也越来越少。所以创作者们更应当在原有的艺术形式上，赋予其新鲜的解读方式。任何艺术形式都不是莫名诞生的，荒诞派也是在混沌中孕育，在时代中催生而出，在适合当时的社会环境下以创新的姿态出现在大众眼前的，而适时的改变也是一种文化现象能够革新和流传的必由之路。笔者不知道这种尝试的效果如何，笔者愿意相信，勇敢地迈出这一步，在实践与创新中，用效果去检验一切结果。这种尝试与改变可能会产生很多误解，但是在如此多元自由的媒介环境中，敢于向前终究是件好事，哪怕并不知道路的尽头在何方。

参考文献：

江宝庭：《〈动物园的故事〉的主题及其表现手法》，《绥化学院学报》2006年第2期。

约翰·霍华德·劳逊：《戏剧与电影的剧作理论与技巧》，中国电影出版社1978年版。

袁秀凤：《浅析海明威与托尔斯泰“内心独白”手法的不同》，《福建外语》1997年第2期。

〔曹琦，中国传媒大学南广学院教师；张书铭，中国传媒大学南广学院教师〕

日本动漫产品中的工匠精神与中国借鉴

The Spirit of Craftsman in Japanese Animation Products and Its Inspiration

◎ 王文勋　张文颖

Wang Wenxun　Zhang Wenying

摘要：日本动漫产品在世界上享有盛誉，在经济持续低迷的情况下，从 2010 年起到 2015 年持续增长，给日本带来了巨大的经济效益。能取得这样傲人的成绩，其选材、思想挖掘、画面、音乐、台词等各个环节中无处不在的工匠精神功不可没。我国动漫在国家政策支持下取得了长足进步，但目前依然存在原创能力不足，盈利模式尚未形成，仍然没有领先世界的产品问世等问题，学习日本动漫产品中的工匠精神，对于我国动漫产业的健康发展有着积极的借鉴和促进作用。

关键词：日本动漫产品，工匠精神，启示

Abstract: Japanese animation products enjoy a high reputation in the world. In the economic downturn, from 2010 to 2015, it continued to grow, had brought great economic benefits to Japan. To achieve such impressive results, the ubiquitous craftsmanship in every section such as material, the idea of mining, pictures, music, dialogue and so on contributed a lot. Though our animation has made considerable progress in the national policy support, there are still problems now, including the lack of originality, the profit model has not yet formed and there is still no world's leading product. Learning the craftsman spirit of Japanese anime products has a positive role in promoting the healthy development of China's animation industry.

Keywords: Japanese animation products, craftsman spirit, inspiration

众所周知，工匠精神在日本这个国家体现得尤为突出，“拥有两百年以上历史的企业，日本有 3000 家，也就是说，全世界 200 岁以上的企业中，四成都是日本企业”（高荣伟，2014：56）。这种现象不是偶然形成的，是日本职人文化长期沉淀的结果。在日本，工匠精神被称为“职人气质”，它不仅仅体现在器物制作、有形产品制造等方面，在文化产品的制作上也无处不凝结着工匠精神。特别是在世界上享有盛誉的日本动漫产品。

日本动漫产业市场在经济持续低迷的情况下，从 2010 年起到 2015 年持续增长，“5 年中连续增长的动画产业市场达到 1 兆 6297 亿日元，与去年相比增幅达 109.2%，超过了过去最高的 2013 年”（日本动画协会，2015）。能够取得这样傲人的成绩，日本动漫产品中无处不在的工匠精神功不可没。

一、工匠精神的内涵

“所谓工匠精神，简言之即工匠们对设计独具匠心，对质量精益求精，对技艺不断改进，为制作不竭余力的理想精神追求。”（李宏伟，别应龙，2015:54）狭义的工匠精神一般是指器物的制作，工匠在工作中执着于器物制作技术的改进，力求达到完美的精益求精的精神。工匠精神包含的是一种热爱工作的信念，怀着庄重之敬意，长期探索自己所从事事业的精髓，力求达到更高的境界。产品和服务以质量为核心，讲究品质，把质量看作企业的生命，以业为生，但不因经济或其他利益放弃标准；敬慕高手，并学习其长处为己所用。而广义的工匠精神内涵相同，却适用于各个行业，文化产业也不例外。文化产业中既有有形产品和技巧的提高，也有无形产品凝练中的精益求精。日本动漫产品打造过程中的每个环节无处不体现出工匠精神，这也是日本动漫风靡世界、备受欢迎的根源。

二、日本动漫产品中工匠精神的体现

（一）动漫产品的精准开发

日本的动漫很少为冲动之作，一般都经过深思熟虑的创意与塑造，才会谨慎隆重地逐步推向市场。比如我们熟知的动漫形象皮卡丘。它源自任天堂公司在 1989 年初步设想的《宠物小精灵游戏》，而只是推出这部游戏就酝酿了七年，并且在推出前后做了大量的有步骤的推进工作。比如先在最大的幼儿漫画杂志上展开宣传，在游戏正式推出后，在杂志上登载广告，过一段时间借助掌上游戏机发售再推进，接着游戏周边的衍生品开始销售，杂志继续连载漫画，然后动画片在电视台上映，这样游戏、动画、漫画、衍生品等各类产品在不同的领域互动推进，使得皮卡丘创下了近 1 万亿日元的经济规模。它的衍生品横跨 100 多个行业，全球有大约 1000 多家公司专门生产和制造它的衍生品。从皮卡丘波音客机到皮卡丘主题公园，不断推出的皮卡丘形象影响力与日俱增，产业链持续创造着巨大的经济效益。“海外收益达 380 亿日元，周边产品开发收益达到12亿日元,皮卡丘的形象授权共创造了3万亿日元的收益。”(日本动画协会,2015)仅在日本国内,皮卡丘形象的版权收入每年就高达1000亿日元。《口袋妖怪》电视在68个国家,电影在46个国家上映,电影在全世界的票房收入达2.8亿美元。皮卡丘的衍生产品在多个国家也取得了较好的市场效应,从日用品、玩具、文具、服饰到食品,“皮卡丘”形象不断出现在世界各国大众的生活中,而且持续创造着惊人的产值。

(二)选材的精益求精

日本动漫选材范围广泛,并不局限于本国文化,有相当一部分都汲取了中国和欧美等其他国家文化的精髓。根据中国古典文化改编的动漫很多,利用中国的典籍和古典名著中的要素,进行改变或再编,攫取其中的精华。如1926年大藤信郎根据中国古典文学《西游记》改编的漫画《孙悟空物语》。大藤信郎是日本动画界元老级的人物,他18岁进入幸内纯一的动画公司,并于1921年独自创立了工作室,创作作品50多部,充满日本民族风味。他开创性地用千代纸、玻璃纸等材料来作画。1952年他拍摄制作了彩色动画电影《鲸鱼》,入围戛纳电影节,是首部参加国际电影节的日本动画片。1956年其作品《幽灵船》荣获威尼斯电影节短片特别奖,成为首部在国际获奖的日本动画片,在国际上享有很高的声誉。大藤信郎为日本动画与世界动画的交流搭起了一座桥梁。为了纪念大藤,后人用他的遗产成立“大藤奖”,这个奖项成为现代日本动画界最高荣誉和最具权威的大奖。大藤信郎在日本动漫界拥有极高的知名度,而他开始创作动画时的取材就来源于中国古典文学。

此外,1958年上映的日本第一部彩色长篇动画电影《白蛇传》也取材于中国古代神话故事,该故事片取得了巨大成功,并获得第一届威尼斯儿童电影特别奖。1960年日本动画界的巨匠,被誉为“漫画之神”的手冢治虫创作的动画电影《西游记》也是取材于中国的神话故事。日本著名漫画家皇明月笔下的许多漫画都取材于中国,皇明月作品中充满中国式的优雅浪漫,古朴迷人。在科技和漫画日益结合、热衷追求经济效益的今天,皇明月能够坚持选取有深度、有思想、有内涵的中国文化作品进行创作,不急不躁,深入领会,实属难能可贵。在创作漫画《燕京伶人抄》时,她不仅通读中国历史,还每年都到北京探访,亲身体验老北京文化。她对北京的热情探索和深刻理解,让许多中国人也难以企及。“从故事情节和题材上来看,这部漫画是最值得中国动漫界重视的,因为直观地去看这部作品,会发现程砚秋先生《游园惊梦》剧照的临摹图,这恐怕足以让反对漫画尤其是反对日本漫画的读者目瞪口呆。”(李常庆,2011:136)除了这部作品，她还借鉴了如《梁山伯与祝英台》《桃花源奇谭》等中国传统文化中的动人故事来创作动画。正因为这种独具匠心的选材、深入挖掘其文化精髓的工匠精神，她才能够把中国文化的元素恰到好处地融入这些作品，散发出浓浓的地道的中国风味。她的作品都非常细致、优美、深刻，恰当地诠释了中国文化。

对于世界其他各国文化的吸收和运用也是如此。有的动漫产品直接运用欧洲古典风格，如建筑、服饰等，有的把欧洲的如基督教文化、骑士精神等精髓融入作品中。还有如《数码宝贝》中罗马尼亚嗜血怪咖——德拉库拉、印度气质飞鸟——迦楼罗、希腊诸神、中国的西游记中的师徒四人等。日本动漫是把世界各国的文化营养都汲取到作品中，由于创作者对该国文化有着深入研究和精细琢磨，因此这些元素的运用丝毫没有违和感。

(三)思想的深度挖掘

日本动漫产品的工匠精神还体现在对作品主题思想的深度挖掘上。即便是现实题材的动画作品，许多也因为主题的思想深度而成为经典。如今敏执导的动画电影《千年女优》，主要角色仅有三个人，故事情节却跨越四个时空上演，描写了一个女人的爱与一生。其实片中千代子的追寻不一定单单指向爱情，它已成为一种象征，一种精神，一种追求，可指向一切：对设定生活的反抗、对天真梦想的追求、对生活信念的执着，哪怕要受孤独、痛苦和时光的煎熬。追寻的梦想不一定能够实现，重要的是梦想始终存在，而且仍在不断地追寻。片中因为注入了强大的精神力量——个人的信念与执着追求这一主题而使人感动唏嘘。

再如押井守的《攻壳机动队》，故事发生在不远的将来，公元 2029 年，这是一个以光、电子和生化技术为基础的电脑和网络主导着每个人的生活的时代。人体从使用可移动通讯终端(mobile、手机等)开始，到可穿戴通讯终端的阶段，发展到了可移植通讯终端的阶段。通讯终端直接植入人体的技术出现，人类的身体和思想可以直接和计算机、网络互动。世界已经进入高科技时代，人类、生化人与机械人共同存在，难以分辨。发达的科技让人可以舍弃肉体，接受改造，装上机械身体，人脑可以直接联入网络。任何器官甚至大脑也可以电子化，唯一可以区分人与机械的就是存在电子脑中的灵魂了，只有在那里才可以发现自我以及人类的道德和本知。攻壳机动队就是在这样的电脑时代对抗犯罪的特殊行动部门。这部超级大作对生命存在的形式诠释得淋漓尽致，对人类如何生存、面对进化到瓶颈时人类的无奈与迷茫描写得细致入微。作品涉及人类学、哲学、宗教等领域，对白引用了《论语》《圣经》等对东西方影响巨大的经典里的语言。东西方文化融会贯通、应用自如,思想深度超过了一般的影片,在全球引起轰动也是理所当然的。

还有高畑勋导演的《萤火虫之墓》,虽然反战题材的影片汗牛充栋,但是这一部却能深深打动不同国家的人们,观者无不动容落泪。故事情节十分简单,描述了在战争这样特殊的时期,失去了父母的一对兄妹因为生活的无奈远离人们,在洞穴里存身,最终走向死亡的故事。故事没有大肆渲染战争的历史背景,而是用了大量篇幅来描写在困境中兄妹坚强生活下去的快乐片段。生与死在战争年代变得似乎没有什么界限,而此时的爱与美尤为珍贵,于无声处听惊雷,观者会深深体会到和平的珍贵。淡化战争的历史背景,突出人性的共同特点,没有口号、没有宣传,却把反战的思想融入影片的每一幅画面中,引起世界人民的共鸣。

这些作品能够体现出卓越的思想深度与日本的动漫作者的文化气质和所受文化氛围的熏陶有关。一般来说,他们知识丰富,涉猎广泛,态度严谨,不仅仅是在创作一部作品,更像是哲人一般思索着,探索大自然,探索人性,尽可能把一个个抽象的东西量化,提炼出一个主题、一种思想,在严密的逻辑思考之后建立一个完美的体系,将天地万物都纳入其中,并将其延伸,达到客观现实所未能到达的地步。

(四)画面的尽善尽美

日本动漫注重细节,特别是画面,干净的背景、灵动的色彩,美轮美奂,在细节上尽可能追求完美,虽然有的故事情节并不复杂,歌曲旋律也很单一,但是非常有特点,不知不觉中就打动了观众的心。

如新海诚的《言叶之庭》。这部动画的情节很简单,故事也平淡无奇,然而,被评价为"每一幅图都可以做电脑桌面"并非言过其实。无论是整体的构图,还是色彩的选择都让人无可挑剔。特别是对雨的描绘和勾勒细致入微,无论是柔和的绵绵细雨,还是突如其来的被风瞬间吹成水流的暴雨,水面上雨滴溅起的水花,以及落在雨伞上反光的水滴,烟雨笼罩下的园林和城市雨景、庭院、电车、学校、熙攘的人群,全都融进一个雨的世界。在这一幅幅细致的画面交替中,那种淡淡的哀伤、城市生活带来的落寞和压抑的情绪在雨天被完全释放,让我们的主人公能够下决心勇敢地迈出那一步。这一切都让观众似乎身临其境地体验了一个雨季动人的故事。

细腻而绚烂的画风,是世界级动画大师宫崎骏的一贯风格,《千与千寻》《幽灵公主》等脍炙人口的动画作品的画面都十分精美。在这个动画技术的发展日新月异的时代,为了避免变成流水线作业,宫崎骏依然坚持手绘作品,独具匠心。《悬崖上的金鱼姬》就是这样创作而成的，画面生动细腻，可谓毫发毕现。在这些完美的画面背后是17万张原画稿。仅仅是一个12秒的镜头——一群水母从海里浮出来，就用了1600多张原画，一只螃蟹在旁边蠕动了几下，就用了几十张原画稿，正是这种创作中精益求精的精神才成就了这样完美的画面。

(五)细腻经典的台词

台词是剧作家或创作者用以展现剧情、刻画人物性格、体现主题的主要手段和方法。在剧本创作中，台词是决定戏剧作品艺术性的重要因素之一。(金夏，2015:192)戏剧是这样，动漫影视亦然，台词在影视作品中对情节的构成、人物形象的塑造等能够产生重要的影响。因此台词质量的优劣往往是影响影视作品成功与否的重要因素。

而日本动漫中的许多经典台词，让你在娱乐中领悟人生的真谛，被广为流传。如脍炙人口的："爱上某人，不是因为他给了你需要的东西，而是因为他给了你从未有过的感觉"——《哈尔的移动城堡》；"我可是不到最后不轻言放弃的男人"——《灌篮高手》三井寿；"如果爱，请深爱，千万不要松手；若不爱，请放开，千万不要回头"——《死神》；"人生就是一列开往坟墓的列车，路途上会有很多站，很难有人可以自始至终陪着走完。当陪你的人要下车时，即使不舍，也该心存感激，然后挥手道别"——《千与千寻》；"这世上有一条路无论如何也不能走，那就是歧途，只要走错一步结果都会是粉身碎骨"——《千与千寻》；"只要活着，就有希望"——《风之谷》；"爱，不是寻找一个完美的人，而是学会用完美的眼光，欣赏那个并不完美的人"——《哈尔的移动城堡》。

台词对整个动漫产品中人物形象的塑造、剧情的展示、主题的体现起到了非常重要的作用。日本动漫产品中，精雕细琢的台词的魅力不可忽视。

(六)高水准的音乐及配音

音乐是最能触动人类心灵的艺术，是无国界的，即使不懂日语，但听到日本动漫中那些优美的旋律，也能感受到主人公的喜怒哀乐、个性与追求。"作为动漫核心要素之一的动漫背景音乐，对于渲染动漫整体的精神和气氛，塑造角色性格、控制观众情绪转换等都起到至关重要的作用。"(刘新元，2015:102)日本动漫音乐一般都是精雕细琢、水准很高的，涌现出很多优秀的作品。

日本动漫音乐主要有片头曲、插曲、背景音乐、片尾曲这几种类型。一部成功的动漫作品不仅能使作者走红，演唱动漫歌曲的歌手也会随之家喻户晓。《超时空要塞》剧中的主题曲就是这样。"其中主题曲《爱还记得吗》唱片销售量更突破50万张，并获得金唱片的荣誉，亦成为主唱人饭岛真理进入演艺圈之成名曲。”(秦伟，2014:83)在日本低迷的唱片市场，平均每个歌手的专辑销量只有 3000 张，但很多动画片主题曲的销售量却都在 20 万张左右，《名侦探柯南》的相关主题曲唱片的销售就已突破 100 万张。这些无论是被网络上称为治愈系、悲伤系，还是空灵系的音乐，都是那么动人心弦，给我们留下了深刻的印象。

日本动画片对配音的要求也非常严格，拥有一支专业化的队伍，称为声优。声优都是经过专门训练的或具有相当的实战经验的人，好的配音对于动漫有画龙点睛之功效，对于故事情节的开展、主题思想的表现、人物形象的塑造有着至关重要的作用。日本声优的专业性和出色表现使之成为日本动漫产业的重要组成部分，近年来声优也逐渐由幕后走向台前，并被偶像化，形成了一个独特的产业链条。“日本声优产业发展成功的原因不仅依靠科学合理的管理方式和营销手段，同时也离不开精益求精的工作态度。”(邓玉娟，2015:22)日本动漫产业的成功离不开音乐与配音的精良制作。

(七)精准地开拓国际市场

众所周知，日本国内市场狭小，为了开拓市场，日本动漫早就迈开了向国外拓展市场的步伐并取得了巨大成功。无论是欧美国家还是亚洲国家，日本动漫的影响力都非同一般。这都应归功于日本动漫对国际市场的精准开拓。自 20 世纪 70 年代日本动漫开始进军国际市场以来，基本每年都有非常成功的动画影片输出海外。一般来说是该动画产品在日本国内市场上流行起来之后，才会被改编后拿去开发国际市场，但近年来，也有些动画产品在开发之初就是瞄准国际市场量身打造的。

日本的动漫产品在进入国际市场前，一般都要研究对象国，在此基础上对产品进行改编和打磨，消除文化差异，直到适合对象国人们的口味，确保能被顺利接受，这项工作大约持续一年。

再者日本动漫受众定位准确。日本国内动漫面向的受众层非常广泛，各个年龄段的人都能找到适合自己的动漫产品，但是日本在向海外开拓国际化市场的时候，面对的是青少年市场，主要开发的是面对青少年的作品，这是因为世界其他国家和日本不同，动漫的受众大多仍集中在青少年层面，他们是动漫产品及其衍生品的忠实消费者。

这样经过改造的动漫产品在进入对象国市场时一般都会很快被接受，因此无论是在国内受欢迎后开发国际市场的，还是一开始就以进军国际市场为目标的，日本动漫产品的国际市场开拓都相当成功。

三、对我国的启示与借鉴

近年来国家高度重视动漫产业，并出台了许多扶持其发展的优惠政策，设立了多个国家动漫产业基地。在这种环境下，动漫产业取得了长足的发展，国产动画片产量已经超过日本，成为世界第一大动画生产国。从生产规模上看，我国已经成为名副其实的动漫生产大国，但是并没有具有世界影响力的作品，受众依然觉得不够精彩，主要原因就是缺乏工匠精神，缺乏对动漫产品的精雕细琢。

（一）取材范围窄，缺乏原创

动漫产业是文化创意产业，创意是动漫制作的核心，我国目前动漫取材范围窄，表达方式刻板；对传统文化的精髓挖掘不够深刻；在表达上要么陷入说教，要么娱乐至死；缺少精神内涵和创新元素。对古代的神话、历史故事只是机械照搬，没有潜心琢磨，讲的故事枯燥无味，受近年来日韩动画热的影响，国产动漫又开始大力模仿甚至抄袭国外动漫作品，缺乏原创。

（二）主题不鲜明，思想内涵不够深刻，受众定位不当

国产动漫很难打动人心，一个重要的原因是主题不够鲜明，缺乏日本动漫那样对内涵的深刻挖掘。如日本动漫《棋魂》《火影忍者》中对主人公精神世界的构建，其传达的奋发图强、永不认输却又不脱离正常同龄儿童心理的形象，深深打动了各国的人们，不仅能够影响少年儿童，成人看了也会深受感动。而国产动漫产品定位不当，受众群体局限。国产动画的产品定位大都是 12 岁以下的少年儿童，情节简单，动物为主角的比较多，一般说教性比较强，大都是正义与邪恶对抗，双方形象上也善恶分明，正义一方一定获胜，邪恶一方一定失败成为固定模式，让人形成了动画就是给低龄儿童看的刻板成见，产品购买力自然就不强。受众数量少也成为国产动漫发展的绊脚石。

（三）细节方面还需完善，如画面、音乐、配音等

细节也是国产动漫被受众吐槽比较多的方面，细节决定成败，画风不够细腻，配音也缺乏精细琢磨，有时候角色的正义邪恶一听声音便知，毫无悬念，音乐和音效单调重复，配音者的经验和专业水准也是国产动漫需要不断丰富和提高的。还有许多台词设计得不符合中文表达方式，粗制滥造，不能表现出剧中角色的心理变化和性格特征，还

有的因为单纯模仿日漫而出现了日式表达方式,让人感觉不伦不类。

动漫产品的产量固然重要,质量更是其生命力的源泉,高质量的产品才会有可持续发展力,只有发扬工匠精神,以精益求精的态度对待动漫产品制作,我国才能制作出更多优秀的动漫产品,走出国门,走向世界。

参考文献:

邓玉娟:《日本声优与中国动画配音产业比较研究》,《淮阴工学院学报》2015 年第 8 期。

高荣伟:《百年老店,日本为什么最多》,《文史博览》2014 年第 9 期。

金夏:《浅谈台词对舞台人物塑造表演的重要性》,《视听》2015 年第 3 期。

李常庆:《日本动漫产业与动漫文化研究》,北京大学出版社 2011 年版。

李宏伟、别应龙:《工匠精神的历史传承与当代培育》,《自然辩证法研究》2015 年第 8 期。

李家国:《中国动漫产业机构优化研究》,南京大学出版社 2012 年版。

日本动画协会:「アニメ産業レポート2015」サマリー(日本語版),2015 年 5 月 3 日访问于日本动画协会,http://aja.gr.jp/jigyou/chousa/sangyo_toukei。

刘新元:《背景音乐在日本动漫中的重要性研究》,《通俗歌曲》2015 年第 8 期。

秦伟:《从日本动漫音乐中看我国传统民族音乐的发展道路》,《戏剧之家》2014 年第 18 期。

〔王文勋,中国传媒大学经管学部文化发展研究院副教授;张文颖,北京第二外国语学院日语学院教授〕

中国都市青少年网络美剧观看与自我认同的质性研究

A Qualitative Study on Chinese Urban Youth's Watching Behavior and Self-identity in Perspective of Online American TV Series

◎ 高胤丰

Gao Yinfeng

摘要: 美剧通过互联网在中国迅速传播之后,获得了中国都市青少年的热烈回应。追美剧已然成为一种日常生活的常态。中国都市青少年通过网络美剧获取在线的视觉愉悦与沉浸体验,并在这个过程中进行自我身份和认同的探索。

本文从网络美剧受众的观看经验出发,利用观察法、深度访谈法与问卷法,了解网络美剧吸引青少年观众的魅力所在,探讨青少年如何在网络美剧的日常观看与表演中进行自我认同的构建,以及在面临自我认同危机时,他们会如何应对以重塑自我。

关键词: 网络美剧,受众分析,都市青少年,认同,自我认同

Abstract: American TV Series, rapidly spread among cyberspace, have received fervent responses among Chinese urban youth. Watching American TV series online has become part of their everyday life practice, providing them visual pleasure as well as immersive experience online. Apart from fulfilling their consumerist needs and carrying out cultural interactions, they also explore their self-identity during the process of watching TV series.

Based on audience analysis, this thesis has adopted methods of observation, in-depth interview and questionnaire, in order to find out the attractiveness of online American TV series towards Chinese urban youth, to discuss the construction of self-identity through watching, and to figure out their self-remodeling process when facing self-identity crisis.

Keywords: online American TV series, audience analysis, urban youth, identity, self-identity

一、研究缘起

随着电脑的普及，宽带技术的发展，网络美剧自2005年起开始被大多数的中国网民所接纳，成为中国都市青少年流行文化中一个重要的组成部分。网络美剧中呈现了丰富、多元的影像内容及文化情境，如科幻、传奇、犯罪、悬疑等，构建了不同于国内电视频道的观看空间。中国青少年通过网络下载、在线观看等途径，完成个体观看的视觉消费，获得了自身的视觉愉悦，形成了独特的"美剧迷恋"，参与到美剧的讨论与再传播中，与之产生了亲密的联结。(高胤丰，2014)

网络美剧，是指受众以电脑、平板电脑、手机等设备为载体，通过连接互联网获取到可供观看的原版原声的美剧视频。在线观看方面，中国的主流商业视频网站，如搜狐、爱奇艺、优酷土豆等，都通过版权购买的方式向用户开放高清的、稳定的网络美剧视频观看服务；在网络下载方面也有一些相对稳定的论坛与渠道。

美剧通过互联网在中国完成普及，越来越多的人因此可以打破物理空间及技术手段的束缚，接触到更多的网络美剧资源。搜索资源、下载与观看、影讯追踪、在线交流与评论、翻译字幕、交友群、身份更新等，成为美剧迷恋文化的重要特征；网络美剧迷们摆脱真实空间的限制，从线上互动延展到线下交流，改变了传统面对面的交往方式，也影响了他们日常生活行为的选择与规范(高胤丰，2014)。观影在两个截然不同的空间中进行着，彼此交织，让网络中的个体与个体、个体与社会相连，形成了一个全新的线上线下融合的交往空间。《2013年中国网民网络视频应用研究报告》(CNNIC，2014)显示，截至2013年12月，国内网络视频规模为4.28亿，在网民中渗透率为69.3%。网络美剧不仅是传统媒介产品与新媒体的融合实践，更带来了一种新的信息传播与网络交往模式。

那么，网络美剧观看作为一种新的媒体实践是如何作为"一种使现实得以生产、维系、修正和转变的符号过程"(凯瑞，2005)对都市青少年发挥作用呢？他们如何看待线上和线下这两个空间的？又是如何在这个实践过程中完成自我认同？本研究采用方便式取样与深度访谈的方法，以质化研究为主，量化研究为辅，以滚雪球的方式进行访谈对象的确认，最终进行访谈18例，男女访谈者各9位，年龄为16—35岁，包括高中在读学生、本科在读学生、国内外研究生在读学生、国内工作者、国外工作者等。平均采访时间为2个小时，采取线上访谈与线下面对面访谈的方式与被访对象进行互动。本文将考察范围放在观看网络美剧视频的中国都市青少年的日常生活中，关注他们在线上与线下的表演与自我呈现的行为，探讨他们的互动模式如何对自我的建构带来影响。

二、越境的网络美剧

(一)网络美剧的历史与现状

电视剧一直被认为是最能被广大受众所接纳的电视文化产品形式之一，因为观看电视剧的门槛极低，不需要过高的文化水平与技术手段，且具有极强的娱乐功能。随着生活水平的提高，电视机成为许多家庭的标准配置。但是，现在已经有家庭选择了不安装电视。这些家庭主要由青年人构成，他们更愿意用时移电视或者互联网进行在线观看或者下载，而不是在固定的时间坐在固定的电视机前观看固定的频道。在中国青少年在线观看的节目类型中，美剧就是极具代表性的一项。

美国电视剧早在1980年就被中央电视台引进，介绍给中国的电视观众。中央电视台最早引进的美剧是《大西洋底来的人》与《加里森敢死队》，这是美剧第一次真正意义上进入中国，使得中国观众对于电视剧这种艺术形态有了新的认知。2000年以后，随着网络的迅猛发展，美剧的即时输送不再是一个难题。《越狱》《迷失》《绝望的主妇》等在美国本土流行的美剧通过网络在中国也一并走红。2010年，搜狐视频将美剧首次通过正版途径引入，腾讯、优酷、爱奇艺等视频网站也相继开始了美剧的版权抢购。

中国主流媒体目前暂不引进美国电视剧播出主要有两个原因。一方面，美国电视剧蕴含了大量的美国主流价值取向和意识形态，长期观看可能会潜移默化地影响我国观众；另一方面，我国的影视剧分级制度尚未完善，因此美剧中一些不合适的画面，如色情暴力等，需要被删除，容易造成情节的不完整，这也给普通观众的观看带来困扰。

因此，网络就成为美国电视剧传播的最佳平台。一方面，由于海量的信息，爆炸式的传播方式让政府无法及时有效地对所有的信息进行把关与审核，把关人的力量削弱。另一方面，由于法律法规尚未完善，版权问题也未得到妥善解决，因此盗版有漏洞可钻。2015年，广电总局下发“限外令”，对美剧的版权使用、审查制度与引进数量等都进行了严格的限制，使得网络美剧的观看进入了艰难期。

(二)独特的网络美剧受众

麦奎尔(2006)认为，媒介使用与社会人口统计特征有着密切的关联。笔者在北京地区进行方便式取样,分发并回收有效调查问卷 278 份,并结合中国互联网信息中心(CNNIC)在 2016 年初发布的《第 37 次中国互联网络发展状况统计报告》(以下简称《报告》)对有关指标进行分析,探讨这些网络美剧观看者的特征。

从问卷的结果我们可以看到,目前的网络美剧受众主要集中在 80 后与 90 后之中。这是非常特殊的一代人。在他们的成长过程中,中国也在社会结构、经济、科学技术等方面进行了改革与发展,因此,他们有着不同于其他时代人的特点。

首先,他们是独生子女的一代,有着更强的独立心与自主性,也有更强的自我表现的欲望。他们希望能够以自我为中心,掌握权力,创造出一个符合个人意志的"自我的社会世界"(米德, 1992),满足自己的期许与欲望,不为其他因素所困扰。对美剧的观看就体现了他们的收视习惯。美剧在通过网络大量进入中国视频网站之后,又转变为影像库联播的模式,受众可以自主点阅、暂停续播、即兴回看,不受时间和空间的限制。后信息时代中,大众传播的受众往往只是独自一人,沉浸在荧屏之中,不用被他人打扰,这也非常符合独生子女一代既享受独处,又渴望排遣孤独的内心。

其次,他们是数字化的一代。尼古拉斯·尼葛洛庞帝(1996)曾说过:"在网络上,每个人都可以是一个没有执照的电视台。"大多数的 80 后、90 后都能够熟练掌握数字媒介技术,接入网络来获得信息,徜徉在信息的洋流中。他们能够快速地适应新媒介环境的变化,攻克技术难题。网络字幕组更是由网络美剧的爱好者们自发组成的,他们通过技术学习,对原版美剧进行翻译、校对、上字幕、压片与发布,以流水线的方式完成这份兼差。

此外,他们还是教育程度较高的一代,他们较早地开始学习英语,有较强的语言优势。在学习过程中,也更容易涉猎到境外的事物,并且受之影响,对于资本主义的价值观念也能够兼收并蓄。在互联网普及后,他们更以语言作为工具,在鼠标的点击声中完成不受时空限制的环球旅程。他们是地球村的村民,他们希望能够与世界接轨,与潮流同步,成为精英阶层,彰显自己的个性和品位,体现自己的独特性与优越性。在观看美剧的过程中,他们也就完成了自己对于全球化的文化想象。

三、观看美剧的独特愉悦

相较于文化同源的日韩电视剧,美剧对于中国本土观众来说,在各方面都是新鲜、陌生的,特别是美剧中充斥的大量的很难通过审查的色情、暴力情节。这些画面毫无保留地呈现在中国观众的面前,引发了青少年的好奇心,引起了窥探的本能。正如弗洛伊德(弗洛伊德，1984)所认为的每个人的潜意识里都有窥视他人的欲望，这是一种揭秘的快感——越是被隐藏、被禁止观看的，人们越想去发掘。因此，即便美剧对于中国青少年没有文化同源性，他们也希望能够通过观看美剧来获得刺激与快感。

通过对电视剧中的内容进行加工，能更有指向性地去迎合受众，让他们在观看的过程中获得愉悦的感觉。节目越来越多地反映观众的品位与兴趣，一切都是可计算可预测的，将有吸引力的元素最大化，将品位商业化，开始消费高质量，创造了未知世界的集合。通过制作者的想象力，网络美剧以一种全新的视角展现了突破常规的画面，让人获得了视觉和心理的双重愉悦。"现代社会逐渐充斥这种超现实，人们过去所熟悉的事实与再现之间的界限，在这种超现实中已被内爆，留下非真实世界所指涉的影像。"(克罗图、霍伊尼斯，2009)

目前中国本土电视的主要观看群体依然不是青少年一代。由于电视剧在中国内容审查之严格以及观众定位的刻板模式，电视台中出现的本土剧大多以中老年观众为诉求，与美剧所表现的对自我个性的表达相差甚远。在被长时间忽视、忘却乃至被误读的观众席上，中国青少年观众迎来了电视观看历史上最令其期待的时期。美剧大量地被买进，免费由各大中国视频网络向观众推送；美剧的呈现与追看成为中国都市年轻人的一种日常文化消费。(高胤丰，2014)"美剧将放肆的青春、人生的自我挣扎、暴力的倾轧与抗争，乃至性爱的追求以一种日常化播出的方式呈现"(吴炜华、高胤丰，2014)，与传统的主流价值观格格不入，这更吸引了青少年英雄式的崇拜、追捧与迷恋。

四、互动与自我构建

(一)情感投射

尽管 80 后、90 后被认为是自由的一代，具有张扬的个性及优越的物质条件，集万千宠爱于一身，但事实上，他们是备受压力的一代。他们自小被父母要求努力学习，参加各种各样的补习班，以满足父母望子成龙、望女成凤的期待；历届毕业生数量越来越庞大，使得他们面临就业的难题，考公务员、考硕考博、海外留学都成为被逼无奈的解决方法；在工作后，物价水平水涨船高，购房购车、抚养子女、孝敬双亲等也都让他们在现实生活中疲惫不堪。在这种情况下，他们日常中所扮演的社会角色往往不是真实的自己。

他们在真实空间中无法得到满足，无法实现虚幻式的理想化的自我，所以只能转投不受到限制的第三空间。在这里，网络的匿名性以及对内容无穷的想象，可以勾起本我无意识的欲望。想象是自由的、虚拟的、不真实的，在想象中人们可以寻求快乐与满足，不花费任何代价就可以解决问题，因此他们选择在荧屏世界表达自我，寻找共鸣。

网络这一虚拟世界充分投射了受众自我的不同角度，犹如一面镜子，帮助受众完成自我定位与自我呈现。这些具有相似品位的受众因网络美剧凝结成一个群组，形成一个小的社会，构建了专有的社会体系，形成了对自我行为的判断标准。

认同是人们意义与经验的来源(卡斯特，2006)。特别是与现实世界观照之后，美剧作为异域的价值观的范本与原本便已形成的价值观产生新的火花，青少年新的自我意识觉醒，并获得满足。

“不仅是有明显的意图去传达信息的物体……而且每一个物体都可以被视为……一种符号”(迪克·赫伯迪格，2009)。对于青少年网剧观看者而言，他们认为自我是反抗的，是个性的。尽管网络美剧受众已不再被定义为社会精英，但依然被视为一种特殊身份的象征。约翰·菲斯克(约翰·菲斯克，2010)认为，日常生活中充满了各种权力斗争。粉丝沉溺于一个文本之中，则是一种对中产阶级的主流意识形态的反抗。观看并沉浸于网络美剧中，是这些希冀从各种压力中逃离与解放的年轻人，对主流文化的抵抗。他们通过观看与消费网络美剧而得到不同的满足，追逐愉悦与快感。他们将情感投射在偶像、剧中人物上，表达他们潜在的对现实的期盼；同时他们感受剧中人物的情感和内涵，将这种理想化的状态投入自身，将自我与偶像、剧中人物合为一体。

这种经由大众媒介制造的想象连接了虚拟与现实的自我。在访谈过程中，受访者们承认观看美剧中的角色与情景是符合自身想象的，是和个人生活勾连在一起的。他们认为剧中角色承载着自我在日常中无法呈现的状态，与自身的气质是相似的，这也使得他们能够和网络美剧中的偶像、剧中角色在第三空间中互动。

这种互动是因为他们无意识地将网络美剧视为他们的自我外在延伸，而自我延伸实际上是建立在自我迷恋之上的。“粉丝们无意识地将偶像作为自己的外在延伸，所以他们对偶像的迷恋，其实是对自己的迷恋”(吴咏梅、王向华、谷川建司，2010)。他们的遭遇也会对文本的解读有极大影响。

粉丝与美剧文本的关系，是“主体意义和文化身份的协商”(Du Gay, Evans & Redman, 2000)。他们把自身各不相同的遭遇投射在同一文本上，使得他们各自的诉求透过同一文本可以实现。在互动中，网络美剧成为青少年投射自身欲望的载体，让观看者们获得了一种心灵的寄托、暂时的休憩，获得一种安全感，在对文本赋予意义的过程中，让自我认同得以形成。

(二)线上表演

青少年们沉浸在网络美剧空间中，摆脱常规的束缚，以达到消除日常规范压迫和重建生存希望的目的。然而逃离现实是不够的，还需要通过参与来重写规则，完成自我认同的建构。这种重写就是青少年们的表演。"景观/表演"理论强调，受众本身既是观看者也是表演者。他们不只是在第三空间中完成自己的幻想，也在线上与线下两个空间中进行自我表演。

美国社会学家欧文·戈夫曼(2008)在其著作《日常生活中的自我呈现》中指出自我是"一连串戏剧的效应结果"。他用戏剧技巧和舞台控制来诠释人们在日常生活中的互动行为。无论在线上空间还是线下空间，人们都在根据当时当地的情境，来进行主动的自我表演，形塑他们的形象，以符合来自他者的角色预期。

在匿名、自由的互联网空间中，受众可以打破时空的限制来完成互动行为。对于电视节目的观看，人们会在互联网上进行讨论、分析、辩论、预测和批评。他们需要通过在线的浏览观看与参与分享，进行属于自己的话语解读和个性表演，让自己随时处于一种潜在的发现美剧及相关内容的兴奋状态。

网络美剧迷们展开的社交活动行为，其基本模式与现实社会的社交有着紧密的联系。网络中的社交鼓励受众摆脱包括性别、年龄、工作等社会因素的束缚，在漫无边界的互联时空中呈现多重的身份角色，表达与收集多样的观点，并以同侪的鼓励作为刺激，激发用户参与的情感。在参与过程中接收他人的自我，把自己的个性、自我表现、价值观等方面与他人对比，人们彼此都是一面镜子映照着对方。正是他们的这种需要，促使很多人将这些平台作为"自我表演的舞台"。

在表演的过程中，他们会对信息进行解码与重新编码，加入自己的想法，进行内容再生产。媒介信息中的含义并不是固定的，而是多义的，经由受众的建构，会传达出不一样的所知意义。德赛将这种对偶像文本的积极阅读的行为称为"盗猎"，掠夺走了那些对粉丝自己有用或者可以产生愉悦的东西(Jenkins，2012)。随着信息传播技术的发展，他们的表演形式也日趋丰富。他们扮演着创造性的角色，选择自己最感兴趣的部分，加上自己的观点进行组合剪接，表达出新的内涵与价值取向，生产出属于自己的文本。在互联网上，通过社交媒体的同好关注与回应，青少年在他人的肯定中建构自我的主体性，更为活跃和开放地表达自己对美剧之认识与迷狂。

按照角色扮演的理论，"自我在与他人合作与互动的过程中把自己置身于他人的角色位置上，根据他人的行为和反应而调整自己的行为，逐渐形成自我和自我认同”（迈尔斯，2006）。

他们的创作与参与的过程是他们的表演与呈现，他们会根据想象中的别人的意见进行自我反省，也为了迎合自己想象的别人的态度不断调试自我，进行表演。然而，这种通过表演进行的自我认同的建构非常脆弱，人们需要不断反复观照以进行修补（张玉佩，2005）。表演是为了弥补他们“缺席”的事实，他们只能在表演的过程中，吸引他人的目光。他们渴望被关注，获得社群的认同来承认自己的“在场”，以此支撑起自我认同。

（三）现实：虚拟的外延

线上虚拟空间中的沉浸、参与及表演是有延展性的，已经成为线下真实空间中不可分割的一部分，线上与线下的空间的边界也逐渐模糊。青少年在结束观看之后，会把其沉浸感继续带入到现实生活中，伴随着他们生活的左右。电视剧中的元素都是在现实生活的基础上构建而来的，因此青少年们也可以通过在日常生活中寻得一些电视剧中所展现的内容，产生共鸣，例如网络美剧就成为中国都市青少年生活方式的范本。

网络美剧给青少年们带来了流行与时尚的概念。网络美剧中展示的香车美人、华服豪宅等，都通过与一般层级的差异性来体现自身的个性与品位。早午餐、喝咖啡、喝下午茶、夜店等都被视为“小资情调”，在都市青年群体中蔓延开来，成为聚会的活动首选。例如在现实生活中，我们很难在咖啡店里见到老年人。网络美剧也会影响青少年的说话方式与行为方式。有受访者表示，他们会对美剧中有趣的行为进行模仿，这也给他们带来了一些益处。

此外，网络美剧也对青少年的亲密关系产生影响。网络美剧对性与爱的表达是奔放的、热情的，与东方式的缱绻缠绵完全不同。青少年们在观看的过程中吸收了多元的价值观念，并变得更加开放，过去被视为离经叛道的行为已经习以为常。对于一些不熟悉的方面，他们也会更加包容，视为是每个人的权利。

网络美剧同样是青少年和同伴日常生活中必不可少的聊天话题。这一特性从电视被发明就延续至今。“电视是一个很好的对话机。因为它被广泛地观看，是许多小对话的主题。”（克罗图、霍伊尼斯，2009）人们在结束观看后总是希望能够和他人进行讨论，分享心情。即便是一些不看网络美剧的青少年，为了与他人有共同话题，都会特地去关注一些相关讯息。这在新媒介时代是极为容易的，他们也就成为扩散受众中的一员。现在，美剧则成为一个很好的话题制造点，供受众交换认识，谈论自己的解读。

他们通过与人分享来满足社会交往的需要，在散布和搜集信息的过程中可以谈笑风生，收获乐趣。他们会定期上网搜索，有固定的论坛追踪所有最新的消息。他们特别容易完成线上资源的线下转换。

凯茨和莱斯（詹姆斯·E. 凯茨、罗纳德·E. 莱斯，2007）认为："人际关系的构建是重新构建自我的手段。"网络美剧受众通过互联网实现了与他人在线上与线下空间的交流及互动，可以更新自己的观点与解读，帮助受众重新认知，或者重新社会化。

五、自我认同的危机与重构

（一）现实的威胁

在美剧不被官方电视台引进之后，美剧先后依靠 DVD、网络论坛、视频网站等在中国的青少年中进行传播，在有限的范围内成为流行，并产生巨大的反响，产生了美剧迷这一新的社会群体。网络美剧的观看者们自发地在网络上寻找同伴，建立虚拟社群，寻求认同，体现了他们对于传统观念的排斥、反叛与颠覆，这种精神是任何时代的亚文化的共性。在《通过仪式抵抗》中，霍尔（2015）认为青年亚文化的风格代表了更广泛、更普遍的、被掩盖的不满情绪。

根据伯明翰学派的观点，亚文化最终会被统治者收编，作为断裂秩序的修复手段。尽管对于亚文化的生存环境是日益宽容的，不会引发如朋克亚文化等对当时社会带来的道德恐慌，但是作为亚文化的网络美剧在传播过程中改变了中国青少年的行为习惯，冲击了传统收视模式，渗透了线上与线下空间，代表了对权威的挑战。此时，作为喉舌的官方权威主流媒体也对此作出反应，向世人宣告，网络美剧的跨境传播是美国霸权主义文化的散布，会对我国人民的意识形态带来负面影响。有关部门也开始在政策上的介入。

2014 年 4 月，《生活大爆炸》《傲骨贤妻》《海军罪案调查处》《律师本色》等网络美剧已从视频网站下架，网站页面显示为"因为政策原因暂时无法提供观看"。2014 年 9 月 5 日，国家新闻出版广电总局网站发布通知，被称作"限外令"。在这个通知中，视频网站要在规定时间内将在播的境外影视剧上报给广电总局。2015 年 4 月 1 日起，没有经过登记的境外影视剧停止播出。对于要新引进的境外影视剧，必须拿到全片并配好字幕后，经由有关部门审核通过，取得引进许可证号才允许上线。

“限外令”除了对境外引进剧建立了严格的视频内容审查机制外，也对数量进行了限制。该政策保证了国产电视剧的制作与收视情况，加强了对积弱许久的中国影视行业的保护，极大力度地扶持了国产作品。主流文化联合这些文化形式共同组建了一个外部排斥系统，限制网络美剧话语的形成，从商业层面对网络美剧的占有率进行打压，转移大众对网络美剧的聚焦与关注。

沃尔特·李普曼(2006)认为“现代社会的庞大化与复杂化程度越来越深，由于人们的实际活动的范围、精力、注意力有限，不可能对整个外部环境和日新月异的情况都保持经验性接触，对超出亲身感知的事物，人们主要是通过大众传播媒介来了解”。也就是说，拟态环境是大众传媒在经过筛选、加工之后，重新构建的一个环境。受众透过大众传播媒介看到的不是现实世界的直接反映，而是一种似是而非的，有所偏移的再现。对于普通消费者来说，大众文化对其他的亚文化进行商业化收编，并在舆论方面进行引导，将普通消费者的视线转移，也就进一步地将网络美剧亚文化推向边缘地位。有研究者将边缘化身份界定为“行为体与体系互动过程中，行为体自我被孤立、被漠视和被边缘化的一种基于经验、关系和感觉的身份认知”(赵炜，2015)。我们可以看到，在中国的境外剧环境下，网络美剧受到来自外界体系的排斥，网络美剧受众也逐渐边缘化，心理上的边缘容易造成自我认同的混乱。他们处于一种漂泊的状态，游离于有限的网络平台，在困境中挣扎。

焦虑与恐惧是边缘身份形成的情感核心。当青少年们意识到自己被边缘化后，会容易产生这样的情绪，暴露出脆弱的一面。他们产生了不确定感和无助感，而这正是焦虑的特性。随着他们感到的焦虑程度的提升，“对于自我是与外在相连的主体的察觉会随之降低，此时对自我的觉察已经沦为对外客体世界的附属品”(罗洛·梅，2010)。

尽管正版网络美剧的引进只有五年的时间，但已经在中国都市青少年中积累了极大的受众群。网络美剧突遭下架一事，在网民中间引发了轩然大波，他们在微博等社交平台上发出了各种各样的声音。

在采访过程中，有许多受访者表达了自己的焦虑。在谈话过程中，可以感受到网络美剧观看者言语中的失落感。人们之所以会产生焦虑，是因为威胁到了自我的基础，也即他们认定的重要的价值观念，这使得他们有着强烈的不安全感。(罗洛·梅，2010)对于观看网络美剧的青少年，他们曾经将自己视为金字塔顶那部分少数的精英阶层，是迥异于观看国产电视剧及日韩剧的，但现如今他们却被外部体系所压制，被社会上的其他群体所孤立和疏离，也就自发地产生了挫败感。

网络美剧作为一种独特的影像传播与消费模式，能够给青少年带来独特的观看经验，更符合长期被排挤在主流电视目标受众之外的人群的心理预期。青少年们通过观看网络美剧来娱乐自己，释放压力，打发时间；他们将网络美剧作为日常生活里交流讨论的话题，在同伴间进行观点的分享与解读，寻求认同感与归属感，实现精神寄托；他们也将网络美剧作为逃离社会实在的途径，沉浸在网络美剧这个第三空间中，进行无边的幻想。

美剧下架、网络论坛关闭，让他们意识到网络美剧作为日常生活实践之一，已经无法割离。网络美剧不仅能够让他们获得愉悦，也在这种情境下让他们产生焦虑和恐惧。美剧的下架与禁播则彻底削弱了美剧与受众直接的联系，造成了青少年的自我的消解。自我的消解包括“自我存在所认同的心理或精神意义的失落，也就是无意义的威胁”(凯茨、莱斯，2007)。

(二)自我的重塑

青少年对网络美剧的迷恋以个性呈现、兴趣展示为基准，其中包含着他们的欲望与需求，也促使受众个人更加看重自我的内在世界。网络美剧下架破坏了受众自由构型的内在世界，颠覆了受众的日常生活观看体验，强制结束了受众的情感付出，令受众迷失自我。(高胤丰，2014)

当他们获取愉悦与满足的方式受到压制及剥夺的时候，与规范相对抗的本能激起了受众愈加强烈的观看冲动，需要寻找到消除本我压力的方式，以平衡矛盾。他们对网络美剧的搜寻被视为越轨，他们的观看要求被主流拒绝，他们只能借由网络空间表达观点。这种外在的冲击与受众内在的价值观念发生冲突，引发自我认同的危机。在这种情境下，为了重新建构自我认同，青少年们需要在逆境中挣扎，寻找突破与解决的途径，完成自我重塑。

“自我重塑指的是在生活情境或者自身需要发生改变的情况下，个体会对既存的自我进行反思、观照和再认识，并且加以修正。”(刘路，2008)青少年们通过反思，重建理想人格，试图重建归属感、消除焦虑不安，希望能够寻找到安全感。

尽管自我的观看被迫发生撕扯和断裂，但是青少年依靠技术手段寻找到新的资源获取平台，确定他们对网络美剧的日常观看需求可以得到满足，他们的自我认同的连贯性得以恢复，保持着原有的同一性，并且因此事件，反而实现了自我强化。他们没有屈服于外部压力，而是在过去和现在的自我身份的对话与观照中，形成稳定的认知，实现自我同一性的保持和延续。

自我重塑需要自我的创造性。(安东尼·吉登斯,2011)除了利用技术手段,还有些青少年会进一步发挥自己的能动性,在创造中重塑自我。

除了人际传播与互动,线下也会有剧迷的大型聚会或者交流会,一般是针对某一特定剧集而展开的。例如重庆近期开展了美剧《权力的游戏》的大型粉丝会,邀请了原版同名小说的翻译与粉丝进行交流,对一些内容进行分享与解读。

网络美剧的下架激发了一部分青少年的参与意识,他们会更加积极活跃地自我表达与自我展示,借助虚拟与现实空间的舞台进行表演。在这种展示中,他们的主体意识增强,也对重构稳定的自我认同起到积极的作用。

此外,也有受访者表示,除了网络美剧迷,还给自身新建了一个“优质剧受众”的身份,流动到其他社群之中,获得归属感。这是因为我们每个人都被赋予了理性的能力。借助这个能力,青少年对自我进行反思,对现实中的选项做出合理的比对与判断,并做出新的选择,建构新的自我。

由此看来,尽管在虚拟空间中,中国都市青少年们对于网络美剧的下架极度不满,但是他们并没有因此而变得毫无秩序。在现实空间中,自我会不断协调、改变、控制本我的本能冲动。通过延续同一性、创造性及反思性,他们对自我进行有效调节,在夹缝中寻得生存之道,从此前的焦虑中走出,获得安全感和幸福感。

结　论

美国电视剧跨越大洋而来,在中国获得了新的生命力,特别是借助互联网,迅速地传播开来。作为一种日常生活实践,网络美剧融入到青少年中,获得了一批忠实的受众,形成了独特的网络美剧亚文化。美剧通过网络流入中国市场的过程中,在其受众群体中,文化价值有所提升。这与中国都市青少年的特性及美剧自身所蕴含的普世价值是密不可分的。

中国的网络美剧受众集中在80后与90后中,具有不同于前代人的表征。首先,他们作为独生的一代,在成长过程中更加注重自我个性的张扬,具有极强的自我意识,希望能够完全把控事物。其次,他们是数字化的一代,在人生较早的阶段进行数字技术的学习,在连接到互联网后,可以迅速找到其所求。再次,大多数的网络美剧受众都接受过高等教育,在英语水平上也较为出色。他们是地球村的村民,不因为地理空间的区隔而丧失解读的能力。

美剧以典型的好莱坞视觉奇观叙事牢牢地吸引了观众的眼球。优质的画面、紧张而又连贯的剧情、对终极话题的探讨等，无不满足了中国都市青少年对异域文化的幻想和窥视。美剧中对于个人英雄主义的追求，也被“我世代”下成长起来的青少年所认可。对于私密话题带来的如偷禁般的新鲜感更是让青少年在观看的过程中感到欣喜。

电视剧不再是现实环境的投影，而是制作者根据对受众偏好的分析，加入了超现实的想象，投射出受众自我的不同层次，令观众沉浸在既熟悉又陌生的影像世界里。夹在虚拟与真实之间的影像世界，让受众得以暂时地逃离到只属于自己的第三空间中，找到最舒适的位置，进行本我的释放与对自我的反思，并将自身的情感和遭遇投射其中，和他们美剧文本中的角色、剧情进行互动。在沉浸之中，青少年的自我认同得以觉醒、确定与形成。

青少年将对美剧的沉浸向外延伸，希望在参与和互动行为中完成自我认同的构建。在虚拟空间中，他们利用社交媒体作为表演的舞台与装备，在和同好之间的互动与评价中，进行自我调节与形塑，在他人的认同中建构自我，又因为这种建构方式的脆弱性，进行重新调节；在现实生活中，他们以网络美剧作为自己日常生活行为的模范与标准，也将其作为与他人社交的重要话题。他们在社交化的过程中，建构了自我认同。

自我建构的过程并不是一帆风顺的。政策上，广电总局“限外令”的颁布令部分网络美剧下架，网络美剧的获得渠道变窄，观看时间无法像从前那样自由；韩剧和国产电视剧在大众媒介中更加活跃，削弱了人们对网络美剧的注意力。在这种情境下，将网络美剧视为日常生活一部分的青少年被边缘化，产生了焦虑、恐惧等负面情绪，自我的基础受到威胁，他们丧失了自我的确定性，迷失了自我主体性，自我的连续性发生中断，自我人格也愈发碎片化。为了消除自我认同的危机感，青少年们重塑自我成为必需。中国都市青少年在情境转换后显示出了极高的媒介素养，他们通过延续同一性、创造性及反思性，对自我进行有效调节，迅速消除了负面情绪，重构了自我认同，希望能够延续对美剧的迷恋。这种情结暗藏在观看之中，也转化为一种动力，促进“网络美剧话语”的延续。

参考文献：

CNNIC:《2013年中国网民网络视频应用研究报告》，2014年6月9日，2016年5月3日访问于中国互联网信息中心，http://www.cnnic.net.cn/hlwfzyj/hlwxzbg/spbg/201406/P02014060939 2906022556.pdf。

CNNIC:《第37次中国互联网发展状况统计报告》，2016年1月22日，2016年5月3日访问于中国互联网信息中心，http://www.cnnic.net.cn/hlwfzyj/hlwxzbg/

201601/P0201601224691300 59846. pdf。

Du Gay, P. , Evans, J. , & Redman, P. (2000). *Identity: A Reader*, Sage.

Jenkins, H. (2012). *Textual Poachers: Television Fans and Participatory Culture*, 2nd Edition (Paperback) — Routledge: Routledge.

安东尼·吉登斯:《现代性的后果》,田禾译,译林出版社 2011 年版。

丹尼斯·麦奎尔:《受众分析》,中国人民大学出版社 2006 年版。

迪克·赫伯迪格:《亚文化:风格的意义》,陆道夫、胡疆锋、苏哲译,北京大学出版社 2009 年版。

弗洛伊德:《精神分析引论》,高觉敷译,商务印书馆 1984 年版。

高胤丰:《青春的自我与网络美剧迷恋》,中华新闻传播学术联盟第六届研究生学术研讨会, 中国北京,2014 年。

凯瑞:《作为文化的传播:"媒介与社会"论文集》,丁未译,华夏出版社 2005 年版。

克罗图、霍伊尼斯:《媒介·社会 : 产业、形象与受众》,北京大学出版社 2009 年版。

刘路:《以博客为载体的"自我"表现和重塑》,华中科技大学 2008 年博士论文。

罗洛·梅:《焦虑的意义》,朱侃如译,广西师范大学出版社 2010 年版。

迈尔斯:《社会心理学》,侯玉波译,人民邮电出版社 2006 年版。

米德:《心灵、自我与社会》,上海译文出版社 1992 年版。

尼葛洛庞帝:《数字化生存》,胡泳、范海燕译,海南出版社 1996 年版。

欧文·戈夫曼:《日常生活中的自我呈现》,北京大学出版社 2008 年版。

斯图亚特·霍尔、托尼·杰斐逊:《通过仪式抵抗》,中国青年出版社 2015 年版。

沃尔特·李普曼:《公众舆论》,上海人民出版社 2006 年版。

吴炜华、高胤丰:《网络美剧的青春镜像与日常经验》,《中国广播电视学刊》2014 年第 7 期。

吴咏梅、王向华、谷川建司:《越境的日本流行文化》,山东人民出版社 2010 年版。

约翰·菲斯克:《电视文化》,祁阿红、张鲲译,商务印书馆 2010 年版。

詹姆斯·E. 凯茨、罗纳德·E. 莱斯:《互联网使用的社会影响》,商务印书馆 2007 年版。

张玉佩:《从媒体影像观照自己:观展/表演典范之初探》,《新闻学研究》2005 年,台北。

赵炜:《边缘化身份视角下的国际冲突研究》,吉林大学 2015 年博士论文。

〔高胤丰,中国传媒大学博士生〕

理念与视点

数据素养与统计思维能力的构建

Data Literacy and the Construction of Statistic Thinking

◎ 宣明栋

Xuan Mingdong

摘要：本文通过对数据素养现状、数据素养形成的阶段性分析，以及数据素养提升方法等三个维度的探讨，对数据素养展开了较为全面的阐释，并从统计思维的养成角度来探讨数据素养在新闻报道创新中的科学化运用。

关键词：数据素养，统计思维，新闻报道创新

Abstract: This paper aims to launch a comprehensive explanation of data literacy in the field of journalist practice. It explores the three dimension of data literacy, which includes the analysis of local situation, the formulation and enhancement of it.

Keywords: data literacy, statistic thinking, innovation of news reporting

数据素养不同于大数据。伴随着新媒体的普遍应用，通过大数据为新闻受众定制、推送信息的方式已经成为一种公认且固化的模式。但数据素养与大数据的差异之处在于，大数据首重数据的搜集与分析，是数字传播时代的一种基于计算智能的方法；而数据素养则带有明确的个体化和主体性的实践意味，是观照社会群体的一种个人化的数据认知能力、知识能力和行动能力。

一、数据素养的阶段性发展

在新闻传播学的视野里，数据素养是一种数据识别与收集、使用和报道能力。简言之，即在新闻报道中，新闻从业者通过对搜集到的数据进行量化分析，进而找到解决问题的科学方法的能力。

数据素养的形成是一个较为漫长的过程：从数据的初步使用到通过数据展示来呈现新闻报道之后深刻的社会与文化意义，每每需要新闻从业者经历系统性的统计思维训练与实践才能逐渐形成。

数据素养萌芽于新闻从业者对运用浅显、易达的文字进行报道的内容与形式的不

满与创新的冲动。人文化的思维方式,感性元素占据主导地位的采写编评,难免会使报道产生一种说理性不强的感觉。也正是如此,数据思维和统计思维才被逐渐引入到新闻报道之中。

在实务中,统计思维也需要步步深入,逐渐养成。新闻从业者尝试通过数据的罗列与重组,以系列性的数据呈现,展开报道与叙事,这是数据素养开始亲近新闻报道的第一步,但随之而来的问题也很明显。新闻叙事浅近、枯燥、欠缺新闻阅读的美感。

当数据素养继续发展,新闻从业者开始创新性地、综合地运用多个维度的数据,来形成全方位的新闻叙事,使问题更为具体,报道更为全面。这是数据素养拥抱新闻报道的第二步。

最后,当新闻从业者掌握了对数据的呈现与组织之后,会逐渐通过数据来传递其背后蕴藏的深层次意义,抑或是寻找到解决某一问题的方法,并在实际生活中反复运用,真正地掌握统计思维。这是数据素养与新闻报道融合的第三步。

但在当前的新闻实务中,数据素养的现状是令人担忧的。数据素养的能力并没有被广大一线新闻从业者充分地意识到,仍然没有形成一种面对问题时强烈的数据敏感性,未能有效掌握统计和思辨的思维,更缺乏科学掌握、运用数据去分析解决问题的方法,导致某些错误结论的得出。因此我们也频频在诸如学术报告、调查报告,甚至新闻报道中,接触到一些看似准确无误的发现与论断,实则它们因为在方法论的选用上,已经出现了失误,从而也一步错步步错地坠入科学的误区。

二、数据素养的培育与建设

数据素养形成之后,广大新闻从业者面对的实际问题是如何将之提升,以解决更多复杂的问题。

第一,学习欣赏数据。数据并不是枯燥无味的,它的运用也有着类似于文字的艺术性。类似于生命、感情的题材一样可以用数字来构建、描绘。数据隐藏着很强的逻辑魅力,只是由于我们掌握得不够,没有将这样的特点表现出来。因此,我们要学会欣赏,不能把数据严格地框定在数学领域,这样我们会丢失更为丰富的题材,缺少更为全面的方法。

第二,提升数据敏感度。有一位上海青年在某一高档社区应聘物业管理。在帮助业主接收快递之时,也自己配置了一把扫描枪,对业主所购商品扫码,并在业余时间进行数据归总和整理,最后还归纳出该高档小区业主衣食住行等基本状况、消费偏好,以及品牌偏好，做成社区消费倾向报告，出售给数据公司，成功创业。这就是数据敏感度可以给我们带来的最直接的收益，当然不是每个人都可以通过数据获得如此客观的经济收益，数据敏感是需要我们在平时的生活中通过一点一滴的积累逐渐形成的，对数据的敏感度越高，我们可以找到的素材就越多，机会就更难溜走。

第三，尝试运用统计思维。树立万物皆可量化的信念，同时尝试用各种方法进行量化。相信很多问题都可以通过量化来解决，很多物质都可以通过量化来表征其特点。美国一位新闻记者在调查美国警车超速行为时，由于通过采访无法得到真实的答案，因此另辟蹊径，对 110 万条出车记录进行分析，最后得出了警务部门 96％的超速行为都发生在上下班期间，进而推进了一系列制度的改革。该新闻最终获得了当年的普利策新闻奖，理由如下："它的报道以无可辩驳的技术调查记录了警察在非公务期间开快车、危及市民生命的事实。这种致命的威胁在报道所引发的讨论和整顿中得到了削减。"这则案例充分体现了统计思维在新闻实务中的胜利。数据，帮助报道呈现出了新闻的另一个全新的维度，大数据是科学，但数据素养和统计思维却使大数据拥有了灵魂和文牍。

〔宣明栋，中央电视台新闻中心策划部副主任〕

从阿拉伯战争到中国崛起：一名法国记者的口述历史

From the Arabic War to the Rise of China: The Oral History of a French Journalist

◎ 菲利普·罗授
Philippe Rochot

摘要：在本文中，法国著名记者菲利普·罗授以自我民族志的写作方式，质朴地描述了作为一名记者在亲历新闻一线40年中的生命体验与专业反思。从一名关注阿拉伯的战地记者到热衷报道中国的记者，菲利普·罗授的文字与叙述间也呈现出自述史与新闻史之对话的另一种视野。

关键词：记者生涯，专业反思

Abstract: Writing as an auto-ethnographic style, Philippe Rochot narrates what he learned from the 40-year history of a French journalist in the field, by which he marks the life experience and professional reflection to bring another perspective of oral history. From a war correspondent in Arabic area to a journalist who is keen to report China, the small narrtive in-line of Philippe Rocho's life and career also represents the alternative dialogue between the self bibliography and the journalist history.

Keywords: journalist life, professional reflection

一、记者生涯的开始

当我还在新闻学院上学的时候就像各位的学生时代一样，那个时候正是越南战争时期，我当时的梦想就是成为一名新闻摄影师，然后到战场上去。我当时在越南报纸以及柬埔寨的报社试图寻找这些工作，但是最终没有找到。有人向我提出可以前往沙特阿拉伯为一些法国节目工作，因此我在1970年来到了沙特阿拉伯，这是一个非常封闭的国家。在沙特阿拉伯我们摄影师的工作非常困难，因为它是一个拒绝图像的国家。

黎巴嫩战争

在黎巴嫩战争时我在贝鲁特城中拍摄，它有很多障碍关卡，为了通过这些关卡，我需要至少 15 个通关的文凭。在我通过每一个关卡的时候，他们还要检查是否有错误。因此我非常清楚哪个口袋里装的是哪一个势力的通行证，过关卡的时候，是绝对不能把这个通行证搞错的。当我在黎巴嫩工作的时候，我能感觉到危机正在向我逼近。但当时我是编辑部里唯一拿到黎巴嫩通关文凭的人，我们团队的人都对我和我们这支报道队伍抱着非常大的信心，他们相信我们，也希望我们能够带回第一手的报道。一般来说，拒绝的勇气总要比接受的勇气更大一些，所以我接受了这次的任务。

1976 年，叙利亚军人加入了战争；1982 年，以色列决定攻打黎巴嫩。因此阿拉法特以及他的随从就在 1983 年被逐出黎巴嫩，之后他流亡到突尼斯。对于我们记者来说，阿拉法特是一个有意思的人物，我们经常跟他做一些采访。那么在之后的 8 年里，伊拉克和伊朗之间的战争爆发了，造成了无数的伤亡。

由于当时没有网络也没有卫星可以传输信息，我不得不回到巴格达，通过伊拉克的电视台传送这些图片和报道。所以当时伊拉克电视台就把一些他认为不合适的照片直接控制了。但我把所有这些他们禁止发出的照片都保存了下来，做了一个副本，所以当我回到巴黎的时候我做了一个展出，只展出这些当时被禁止的照片。

二、人质经历

两个月之后我再度来到了伊拉克，这一次我们第一次用了可以摄影的录像机。在摄像机跟整个话筒之间还有一根线相连，我们还有一个人专门负责拿这个话筒和最后面的箱子。有一个问题就是当我们拍摄一些爆炸场面的时候，我们必须要让录像跟声音同时进行。正是在这样的情形下我和我的报道团队被黎巴嫩的一些极端人士抓住，成为人质，因为法国向伊拉克提供武器，那么法国自然便成了黎巴嫩的敌人。

我在那里被扣押了四个月，后来我很幸运地逃了出来。当时这起人质事件在法国的各大媒体都是头版头条。这件事情之后我有一段时间不想再回到这个地方，因此我去德国做了一段时间的驻地记者，之后我还是回到了这里，这是我所热爱的地方。

在被俘期间，我还是努力地去做我的本职工作。我会去努力地了解这些恐怖分子的精神状态是怎么样的，他们是怎么想怎么做的。当然我们的生活状态也是比较糟糕的，无论白天、黑夜，我们都会被要求去步行或者是做一些其他的事情。比如让我们坐在椅子上,用枪指着我们的脑袋,然后在背后发出一些爆炸的声音,让我们以为枪已经打响了。

所以在当时的情况下,我都没有想过我有一天可以逃出来。因为当时他们没有释放过任何一个人质,而且已经有两个人质被杀了。当时我也是非常悲观的,我从来没有想过,29 年之后我还可以在中国传媒大学向学生讲述这段经历。

但是不得不说这段经历一直存在我的脑海中,甚至有点毒害。因为在之后的报道经历中我总是不停地想到这件事情。我一方面希望能够再次回到阿富汗、加沙、伊朗,但是另一方面这段经历也不停地告诉我这个地区太危险了,不能再去了。

三、阿富汗战争

1993 年,我来到了阿富汗,当时塔利班武装包围了喀布尔。因为当时喀布尔的机场已经被关闭了,所以进去的唯一方式就是从巴基斯坦坐联合国的小飞机,然后在喀布尔降落。但是由于当时的情况还是非常危险的,到处都有恐怖分子,所以三周之后我们还是回到了巴基斯坦边境。其实我第一次去那里的时候是 1980 年,苏联军队来到阿富汗的时候。但是由于当时的苏联政权并不希望西方记者进入阿富汗,所以我们只能悄悄地潜入进去。当时我和我的摄影师徒步走了 500 公里,最后到达了喀布尔。我们被迫穿成当地人的样子,这样才能够保证不被别人认出来。

除此之外,我们还去了索马里、乍得、卢旺达、中非等地拍摄。

四、战争人物摄影

报道的时候,除了拍摄一些新闻照片,我也会拍摄一些人物,因为记者在报道过程中也非常重视当地人的命运,希望获得他们之后的一些信息。

五、亚洲

我的亚洲之行是从朝鲜开始的。这段经历对我来说也是非常有意思的,因为我可以进入到一个非常封闭的国家,但是让我很诧异的就是我们一进入朝鲜就被要求向他们的领导人雕塑致敬。如果我们想在那里工作就一定要向他献花致敬。除此之外还要我们列出一个表格,上面写清楚我们要做的一些事情。

图 1　战地新闻摄影作品

来源:罗授

图 2　战争中的儿童

来源:袁昆

图 3　战争中的孤儿们

来源:罗授

之后我来到了中国,我所展示的中国画面不是你们所看的中国画面,而是我如何去看待中国,这是一个我很感兴趣的主题。

在 SARS 期间我也进行了报道,因为当时我非常好奇中国人是如何应对这种大型的传染疾病的。中国的空气污染也是法国媒体非常关注的一件事情,尤其是近期巴黎峰会即将开幕。同时法国人对于法国元素在中国的体现也是很关注的,有时中国人的生活习惯也是我们谈论的话题,因为生活习惯能够折射出中国社会的现状。

三峡工程也是我所关注的一个焦点。三峡工程是一个非常浩大的工程,我对此做了很多的报道。西藏也是我们很关注的一个地方,通往西藏的铁路是一条能够让我们更多地去了解西藏、了解沿途地区的发展状况的铁路。它可以让我们在这段旅程中遇到很多的人,了解更多的事情。

〔菲利普·罗授(法),原法国电视二台著名国际新闻记者,曾在里尔高等记者学院学习,在过去的 40 年间亲历了很多重大历史事件:中东冲突,伊朗革命,阿富汗战争,非洲变革,柏林墙倒塌,中国崛起,等等。1986 年他在黎巴嫩的贝鲁特地区采访时被劫为人质，被囚禁 3 个多月。被释放回国时，时任法国总统希拉克在机场迎接。同年，对黎巴嫩战争的报道使他获得了法国新闻界最高荣誉，享有“法国新闻界的普利策奖”之称的阿尔伯特伦敦奖〕

图书在版编目(CIP)数据

中国新闻传播研究.2015.下/高晓虹主编.—北京:中国传媒大学出版社,2017.3
ISBN 978-7-5657-1933-2

Ⅰ.①中…　Ⅱ.①高…　Ⅲ.①新闻学－传播学－研究－中国－2015　Ⅳ.①G219.2

中国版本图书馆 CIP 数据核字(2017)第 019702 号

中国新闻传播研究 2015(下)
ZHONGGUO XINWEN CHUANBO YANJIU 2015(XIA)

主　　编	高晓虹
副 主 编	顾　洁　吴炜华
责任编辑	王雁来
责任印制	阳金洲
封面设计	拓美设计
出版发行	中国传媒大学出版社
社　　址	北京市朝阳区定福庄东街 1 号　　邮编:100024
电　　话	010-65450532 或 65450528　　传真:010-65779405
网　　址	http://www.cucp.com.cn
经　　销	全国新华书店
印　　刷	北京玺诚印务有限公司
开　　本	787×1092 mm　1/16
印　　张	16
字　　数	294 千字
版　　次	2017 年 3 月第 1 版　2017 年 3 月第 1 次印刷
书　　号	ISBN 978-7-5657-1933-2/G・1933　　**定　价**　58.00 元